长城

传奇中国

董耀会 | 著

长城所代表的和平共存的文化，
为人类的和平发展提供了中国智慧与中国方案。

长城砖就这样一块挨着一块，像牵着手的人们。

中国轻工业出版社

北京怀柔慕田峪长城

–

摄影 / 董旭明

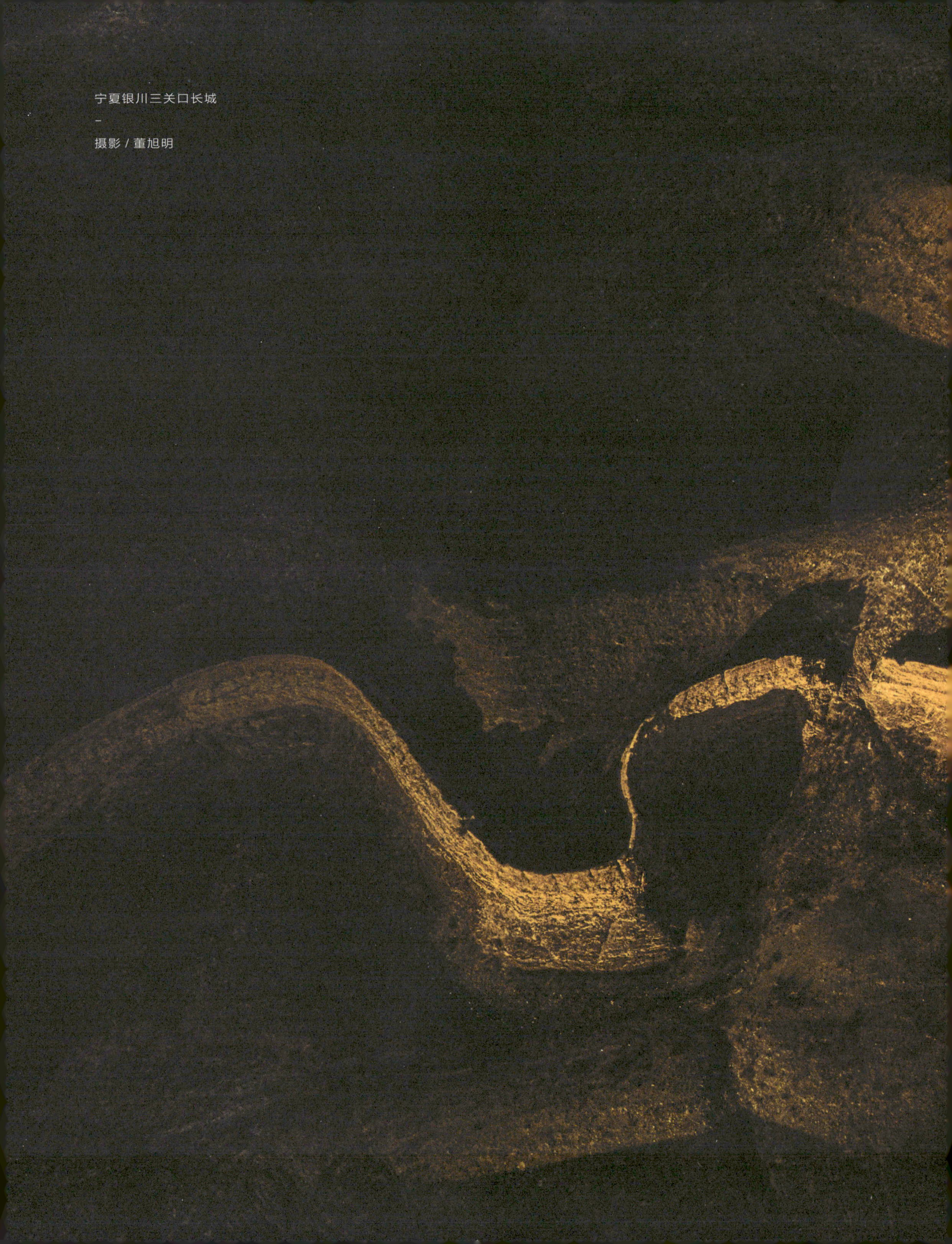

宁夏银川三关口长城

–

摄影 / 董旭明

河北滦平金山岭长城

–

摄影 / 郑严

宁夏银川三关口长城

-

摄影 / 芦有硖

北京怀柔大榛峪长城

–

摄影 / 董旭明

序言

长城所代表的中国智慧与中国方案

这里是长城，长城是什么？我梳理出以往大家忽略了的一些内容，读了这本书的朋友，或许可能会颠覆一些以往对长城的认识。

长城是中国伟大的军事建筑，规模浩大、工程艰巨，被誉为古代人类建筑史上的一大奇迹，在世界上被视为中国的象征。对世界来说，长城是人类文化遗产。对中华民族来说，长城是中华民族融合的纽带。还有一个说法：长城是和平的象征。为什么会这样说？因为长城虽然是军事防御体系，但不是为了打仗而修建的，而是为了不打仗而修建的。

长城是冠绝全球的军事防御建筑。古今中外所有的战争中最悲惨的是老百姓，打起仗来基本上没有哪个决策者是真正考虑老百姓的利益，他们的需求是赢得战争。这一点，长城内外的战争也不例外，特别是发生了规模较大的战争之后更是如此。战争一旦爆发，就会有成千上万的人流离失所，老百姓或是丢掉性命或是失去亲人。大战是生与死的拼杀，战后的惨状令人不忍直视。

兵无常势，水无常形。能跑到一个相对安全的地方待着算是万幸，活下来似乎成了最奢侈的事。有人侥幸没有死于战火，即便战争结束之后也无法返回家乡，重新开始正常生活了。战争虽然结束了，家园却很可能已经回不去了。我们可以想象一下，这些无家可归的人，他们的生活将发生多大的变化。这些人中的很多人，可能成为流民，没有地方愿意接受这些悲惨的人们。生活的意义、活着的价值，一切都无从谈起。他们一无所有，只有绝望，彻底的绝望。不打仗便成为大家的共同愿望，这就是和平的愿望。我们在图画中常看到，追求和平的人手里常拿着橄榄枝。可是只有橄榄枝，有用吗？

谁都知道，举起双手求来的和平是靠不住的，和平需要拿起武器来保卫。否则只有和平的愿望，橄榄枝会成为覆盖在尸体上的装饰物。拿起武器来保卫和平还是要打仗，在古代农耕与游牧交错的地带，有没有什么方法可以真的减少战争，大规模地减少彼此之间的冲突？办法是有的，这就是修建长城。

有备才能无患，能在战争中立于不败之地靠什么？靠实力、靠充分的准备。这就是古代修建长城的目的，而且这一修就持续了两千多年。长城产生并发展起来的历程，也是中华民族融合发展的历史过程，也是中国人追求和平的历程。

能选择和平，中国文化绝不会主张选择战争。数千年的坚持，才有今天的中国、今天的中华民族、今天的中华文化。长城的历史告诉今天的人们，同时也告诉未来的人们，一个国家从古到今、复兴富强的发展经历了多少磨难。有一句大家耳熟能详的歌词“没有人能随随便便成功”，一个民族、一个国家更是哪里会有随随便便的成功。

长城是中国古代为平衡农耕民族与游牧民族利益、缓解彼此之间的各种矛盾而构筑。经过了两千多年的历史，沿长城一线始终是长城内外民族多元与文化多元碰撞与融合的区域。长城已经成为中华民族融合的纽带线，随着时代的进步与中华民族的发展，守望长城文化是中华民族的共同意志。

这就是长城，这就是了不起的长城。两千多年的斗转星移，长城在文明传承历程中的作用不但没有消退，反而愈加重要了。长城作为中国的国家符号，长城文化作为中华文化的重要代表，已经越来越呈现其瑰丽的一面。

我们今天强调“文明互鉴”，长城既是文明互鉴的象征也是文明互鉴的结果。我们今天强调构建“人类命运共同体”，文明互鉴是构建人类命运共同体的人文基础。在古代，长城是维护和平的纽带，是增进长城内外各民族交流的桥梁；在今天，长城文化依然是推动人类社会和平发展的标志。长城所代表的和平共存的文化，为人类的和平发展提供了中国智慧与中国方案。

目录

第一章

了不起的长城

长城如此伟大，历经了两千多年，

有多少秘密是不为今人所知晓的？

知晓长城丰富多彩的故事，

认识不同地貌背景下的长城景观，

了解长城的新发现、新成果是很有意义的事。

壹

长城因何而伟大

长城因何而伟大，这是一个很大的题目。长城之所以伟大，一是其为举世瞩目的世界文化遗产，二是其代表了中华民族的勤劳勇敢和追求和平的文化血脉。中国是一个文明古国，中华民族素有“礼仪之邦”的美称。民间有一句广为人知的话叫“君子动口不动手”，这话的意思是说君子在和别人产生矛盾时，要采取讲道理的方式解决问题，而不是动不动就以拳头相向。

对于一个人来说如此，对于一个国家来讲就是要谨慎用兵。老子《道经》的第三十章有“师之所处，荆棘生焉。大军之后，必有凶年”。说的就是军队所到之处，留下一片杂草丛生的荒野，大战之后一定是民不聊生的荒年。《孙子兵法》也有专篇《慎战论》，开篇就讲“此慎战者一，非利不动，非得不用，非危不战”。也就是说，不到了不得不打的时候不要轻易打仗。

中华人民共和国的国歌《义勇军进行曲》中，“把我们的血肉，筑成我们新的长城！中华民族到了最危险的时候，每个人被迫着发出最后的吼声。起来！起来！起来！我们万众一心，冒着敌人的炮火，前进！冒着敌人的炮火，前进！前进！前进！进！”在国破家亡的时候，善良的中国人面对强大而凶狠的敌人，不得不拿起武器挺身而出，投入残酷的战场。

中华民族舍生忘死、向死而生的精神是和平的保障。我去过很多国家做文化交流，许多外国朋友知道中国是从长城开始的。可以说，长城是世界人民了解中国历史、中国文化、中华民族的一个最好的切入点。不过外国朋友对长城之和平的标志意义并不是很了解，我也陪同过很多的外国朋友参观长城，包括陪同一些外国元首的时候，我都要给他们讲长城与和平。

1998年和2002年，我先后陪同了两位美国总统参观长城。美国总统面对长城这一古代防御工程，也提出了一个大多数人都困惑的问题：中国古代为什么要耗费这么大的人力和物力修筑长城？我告诉美国总统：**“修建长城是为了不打仗，建筑长城的人并不想打仗。只有渴望和平，只有不想打仗的民族，才会投入这么大的人力、物力建筑万里长城。修建长城的人，不可能背着长城去打别人。”**

甘肃景泰寺滩乡五连墩

–

摄影 / 董旭明

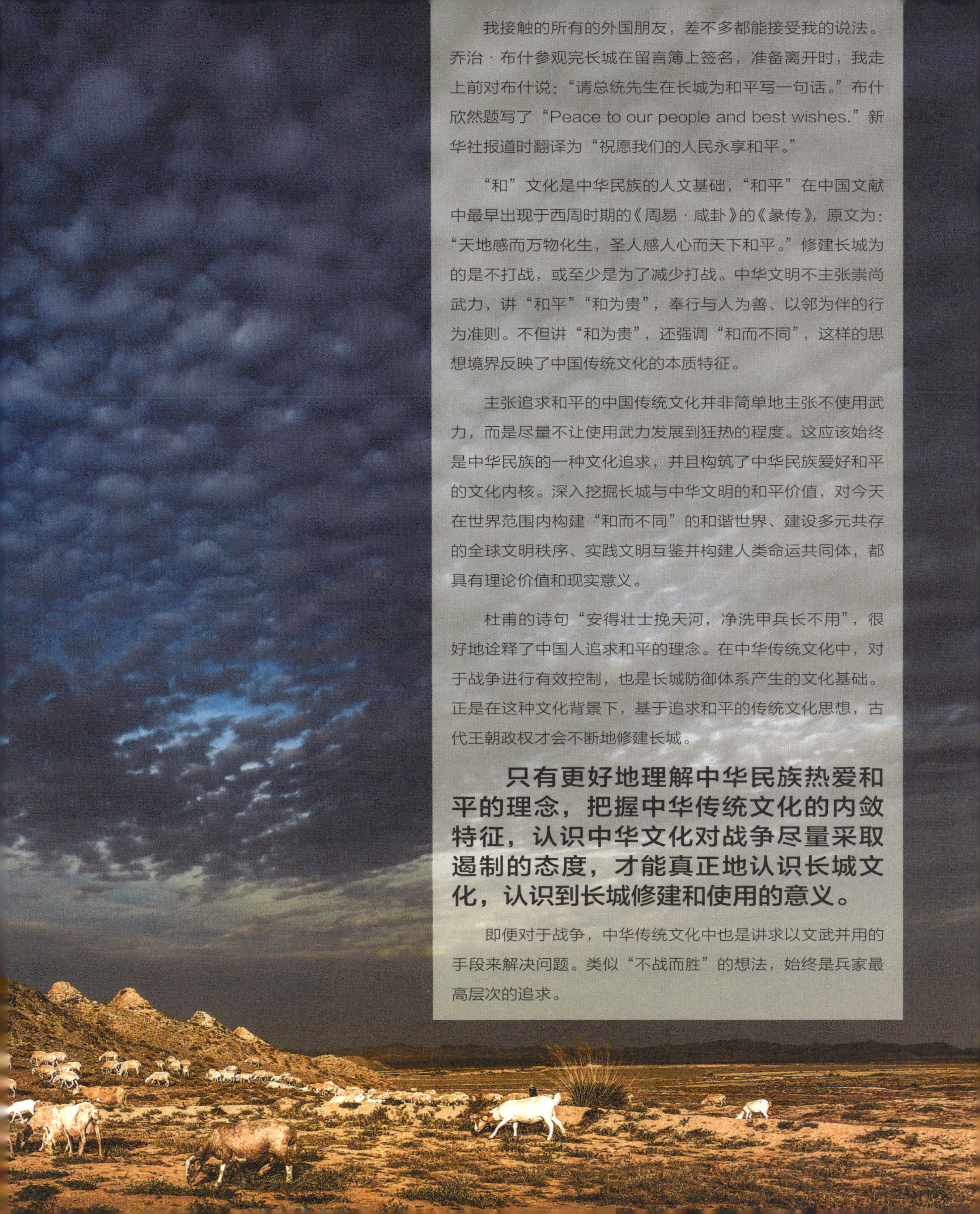

我接触的所有的外国朋友，差不多都能接受我的说法。乔治·布什参观完长城在留言簿上签名，准备离开时，我走上前对布什说：“请总统先生在长城为和平写一句话。”布什欣然题写了“Peace to our people and best wishes.”新华社报道时翻译为“祝愿我们的人民永享和平。”

“和”文化是中华民族的人文基础，“和平”在中国文献中最早出现于西周时期的《周易·咸卦》的《彖传》，原文为：“天地感而万物化生，圣人感人心而天下和平。”修建长城为的是不打战，或至少是为了减少打战。中华文明不主张崇尚武力，讲“和平”“和为贵”，奉行与人为善、以邻为伴的行为准则。不但讲“和为贵”，还强调“和而不同”，这样的思想境界反映了中国传统文化的本质特征。

主张追求和平的中国传统文化并非简单地主张不使用武力，而是尽量不让使用武力发展到狂热的程度。这应该始终是中华民族的一种文化追求，并且构筑了中华民族爱好和平的文化内核。深入挖掘长城与中华文明的和平价值，对今天在世界范围内构建“和而不同”的和谐世界、建设多元共存的全球文明秩序、实践文明互鉴并构建人类命运共同体，都具有理论价值和现实意义。

杜甫的诗句“安得壮士挽天河，净洗甲兵长不用”，很好地诠释了中国人追求和平的理念。在中华传统文化中，对于战争进行有效控制，也是长城防御体系产生的文化基础。正是在这种文化背景下，基于追求和平的传统文化思想，古代王朝政权才会不断地修建长城。

只有更好地理解中华民族热爱和平的理念，把握中华传统文化的内敛特征，认识中华文化对战争尽量采取遏制的态度，才能真正地认识长城文化，认识到长城修建和使用的意义。

即便对于战争，中华传统文化中也是讲求以文武并用的手段来解决问题。类似“不战而胜”的想法，始终是兵家最高层次的追求。

中华民族文化中对待战争的态度有一个比较突出的提法，便是反对直接的战争威胁，讲求先礼后兵。在发生矛盾冲突的情况下，尽量保持极大的克制并争取以谈判的方式解决问题。就算冲突已经发生，也会报以极大的诚意将军事行动控制在合理的程度。即便占有优势的时候，也不主张以极限施压的做法置对手于绝地。

这就是长城所代表的文化及精神，虽然这些思想并没有始终贯彻在所有的军事实践中。在战争过程中使用残酷手段给予对手毁灭性打击的事例也层出不穷，但并不影响中华传统文化“非战”的主体诉求，更不妨碍中华传统文化精神中追求和平的主流意愿。“非礼不动”“非德不动”“非危不战”的思想，才是优秀的中华文化的体现。

仗打与不打，不是由一方决定的。战争要到了不得不打的时候才打，这就叫仁至义尽。长城产生于春秋战国时期，诸子百家思想也产生于这个时期。修建长城是顺应春秋战国形势，长城从其产生之日起便在顺应战争形势的同时也注入了和平的思想理念。尤其是墨子，以其卓越的军事智慧，将守和御两者有机结合，在其筑城理念中加入国备思想，对中国长城的修筑及后世都有着重大而深远的影响。

春秋战国之后，历代长城的修建过程中，都在强调和平与国备的思想。秦汉及以前所修长城，在一些时间段里有其攻城略地、最终实现天下一统的目的。成书于战国初期《司马法》说：“古者，以仁为本，以义治之之谓正。正不获意则权。权出于战，不出于中人。是故杀人安人，杀之可也；攻其国爱其民，攻之可也；以战止战，虽战可也。”为了更多人的安宁，为了制止最大规模的战争，古人确实曾经在短时间里利用长城作为进攻的前沿。

同样是在《司马法》中，还有这样的观点：“国虽大，好战必亡；天下虽安，忘战必危。”这就是辩证法有备无患之精神核心，这是超越敌对立场的价值追求。长城的和平精神也是一种超敌对关系的精神，几千年来长城是作为永备防御工程，反映了中国古人希望用这一永备工程实现永久和平的愿望。

中国数千年来不断朝着统一、安定的方向发展，分裂战乱的时间相对较少，与长城蕴含的和平精神有着密不可分的关系。《孙中山全集》记载，孙中山对秦始皇的功过进行总结时说：“秦始皇虽以一世之雄，并吞六国，统一中原……为一劳永逸计，莫善于设长城以御之。始皇虽无道，而长城之有功于后世，实与大禹之治水等。”

英国探险家斯坦因实地考察西域后，在《斯坦因西域考古记》中提到：“汉武帝的长城用意乃是作为大规模的前进政策的工具”，这是有一定道理的。但是，可以清楚地看到，古人以其智慧建造的长城，最终的目的是防御，通过防御最大限度地化解战争。

在今日之中国，既有对个人未来生活的美好畅想，也有对国家民族复兴的期盼，这一切的前提是和平。中国的俗语说“家和万事兴”，就表达了对安定生活的向往。当然，和平的维护要有理念，更要靠实力。让百姓从此再无战乱灾祸之忧，要靠实力说话。

19世纪晚期以来，积贫积弱的中国被欺负到无以复加的地步。处于挨打的地位不仅是因为我们落后了，还有政治上日益黑暗腐朽所造成的社会动荡，使生产和社会生活遭受到严重破坏。在我们挨打的时候，已经没有了话语权。在侵略者的枪炮之下，和平理念无法实现。

北京城在前门和宣武门之间有一座和平门，此门并非明清时期北京城的城门，而是1926年在城墙上新开的，用以连通南新华街与北新华街。这座城门初名“新华门”，1927年为了区别于中南海新华门，而改名为“和平门”。张作霖统治北洋政府时期，因日本人的反对将此门改名为兴华门。一个国家在自己的国土上，连将一座城门称作“和平门”的权力都没有，其维护和平就只能成为一句空谈了。

今天，中国开始走向繁荣富强。中国人的和平理念，有了对人类文明发展施加更大影响的可能性。长城所代表的中华文明之精神，将为人类文明贡献中国人的智慧。

北京密云司马台长城

–

摄影 / 周东

贰

并非只有
中国人修长城

我们强调长城是中华民族的精神象征，作为世界之林的璀璨瑰宝闻名于世，但同时我们也强调要以“文明交流互鉴”思想，以开放的心态面向世界进行文明的对话。我们一如既往地推动中国文化走向世界，也十分重视与其他世界遗产开展交流。世界上修建长城类线性军事防御体系的并非只有中国人，在英国也有一条长城，因为在哈德良统治时期修建，故名“哈德良长城”。

哈德良今天依然是一个很受西方人欢迎的古代帝王，他是罗马帝国安东尼王朝的第三位皇帝，全名为普布利乌斯·埃利乌斯·哈德良。他于公元117年至138年在位，期间停止了东方战争并与帕提亚国王缔结和约，修建了罗马帝国的西北边墙。有效的防御，使罗马边界实现了和平稳定，这样做也有利于帝国的经济发展。在北部边境，哈德良也没有放弃达西亚，在现今德意志的南部筑了一道将莱茵河上游与多瑙河上游连接起来的防线。

1987年，在中国的长城（The Great Wall）被列入《世界遗产名录》的时候，英国的哈德良长城（Hadrian's Wall）也同时列入了《世界遗产名录》。这是巧合吗？还真不一定。世界遗产委员会将东西方两条“长城”放在一起进行审批，本身就很有意思。2005年德国上日耳曼—雷蒂安长城（Upper German-Raetian Limes）作为扩展项目加入到“哈德良长城”这一世界遗产，《世界遗产名录》将此项目扩展为“罗马帝国边界”（Frontiers of the Roman Empire）。

到了2008年，苏格兰的安东尼长城（Antonine Wall）再次作为扩展项目纳入到了“罗马帝国边界”。至此，“罗马帝国边界”包括117.5千米长的英国哈德良长城，550千米长的从德国西北部直至东南部多瑙河的长城，60千米的苏格兰的安东尼长城。现存遗迹构成了欧洲现存的罗马边界，展示了罗马帝国时期的文化价值。

根据“罗马帝国边界”未来扩展计划，这项世界遗产还将包括从图拉真（Trajan）到塞普蒂米乌斯·塞韦鲁斯（Septimius Severus）时期（约公元100年至200年）在罗马帝国边疆地区修建的线性军事防御设施。到那个时候，世界遗产项目“罗马帝国边界”将成为一个跨越20多个国家、长约5000千米的线性文化遗产。

英国哈德良长城

关于中国长城和罗马长城，许倬云《万古江河：中国历史文化的转折与开展》中做过比较，他写道："秦汉帝国与罗马帝国东西并峙，都是历史上前所未有的大帝国。两个庞大帝国之间，没有直接接触，然而彼此都间接地知道远处有这样一个大国，广土众民，文化灿然。中国人称罗马帝国为'大秦'，俨然视为遥远的另一个秦帝国，其推重可知！丝道的起点在中国，终点在罗马，两端之间，不过转运站而已！"

中国的秦汉帝国和欧洲的罗马帝国，东方和西方两个大帝国，都曾创造了灿烂的文化和伟大的文明，而且这两大帝国在欧亚大陆的东方和西方，都试图通过修筑长城来抵御"蛮族"侵扰。为什么几乎在同时期出现这个现象，又为什么之后的中国依旧继续修建长城，而罗马帝国解体之后西方再也没有出现过长城？这方面的相关研究，目前还是很不够的。

罗马帝国防御体系的哈德良长城、上日耳曼—雷蒂安长城和安东尼长城，应该说与中国长城一样具有极高的文化价值。罗马帝国是一个伟大的帝国，其包围着地中海世界和周边地区。罗马边界从英国北部的大西洋海岸开始，贯穿欧洲黑海，延伸至红海和整个北非大西洋沿岸。构建起环帝国边界的军事防御体系，毫无疑问是为了保护这个地区的安全。修建时间要晚于中国的秦汉长城，大致是公元2世纪及之后，相当于中国的东汉时期。

北京建筑大学的蔡超教授，在其《中国长城与罗马帝国边界的突出普遍价值（OUV）比较》一文中，通过将中国长城与罗马帝国边界的突出普遍价值（OUV）的相互比较研究，曾对这两个世界文化遗产几个方面的异同做出过归纳和总结，他认为二者有如下相同和不同：

（1）规模与物理特征：中国长城与罗马帝国边界（未来尚有大量可扩展的遗存）的规模同样宏大。各自跨越了广阔的范围，穿越了多种类型的地理环境；最终建造的建筑类型相似，如堡垒与戍堡、要塞与关隘、望塔与烽燧、沟渠与壕堑，虽然名称和形式略有不同，人们却将它们连同墙体一起组合成为一种有效的军事防御体系；它们的建造材料类似，均就地取材，使用了土、石等当地方便取得的建筑材料。

（2）建造背景及目的：中国长城与罗马帝国边界都是在国家实现统一，具备一定经济实力的基础上建造的，且同样基于帝国文明的高度发展与广泛传播；它们的建造都是由帝国的统治者下令，它们除了军事防御功能外，更同样有着区分文明世界与非文明世界的界化作用。

（3）价值标准：中国长城与罗马帝国边界都展现了人类价值观的重要交流，对建筑、技术、景观的发展产生的重大影响；见证了已消逝的文明或文化传统；成为人类历史某一重要阶段一种建筑、技术整体或景观的杰出范例。除此之外，中国长城还是人类天才创造力的杰作，并与具有突出普遍意义的事件、观点、信仰、文学作品产生直接联系，成为中华民族的精神象征，这两条价值是罗马帝国边界所不具备的。

蔡超教授的分析给我们很大的启发，罗马将长城以南受罗马教化的人称为“文明人”，将长城以北的人称为“野蛮人”。罗国帝国以罗马边界划分与自由日耳曼族的边界。被称为英国哈德良长城的古遗址，属于罗马边界的西北端。罗马边界是罗马帝国强大的军事组织的有力证明。

罗马的统一和统治与同时期的中国也有不同。中国古代之所以能够实现统一，其中一个因素就是从战国起实行的郡县制。秦汉时期郡县制推向全国，中央集权的统治方式由此而始，在中国延续了两千多年。罗马帝国的统治则是以罗马城为中心主体，其外省份的统治者主要是地方军阀家族以及那些表示臣服的当地政治势力。

罗马基本不能进行全面的制约，只能通过对那些军阀或地方的政治领袖的控制，实行间接的统治。当罗马皇帝对他们失去统治力时，外省的实权统治者纷纷独立，发展成众多的独立国家。

哈德良长城见证了罗马帝国的强大与式微。罗马帝国依靠军事征服保障下的法律进行管理，缺少中国文化中对统一的追求和行之有效的郡县等政治制度。所以，随着罗马帝国的军事解体，政治的统一也就不复存在。

罗马帝国强大时，其统辖疆域大于今天的欧盟。罗马帝国衰落时，欧洲大陆各王国、部族进入分裂状态。没有强大政权统治，欧洲的君主们只能依靠宗教管理社会，这就是中世纪的欧洲宗教盛行的主要原因之一。

在这样的背景下，罗马帝国土崩瓦解后，处于分裂状态的欧洲自然不再有修建长城的必要了。特别是罗马帝国灭亡之后，罗马边界的防御对象，罗马人眼中的蛮族在西罗马帝国的领土上先后建立了10个王国。这就是罗马长城没有像中国长城那样，成为一个民族不断发展历史见证的原因。

不论是中国长城，还是欧洲长城都是对立关系背景下出现的防御工程。中国长城作为历史上农耕民族和游牧民族矛盾与冲突的产物，同样突出表现长城内外对立的一面。但从长城发展的整个历史来看，这种对立并没有阻挡长城内外不同民族之间的交流与融合。

除了英国、德国的罗马边界之外，在古代还有一些政权也为了安全的需要修建过类似长城的线性防御工程，只是其影响要小一些，不太为后世所了解。比如罗马人的老对手——波斯人也修建过线性防御工程。萨珊王朝是最后一个前伊斯兰时期的波斯帝国，这个时期在与罗马的长期战争中，在两河流域前线修建了大量要塞和设防城市。4世纪的波斯王沙普尔二世，为了防御阿拉伯人，在叙利亚建造了类似的防御体系，在伊拉克南部修建了沙普尔长城或叫阿拉伯长城。

新罗、高丽、李氏朝鲜为了护卫北境，也都曾在朝鲜半岛修建过长城性质的防御工事，其中最为著名的是高丽时代修建的千里长城。王氏高丽建立后，在不断往北扩张的过程中与新兴的辽朝发生了冲突。高丽德宗继位前，双方已经发生过三次较大规模的战争。为了防御辽朝以及女真部落的侵袭，高丽德宗下令在前朝防线基础上修建了长城。这道长城西起鸭绿江口附近的义州东至大海，主要由石块建造，长约1000朝鲜里（约375千米），长高各25尺（约8.3米）。到了高丽睿宗时期，为了防御金朝又加高3尺（1米）。

叁

太空能否肉眼看到长城

北京怀柔长城铁矿峪段

–

摄影 / 董旭明

“中国的万里长城是在太空，能够用肉眼看到的地球上唯一的人工建筑。”据说这句话是登上月球的美国宇航员说的。在太空真的能用肉眼看到长城吗？有相信的也有不信的，这个话题的争论从未停止。

关于在太空能不能用肉眼看见长城，这是在各地作报告讲《世界遗产——长城》时，人们经常会问我的问题。

我一般回答：“我也不知道。”我曾经在《长城：追问与共鸣》书中写道：

不知道在太空是否能看见长城，但我知道在地球上可以看见太空中的卫星。1970年春天，上小学5年级学校安排看东方红一号卫星，飞过我的家乡秦皇岛。这是中国发射的第一颗人造地球卫星，全国人民在不同的时间翘首等着看中国的第一颗卫星，从自己头顶飞过的盛况。

大家真的看见了卫星，当时同学们欢呼雀跃的情形，至今仍历历在目。现在知道了那颗卫星的轨道近地点高度是437.7千米，卫星的直径只有约1米，加上“观测裙”最宽的地方直径也不到4米。

据后来有人写回忆录说，当时中央对卫星发射提出了4点要求，“上得去，抓得住，听得到，看得见”。看得见，就是让全世界在地面上，仅凭肉眼都看到这颗卫星。

能在地面看见这颗不大的卫星，在条件合适的情况下卫星上的人是不是也能看见长城呢？我还是愿意相信有这个可能，更何况现状的长城，体量要比卫星大得多，似乎比一个点状的卫星更容易被肉眼观察。

毫无疑问，我的说法也是我的猜测。

“肉眼看长城”听着就很悬。

人教版小学语文第七册有一篇名为《长城砖》的课文，其中有这样一段文字：“一位宇航员神采飞扬地说，‘我在宇宙飞船上，从天外观察我们的星球，用肉眼观察出两个工程：一个是荷兰的围海大堤，另一个就是中国的万里长城！’”2000年高考的语文试卷，有一道题要求阅读理解的一篇名为《长城》的文章。作者在这篇文章中做过表述“外层空间能看到的地球上唯一的人工痕迹，就是你呵，长城！”

我们在国外访问，外国朋友致欢迎词的时候常常以这样的说法来赞美长城。美国在儿童食品的包装盒上经常写一些给小孩看的小知识，其中有一种麦片的外包装上就有“你知道中国的长城是太空唯一肉眼可见的人造物吗？”甚至有人说长城是月球上唯一肉眼可见的人造物。这个说法是怎么来的？多年来我一直试图找到这个说法的最早出处。

中国首位航天员杨利伟从太空返回地球时，有记者问他是否在太空中看到长城。杨利伟肯定地回答："看到地球景色非常美丽，但我没有看见我们的长城。"我曾当面问过杨利伟，为什么只是说"没有看见"，而不是说"看不见"长城。他说："我说的没有看见，只是说我这次没有看见。"

关于在太空能不能看见长城，其实说"能看见"和说"看不见"的也都没办法证实自己的观点。前几年有科学家从理论推测得出"太空中看不到长城"，很快这一结论又被另外的科学家给予理论上的否定。

无论在学术界还是民间，"肉眼看长城"始终存在争议。长久以来对这个争议也没有定论。西方宇航员在太空看到过长城的说法，并不是空穴来风。

美国航天员尤金·安德鲁·赛尔南2004年2月访问新加坡时说"在高度为160千米至320千米的地球轨道上确实能用肉眼看到长城"。他多次这样声称过，他在太空用肉眼看见了长城。我们按理说应该没有理由怀疑赛尔南的说法，当然没有理由也可以不相信，因为谁也没有办法证明给大家看。

《中国新闻周刊》发文《太空中到底能不能看到长城?》猜测赛尔南能够看到长城，而杨利伟没看到长城的原因，说了5个理由：

一、赛尔南上太空是30多年前的事，那时空气污染还不严重，能见度良好。二、或许他眼睛很好，没有被长期航天员学习伤了视力。三、没有遇到沙尘暴、雨雪和云雾。四、飞船位置、太阳角度以及季节植被亮度也许恰好适合观察长城。五、赛尔南160千米的最低轨道高度，比杨立伟的343千米低了许多，自然观察地面也更清晰。

美国宇航员威廉·博格曾在太空站工作过一段时间，他在1991年出版的《在太空中如何盥洗》书中说，在那样的高度上已无法用肉眼看到长城，而需要用望远镜才能看到。2000年凤凰卫视曾采访第一批登上月球的宇航员之一奥尔德林。他说："在月球上是看不到万里长城的，长城是狭窄而不规则的，在轨道上，很难看到不规则的事物。"2000年5月4日，首位太空游客蒂托在接受记者采访时也说："我从中国上空飞过时看到了中国的河流和山脉，但没有看到中国的长城。"

我们再回头谈谈能看见长城的说法。不仅是美国航天员赛尔南在太空看到过长城，据《航空档案》在《访问中国的世界首位女宇航员》一文说“苏联女宇航员捷列什科娃2004年5月访华期间曾透露，她在1963年环地球48圈的过程中看到过长城”。我们知道任何待证事实，只有单一证据的话，这个证明就会被称为“孤证”。孤证是否可以证明事实，要看这个证据是否有足够的可信度。有了女宇航员捷列什科娃的证明，美国航天员赛尔南的说法就不是“孤证”了。

不仅是宇航员参与了这个问题的讨论，科学家也参与了进来。戴昌达是从事遥感图像应用处理与分析的科学家，他认为在太空不可能用肉眼看见长城。他认为“人眼视觉是个很复杂的物理、生理及心理过程。据测定，当一个物体进入眼瞳形成的张角正好是以其距离为半径的圆周长度的三千六百分之一左右时，这个物体就表现为一个与背景有别的像点而被人眼看到。如果距离增大或物体缩小，一个物体的像点就会融入背景中而不能被眼睛识别。”

科学家认为，假设长城宽度达到10米，常人可识别长城的最远距离约为20千米，视觉分辨率高的侦察员大概可远在62.5千米处识别长城。但这些距离都远远低于一般公认的太空高度，何况长城宽度一般小于5米。科学家们判定，即使宇航员的视力比侦察员高一倍，在太空仅用肉眼也不可能看到长城。宇航员在升空或降落过程中距长城不远的瞬间也许能看到长城。但这个瞬间太短暂，宇航员也不能分心，不可能看清。

河北怀来长城

-

摄影 / 宋举浦

中国科学家的实证研究得出正确的结论："太空"高度的最低界限大约在105千米~110千米，常人可识别长城的最远距离约为20千米，在距离地面400千米左右的国际空间站上看长城如同在10米外看一根宽0.25毫米的细线，人的肉眼无法从太空看到中国的长城，更不可能在月球上看见长城。

在太空能不能用肉眼看见长城这个争论了很多年的话题，还会不会继续争论下去呢？很可能还会持续争论的。**关于在太空用肉眼能不能看见长城的争论，本身就说明了长城的伟大。只有长城这样的历史文化古迹，才能引起世界如此广泛的关注。太空与古老的长城相结合的话题还会延续。或许等将来太空游成为一种很普通的旅游项目，从太空看长城很可能会成为太空旅游的一大亮点。**去太空旅游看长城，这代人是赶不上了，但仍然令人充满期待。

河北滦平金山岭长城
–
摄影 / 宋举浦

肆

长城建造的奇迹与秘密

长城经历了千秋岁月，时至今日依然以人类文明遗迹的形态向后人诉说着曾经的经历。秦始皇、汉武帝等主张修建长城的帝王，还有无数参与长城修建的建设者，早已经成为过往的记忆。在过去的岁月中，长城作为一道巧夺天工的屏障，通过构建秩序，保护了长城内外人民的安定生活。

今天，长城一直默默接待着来自世界各地的人，大家蜂拥而至，登上长城只为了感受世界的奇迹、人类的智慧。每年都有千百万游人，被长城的宏伟壮丽吸引而来。我很想带领大家一起揭开长城种种神奇的奥秘，向大家阐释长城深远的意义和价值。

长城明明是一道很长的城墙，为何叫长城而不是叫长墙？“长城”这个词从什么时候开始使用的，今天能看到年代最早的这个词在什么地方？历史上长城只叫长城吗？长城是否还使用过别的什么名称？带着万千的疑问，跟随我一起去感受长城吧。壮丽的长城建筑背后，隐藏着的秘密需要我们一起揭开神秘的面纱。

1.“长城”一词最早是什么时候出现的？

此前，有一些书籍称“长城”一词始于汉代司马迁所撰《史记》。实际上，这种认识是不正确的。我们先不讲古代历史文献，仅出土的相关文物而言，“长城”早在战国早期就已使用了。

“长城”一词最早出现在战国时期青铜器和竹简之上。青铜器的铭文，一般被称为金文，有铸铭与刻铭两种。战国以前多铸铭，战国时期有较多的刻铭。骉羌钟之上带有“长城”一词的铭文属于刻铭。

1928年，大雨之后洛阳城东金村出现大量的地陷现象，人们很快发现这些塌陷的地方都是古墓的墓室。挖开墓室大批精美的陪葬文物暴露出来，出土了大宗战国早期的青铜器。古墓被盗掘，这批文物大部分流散到海外。

其中有一组14件青铜器编钟，被称为骉羌钟。这组编钟花纹细密，工艺精湛。人们之所以将这组编钟称为骉羌钟，是因为编钟上刻有一段长达61字的铭文，记录了韩国一位名为骉羌的将军，攻打齐国、攻进长城的历史。

北京怀柔连云岭长城

–

摄影 / 董旭明

骉羌钟的钟体铭文，全文为:“唯廿又再祀，骉羌作戎，厥辟韩宗，撤率征秦迮齐，入长城，先会于平阴。武侄寺力，言敚楚京。赏于韩宗，令于晋公，昭于天子，用明则之于铭，武文咸烈，永世勿忘。”

青铜器上的文字，是中国古代历史的重要文献。青铜器铭文属于纪事形式的长铭文，骉羌钟上的铭文多达61个字。但是，此铭文与长城的关系，长期以来并没有引起人们太大的关注。其实，这段铭文是中国历史上，首次在出土文物上出现了“长城”这个名词。

骉羌钟铭文记述的历史事件，为周威烈王二十二年（前404年），一个名叫骉羌的韩国将领，在一次伐齐的战争中，首先攻入齐国的长城。在这场战争中，骉羌作战勇猛，因而受到韩君、晋公和周天子的奖赏，特此铸器作为纪念。从骉羌铭文可以看出，周威烈王二十二年（前404年），齐长城已建好并发挥了重要作用。

最近几年出土的竹简上也有关于“长城”一词的表述，而这比骉羌钟所处的时期更早一些。清华大学于2008年7月收藏了一批战国竹简，包括少数残断简共约有2500枚。碳14测定这些竹简为战国中晚期文物。清华大学最新研究成果清华简《系年》披露的有关齐长城的记载，为认识齐长城的修建时间提供了很重要的新史料。

清华大学出土文献研究与保护中心编纂的《清华大学藏战国竹简（二）》中，《系年》篇第20章记载了齐长城的修建经过:“晋景公立十又五年，申公屈巫自晋适吴，焉始通吴晋之路，二邦为好，以至晋悼公。悼公立十又一年，公会诸侯，以与吴王寿梦相见于虢。晋简公立五年，与吴王阖卢伐楚。阖卢即世，夫差王即位。晋简公会诸侯，以与夫差王相见于黄池。越公勾践克吴，越人因袭吴之与晋为好。”

简文中所记载的“齐人焉始为长城于济”应该是齐长城较早的修建时间，而“自南山属之北海”则指齐长城起于今济南平阴、长清一带，沿当时济水修建至渤海岸。简中记载的事是晋敬公十一年（前441年），骉羌钟记载的事是周威烈王二十二年（前404年），由此可知，清华简上的“长城”一词，比骉羌钟早了37年。

我们知道了战国时期青铜器和竹简上就已经有了“长城”一词，可是长城明明是一道延绵的长墙，古人为什么不叫“长墙”而是称其为“长城”呢？其实道理很简单，长城除了长长的城墙之外，还包括一系列的军事防御设施，比如关隘、关城、城堡、烽燧等，而“长墙”就不能涵盖这些了。

2. 长城是用糯米浆砌成的吗？

长城的修筑历经了几千年的时间，是无数劳动人民血汗建筑起来的一座丰碑。讲到长城建筑，给人们的第一印象就是其体量的大，万里长城万里长。不论是用土夯筑，还是用砖、石砌筑，其工程量都非常惊人。在施工技术比较落后的年代，所用各种建筑材料的运输、采伐、烧制以及劳动组织，等等，都需要花费巨大的劳动才能完成。

关于长城建造的历史记载很少，但是却留下来了很多的传说。一些传说甚至把长城建造的过程或技术神话了，比如垒砌长城的砂浆中含有动物血，长城墙体之所以坚固是因为在垒砌长城的白灰、沙子中加上糯米浆，等等。这些传说都不是真实的，长城建筑总体来说并不是多么精致的工程，即便是用白灰很多的地方都只是勾墙缝使用，里边还是使用泥土。

还真有“好事者”，提出经过科学试验，在灰浆中发现了有3%的糯米浆含量。那个时候人都吃不上糯米，哪来的如此之多的糯米浆？特别是北方基本不种糯米，更不可能有大量的糯米浆了。

3. 数字长城的明天会是什么样？

中国长城学会2021年刚成立了信息技术工作委员会，开始实施长城数字化再现项目的运作。借助快速更迭的数字技术，昔日人们眼中文化遗产“古老、沉睡千年”的形象变得愈发鲜活，释放出“文化遗产+”的更多可能。

有关长城的数字化尝试，很多机构都做过努力，有些项目也取得了很好的成绩。比如天津大学建筑学院教授、博士生导师张玉坤先生的团队，从2016年开始聚焦长城建筑遗产保护与信息技术应用，已经完成了明长城大部分地段数据的田野采集和大数据人工智能的分析处理。

这些数据为长城全线的“数字再现”和监测预警提供了有力的技术支撑。这是一项任重道远的工作，需要有更多的力量参与进来。长城数字化再现项目的实施，或许可能成为一个有意义的标志点：保护长城文化遗产的同时，数字技术建造的一个与物质的长城并存的数字长城。物质长城与数字长城将共同构成一个长城的“孪生”世界，这是我的一个梦想。

长城数字化再现，要以长城现有文化遗产为基础。今天的长城保存现状的信息采集，再加上以数字化的手段再现已经毁坏乃至消失了的建筑。物质的长城信息和数字化的长城信息并存，构建起完整的长城。这项工作的目标是对古老的长城进行数字复原，对长城历史文化进行阐释并参与长城的保护工作。

长城的数字化工程，要构建一个虚拟、真实同时存在的长城。我期待这项工作不仅是对长城文化遗产进行信息采集，并在此基础上依托数字建模技术构建的数字化，还要再往前走一步对长城进行“虚拟复原”。当然，这个“虚拟复原”是以对长城的科学研究为基础的。

长城数字化再现项目完成之后，呈现给社会的长城数字化文化遗产，完全是物质长城和数字长城的“共生”。游人畅游在长城的数字世界，对长城的历史和文化会有更好的体验。长城数字化再现会对长城的价值和意义做出更好的阐释与传播，绽放出长城文化的魅力。

长城作为文化遗产具有物质和精神的双重属性，我们经常说让文化遗产“活化”，一个以高科技为支撑的“活化”是今后长城保护和利用的方向。多年来我们一直在寻求以数字化技术手段，探索长城的展现和文化的传播。全面实现长城数字化是我的一个梦想。我相信长城文化遗产的数字化能够构建起更多的人特别是年轻人与长城的亲密接触，一定会释放产业潜力和市场需求。

伍

长城对丝绸之路的保障

“丝绸之路”这个概念，是1877年德国地质地理学家李希霍芬提出来的。他在著作《中国》中将汉朝张骞通西域开辟中国与中亚、中国与印度间以丝绸贸易为媒介的这条西域交通道路，命名为“丝绸之路”。

了解丝绸之路也是认识长城一个有意义的视角。万里长城与丝绸之路，在很多地方都有着密切的联系。特别是在河西走廊和以西，实际上长城与丝绸之路是完全一体的。在西汉，也就是张骞打通了这条通道之后，长城成为保障丝绸之路畅通的守护神。在丝绸之路的历史发展过程中，长城起着重要的作用。

长城和丝绸之路是相互依存的关系。通往西域的古代丝绸之路，自河西走廊就与长城并贯东西。丝绸之路和河西长城几乎是并行延伸到新疆境内，历史上丝绸之路随长城的产生而产生，随长城的形成而形成，随长城的延伸而延伸。自东而西，始终以长城为屏障发展。

战争留给人们的除了恐惧还是恐惧，战争平息了，社会的安定和生产的发展促进了经济的繁荣。物质的不断丰富，产生了进一步发展商业、文化交流的需要。长城守卫的交通道路，就自然变成了互通有无的经济文化交流大道。丝绸之路就在这样的条件下渐渐形成。

当然，在张骞出使西域之前，中原与西域及中亚、西亚等地的交往早已经存在。《左传·昭公十二年》记载了周穆王“周行天下”的故事，“昔穆王欲肆其心，周行天下，将皆必有车辙之迹。”只是规模和影响，远不及河西走廊及西域被汉朝打通之后。

司马迁在《史记·周本纪》和《史记·赵世家》中也有这方面记载。我们先看一下《史记·周本纪》是怎么记载的，“穆王十七年，西巡狩，见西王母。”东晋郭璞注释为“西王母者，西方一国君也”。上述记载相对简单，《史记·赵世家》对穆王西行记载就详细得多了，“造父取骥之乘匹，与桃林盗骊、骅骝、绿耳，献之缪王。缪王使造父御，西巡狩，见西王母，乐之忘归。”周穆王乘坐八骏御辇，西行至西王母国，见了西王母“乐之忘归”。

2014年6月22日，在第38届世界遗产大会上，中哈吉三国联合申报的古丝绸之路，成功申报成为世界文化遗产，成为首例跨国合作、成功申遗的项目。丝绸之路再次引起国际社会的广泛关注。丝绸之路是连接东西方政治、经济、文化交流的通道。历史上，以丝绸为代表的中国物资西传，要早于丝绸之路，但大规模的输出和西方物资的引进，则始于西汉。从这个时期开始，丝绸之路成为东西方有计划、有组织进行贸易的大通道。

长城成为这条大通道的守护神，保障着丝绸之路的畅通。狭义的丝绸之路，指的是从古代的长安，今天的西安出发，在河西走廊经凉州、甘州、肃州至沙州段，基本上是一条不变的路线。从今天的武威，经张掖、酒泉、嘉峪关至敦煌，继续往西则分为北、中、南三条路。

新疆库尔勒汉代西域36国之一的焉耆国都城、唐代焉耆都督府治所、后来历史上作为丝绸之路上一处城镇的焉耆所在地。又名“四十里城子”。

–

摄影 / 董旭明

我们现在提出的人类命运共同体，中国与“一带一路”合作国家的命运共同体。历史上的长城，就是长城内外的共同体。通过长城构建起来长城内外农耕与游牧经济及社会发展的秩序。农耕与游牧有三层意思：首先是经济类型，农耕经济和游牧经济是两种完全不同的经济类型。第二层意思是以这两种完全不同经济形态生活的人。第三层意思是在这样两种不同经济形态下，生活形成的族群基础上产生的政权。

长城内外的冲突，主要是政权与政权之间的冲突。这种冲突应该说是以经济类型不同为基础，因为两种完全不同的经济类型之间，以这两种完全不同经济类型生活的族群之间，有着非常强烈的冲突性。最后的表现形式，则是政权与政权、军队与军队的冲突。长城构建起来的秩序，起到了减少冲突的作用。

我们为什么要建长城？2020年国家图书馆请我去做一个讲座，工作人员找到我说：“领导定的题目是《长城与人类命运共同体》”。我说：“没问题，长城本身就是一个命运的共同体。”共同体的一个最基本的事实就是他不是共同体。如果本身就是共同体，就不用再去构建了。只有这样才能形成一个和谐的正常发展的秩序，这一点在长城和丝绸之路上都有非常充分的体现。

当然，我们今天讲的长城文化已经不仅是历史文化，今天对于丝绸之路，包括对长城的历史价值与现代意义的理解，应该怎么去看？我们在研究历史的同时，还要看到发展而形成的新价值。比如今天看天安门，大家都已经并不是简单地将其理解成一个皇宫的南大门。天安门是首都的象征，是国家的象征。

长城的这种象征意义更加突出，我们每个人都有身份证，一面是个人信息，另一面是国徽和国名，然后就是长城。护照的首页，就印着国徽、国名和长城。假如把身份证和护照上的长城去掉，再想想还有什么能跟国徽、国名放在一起，能够代表我们国家的？今天长城的价值和意义，已经远远超越了历史上的农牧冲突和构建农牧秩序的意义。

甘肃敦煌阳关墩
–
摄影 / 董旭明

今天的长城作为一个标志及象征意义，与历史上长城的修建者，特别是农耕政权的认识肯定有不同。我们今天这种认识，也是当今的社会发展需要，是长城不再起军事防御作用之后价值的体现。国歌中“把我们的血肉筑成我们新的长城”，在国家和民族危亡的时候那声呐喊，完全是救国救民族精神的体现，实际上也是长城在一个新时代的价值和意义。

万里长城与丝绸之路有一个共同的文化特征，就是共存共生的双赢或多赢。中国古代长城的修建是为了构建长城内外秩序，寻求多元利益平衡基础上的一体利益最大化。中国古代的丝绸之路，同样是这样的发展模式。

中国倡议的“一带一路”，也是在与相关合作国家寻求双赢或多赢的发展。国务院新闻办发布了“一带一路”提出和建设这五年来（从2013年到2018年），中国与“一带一路”合作国家的贸易的总量，是6万亿美元，占中国进出口贸易总额的27.4%。

“一带一路”对于整个中国的经济发展和推动，对合作国家的经济发展和推动，具有重要的意义。这是一种双赢的合作模式，合作国家的基本建设得到很大的发展，在这个过程中中国的企业承包了“一带一路”合作国家基本建设工程的营业额，达到了4000多亿美元。

为什么说这项建设是双赢或多赢？世界银行发布一系列研究文章，探讨这项合作对沿线国家和地区基础设施建设及可持续增长等多方面的影响。世行认为，“一带一路”建设将使沿线国家和地区的实际收入增长1.2%~3.4%，全球实际收入增长0.7%~2.9%，从而促进实现共同的繁荣。

长城历史文化本身，就是今天的中国和丝绸之路沿线国家的合作的写照。在历史上曾经的合作，形成了共同的历史上的认识和判断。这一点历史与今天我们“一带一路”发展的思想完全的契合，第二届“一带一路”国际合作高峰论坛的主题就是“共建‘一带一路’，开创美好未来”。这里是一个共建，一个开创。核心内容是什么？就是推动“一带一路”合作，实现高质量发展。这里是一个合作，一个发展。

共建、开创、合作、发展这四个核心词，就是历史上古代丝绸之路的存在价值。古代的丝绸之路和今天的“一带一路”战略完全契合，所以说古代丝绸之路文化在今天的现实意义还是很大的。我们赖以生存的这个世界，彼此的联系一定会越来越紧密，这样一个双赢、多赢的形势会得到继续的发展。历史上的丝绸之路，就是同时促进共同的经济发展，这与今天“一带一路”完全一脉相承。

我们在形容祖国大地江山辽阔的时候，常说的一句话是“大江南北、长城内外”。实际上长城内外都是草原丝绸之路的节点。京津冀地区是草原丝绸之路的主要路线，从中原地区向北经过今天京津冀的燕山、内蒙古的大青山等地的长城沿线，跨越蒙古高原，通向中西亚北部，抵达地中海欧洲地区。长城内外是游牧与农耕的交错地带，长城是草原丝绸之路的重要链接点。从严格意义上说，古代的草原丝绸之路，一直在发挥着东西方陆路的联系作用。

现在学界越来越多地关注草原丝绸之路，最早只是一些西方学者关注。草原丝绸之路是蒙古草原沟通欧亚大陆的商贸大通道，在京津冀地区通过燕山、太行山穿越长城向北发展。草原丝绸之路的贸易交往，从中亚、西亚到地中海都有清楚的历史文献的记载。内蒙古档案馆和内蒙古大学在做的张库大道的贸易交往的蒙文档案翻译，各种贸易交往的记载非常清楚。张家口作为贸易集散地，在长城地区有着特殊的位置，八达岭长城是通往张家口的主要通道。在明代草原丝路的贸易量，要比河西走廊那条路上大得多。

河西走廊在明清时期，特别是清朝时候的贸易总量已经萎缩得很厉害。嘉峪关当时设的关卡收税，甚至出现收的税钱不够收税机构开支的情况。张库大道贸易的总量提升非常大，这方面还有待于进一步深入的定量研究。八达岭是内长城，虽然不是贸易直接交往地区，也是非常重要的通道。我们还要加强这方面的研究，把历史的细节尽量多地挖掘出来，增加人们的历史体验感。

甘肃金塔兔儿墩

–

摄影 / 董旭明

丝绸之路是中西文明互鉴之路，也是中西文化交融的纽带。这条路为中国古代提供了物质和文化的输出和导入的通道。今天在这条路上还有着丰富的文化遗存。文化需要交流，而互鉴就是在交流过程中完成的。参与交流的各方，彼此都提供着可借鉴的文化因素。潜移默化地相互影响着审美取向，中华文化也是这样的发展过程。古代的丝绸之路，之所以成为中西文化交融之路，是中国文化的海纳百川、中华民族开放包容的胸襟所致。面对世界，一定要有这样的心胸才不会故步自封。

同时，重视古代丝绸之路研究和长城保护丝绸之路的作用，也不能过于夸大这个作用，甚至也不应该过分强调丝绸之路在王朝掌控之下的畅通。因为这条路由朝廷有效控制下完全畅通的时间并不长，就如同汉代长城的使用时间并不是很长一样。

不管中原王朝控制的这条西域商路是否畅通，这条路上的商贸却始终以各种不同的形式存在着。这是历史事实，我们说丝绸之路的源远流长就是在这个意义上的认识。

第二章

农牧交错带，穿山越水的奇迹

跨峻岭，穿荒原，横瀚海，经绝壁，
纵横十万里。望不断长龙烽垛，雄关隘口，
犹如玉带明珠，点缀成江山锦绣。起伏奔腾，
飞舞盘旋，它是中国人给这个世界增添的奇迹。

古代王朝时期，农耕与游牧的军事对抗是常态。
处理不好这个问题，必将成为王朝统治的重大不稳定因素。
当农牧军事冲突成为双方关系的大趋势时，
长城防御的军事战略就显得尤为重要。
长城的存在是减少军事冲突的手段，
也是降低双方军事对抗的举措。
加强长城地区的军事防御力量，
即为此思维模式下重新对长城地区进行的军事部署。
长城防御虽然不是炫耀武力的军事行动，
但统治者认为防御力量强大是和议之后对和议有效执行的保障。

壹

长城对中国农牧的影响

中国文化讲“天道圆，地道方”“大象无形，大道至简”。怎么认识长城的作用？一言以蔽之：构建农耕与游牧秩序。在这本书里，“秩序”一词大家会经常能看到，希望读者可以清楚地理解这个词对认识长城历史的具体含义。

中国有句老话：一方水土养一方人。不同的地理环境下，生活着以不一样的生产方式活着的人。中原农耕地区和草原游牧地区是两种完全不同的环境，有着不同的物产资源和与之相适应的经济类型。农耕地区以农业种植为主，有粮食还有丰富的商品，例如茶、酒、糖、丝绸、瓷器等日常生活物品，这些东西都是草原地区不能生产的，所以对于游牧民族来说便成为十分紧缺的物资。而游牧地区盛产马匹、牛羊、皮毛等物资，则是农耕地区缺少的商品。

这就是古代持续两千多年不断修建长城的基础。战国时期秦、赵、燕三个诸侯国修建了防御匈奴等游牧势力的长城，开始了农耕对游牧的防御。秦汉时期创造了较为发达的农耕文明，与此同时，游牧民族也向草原文明迈进。而同期产生并发展起来的万里长城，作用主要是在农耕向北扩展之后，规范、协调农耕和游牧两种生产、生活方式所带来的矛盾和冲突。

长城的主要作用是保护农耕社会和农耕生产。古代中国农耕经济经过长时期的调适和耕作结构的调整，形成了几个主要农业区域。其中，北方是华北平原、关中平原，南方是成都平原和长江中下游平原。华北平原是黄河流域农业文明的起源地，从辽金开始成为中国北方的政治中心。关中平原农业生产十分发达，从西周到唐代一直是全国的政治中心。

长城的作用之一是直接保障和影响华北平原和关中平原，间接保障和影响了长江中下游平原。中国古代农业之所以能取得如此之高的成就，长城的保障作用不可忽略。

长城是中华文明的象征，见证了中华民族从多元到一体，伴随了中华民族形成和发展的过程。长城内外广大地区，更是中国古代各民族碰撞与融合的舞台。中国具有人口众多和中华民族多元一体两大特点。这两大特点，都与长城地区有着密切联系。

牧羊今天依然是长城脚下农民的主要经济来源

长城地区农牧民族的碰撞与交流，促进了中华各民族之间的融合，有利于多民族统一国家的形成和发展。从这个意义上说，长城地区在中国历史发展的过程中具有特殊的地位。

长城这一军事防御体系是北方农耕地区的安全保障，没有长城的保护，农耕地区的农民整天都会感觉是活在刀尖上。命悬一线的人生哪里会有幸福感？长城多处于王朝的边缘地带，被视为王朝政治权力和势力范围的标志。长城保障农耕经济区的安全和稳定，亦即保障了王朝的税赋。长城调整了农耕和游牧民族的关系，促进了王朝和游牧政权朝贡秩序的构建。

秦汉以来，游牧民族持续南下对长城以内的农耕社会构成巨大的威胁，其中经历了匈奴、鲜卑、柔然、突厥、契丹、蒙古等。保境安民成为历代王朝统治者的当务之急，王朝与草原社会的关系，也是边疆史研究重点之一。

传统的历史研究以农耕社会为本体，游牧社会多处于客体的地位。拉铁摩尔认为，正像专门化的农业文明一样，游牧文明也是畜牧经济高度专门化的产物，二者并无优劣之分。中国的边疆问题源于汉地社会的农业文明和草原社会的游牧文明的交汇、碰撞与冲突。二者的互动，既有农耕民族的向北扩展，也有游牧民族的南下。

农耕文明自产生之后，就向外有选择地扩张，先是顺黄河进入中下游平原，而后向南发展到淮河流域。只有农耕经济向北扩张，才遇到了与农耕地区迥异的地理环境，这是一种只能发展异质文化的"硬"边界。

游牧民族对农耕地区的侵扰问题不仅中国有，也是世界文明古国普遍面临的问题。因各国的具体情况不同，游牧民族侵扰造成的影响在各国也不一样。两河流域、古埃及和印度的农耕文明创造者既无天险可守，也没有修筑中国长城这样的防御工事，所以在游牧民族的反复冲击和征服面前，遭受到严重摧残。

大约公元前6500年，在幼发拉底和底格里斯河流域创造农耕文明的苏美尔人于下游地区建造了城市，过着定居农耕生活。他们已经开始通过凿渠灌溉提高农业收成，并创造了楔形文字的古老农耕文明，后来被来自上游西北部操闪米特语的游牧民族——亚摩利人和亚述人所摧毁。

他们的语言也被闪米特语所取代，其族群也因与征服者混合而消失了。整个族群消亡了，其族群所属的文化，不论曾为本族群的发展做出过什么创造性的贡献，也同样失去了价值。

现在讲长城对农耕和游牧的关系及影响，讲得还远不够。每片被耕耘的土地，都是农民在大自然中完成的杰作。土地是农耕者的世界，秋天的收获是现实对理想的最好诠释。游牧部族抢掠的动力来自其生活的经济需要，但给农耕地区的和平与安全带来巨大的负面影响。一场战争，一次抢掠对农民都是一场噩梦。可以毁灭一个家庭，摧毁一个村庄，毁掉农牧交错地区的安宁，甚至也可以毁掉农耕政权的统治。

–

内蒙古草原上的蒙古包

对于游牧政权来说，能够组织大规模的抢掠行动是其领导力的体现。草原地区游牧部落的大小首领，通过抢掠不仅可以满足自身的物资需求，还可以一层层将这些抢来的物资分发下去，以维系其在草原部落的统治地位。有了长城，就可以部分地遏制抢掠的发生，更可以避免一些因此而引发的更大规模的战争。对于农耕政权来说，从其长城防御体系的建设以及保障能力，完全可以看出政权乃至王朝的兴衰。

2008年我去秦皇岛板厂峪长城时，看到过一份《高氏系谱》。这份《高氏系谱》编修于清嘉庆元年（1796年），记载了明崇祯七年（1634年）板厂峪乡耆、高氏先人高廷科与山石道参将王守道、钦差参将金斌等人倡议募捐资金修复长城，共集资白银400余两的事情。到了这个时候，大明朝的江山已经岌岌可危。朝廷已经没有力量满足长城修缮的需要，高廷科等筹款修缮了义院口关城及三座城楼。后来当地人在义院口修建了一座三善祠，并立了三善碑以纪念这些人的功德。不过，到了江山风雨飘摇之时，对于王朝来说修不修长城都已经没有多大的意义，但是对保护一方百姓尽量免于战火还是有作用的。

河北抚宁义院口长城

–

摄影 / 宋举浦

贰

建立彼此的生产生活秩序

今天我们看到的长城影像和图片，主要是明代的长城。秦汉时期是中国长城史上的重要阶段，只是绝大部分都成为遗址遗迹状态。长城作为文化遗产是很伟大的，这一点没有任何争议。关于长城有用没有用，从古到今却是争议不断。在这里不准备对这个问题做展开的议论，我们只是来看一下司马迁怎么说。

《史记 · 秦始皇本纪》引用贾谊的《过秦论》说，秦始皇“使蒙恬北筑长城而守藩篱，却匈奴七百余里，胡人不敢南下而牧马，士不敢弯弓而报怨。”《后汉书 · 鲜卑传》也记载，蔡邕在给皇上的奏折中说“秦筑长城，汉起塞垣，所以别内外，异殊俗也”。长城“别内外”“异殊俗”，实际上就是构建农耕与游牧两个不同生产生活方式下的民族彼此的生产生活秩序。

在正式介绍长城之前，在这里先讲一下新石器时期的环壕石城。班固在《汉书 · 陈胜项籍传》也引贾谊《过秦论》，“使蒙恬北筑长城而守藩篱”，颜师古的注讲得更明白，他说，“言以长城扞蔽胡寇，如人家之有藩篱。”

大量的考古成果证明，环壕石城这种“人家之有藩篱”从新石器时期就有了。严格地说，这些新石器时期的环壕石城，可以视为长城防御的前身。环壕石城都是用城垣保护生活居住的聚落，是随着原始战争的增多而出现的防御设施。到了夏商时期，筑城技术有了发展，早期的城建方法原始，更多地借助于地形地貌，城垣形状不规则。随着技术的进步，规整方正的城堡日渐增多，防御设施也日益严密。

最初，环壕石城只是保卫各部落民众，免受野兽或敌方的伤害，后来才发展为政治、经济中心。当生产谷物及饲养牲畜成为人们生产资料的主要来源，并开始定居之后，氏族部落已懂得利用天然障碍或用人力在居住地周围挖掘壕沟，以保护本部落不受其他部落的侵袭。

随着掠夺战争的增多和生产技术的进步，原始弓箭等兵器性能的提高，单纯向地下挖壕沟，已达不到有效地防护自己不受敌箭伤害的目的，于是就出现了高出地面的土、石围墙。通过战争的实践，人们发现围墙与壕沟结合，比单纯壕沟更为有利，因而墙与沟结合的形式，就成为居住地设防的主要形式。

叁

农牧双方军事对抗的三种模式

长城地区是农牧交错地区，历代在这个地区农牧双方军事对抗的模式，大致有以下三种：

第一种对抗是双方的军事冲突，不以决战形式进行的战争。这是长城地区会经常存在的情况，属于常态的军事冲突。面对游牧这种分散的、抢掠性的军事挑战，中原守军往往处于较为被动的劣势。长城守军通过长城防御工程在长城地区强化军事存在，让游牧军队因感到强大的军事压力而不敢轻举妄动。

第二种对抗是双方以激烈的战争方式进行的大规模的军事决斗。战争的胜败将决定由谁拥有某片土地的控制权。这样的战争较少，不是双方的常态。一旦发生这样的军事冲突，长城各关隘首当其冲，位于战火的最前沿。随着军事冲突的不断升级，面临这样军事冲突的长城基本上很难发挥较大的军事防御作用。

第三种对抗是双方在有效地管理构建秩序，进行正常交流的情况下，发生小股的、骚扰性的军事冲突。这种冲突是长城内外双方最高军事指挥部都不想看到的结果，农耕王朝为构建有效的秩序修建长城及构建军事防御体系，也符合游牧政权的意志。在这种情形之下，长城以有效地防御作为必要条件，保障了游牧与农耕之间和平交往的可能。

这三种情况并不是一成不变的，随着不同的历史时期、不同的历史背景而不断变化。中原王朝强大，则第二种模式发生的可能较小。随着中原王朝的衰落，第三种模式也就失去了其存在的必要条件，常常被第一种模式的冲突打破。看不清楚双方不同阶段的战略性变化，把握不好双方关系，在发生了实质性的变化之后的应对，就处理不好目前或未来将面临发生军事冲突危险的局面。

反之亦然。只有在任何一方都没有对另一方形成较强优势、可以通过战争的手段彻底解决问题的时候，第三种模式才可以有效地正常运转。在中国古代历史上，农耕民族与游牧民族的军事对立，更多的时间处于谁也没有办法对另一方形成优势，谁也不能通过军事手段来彻底解决问题的状态。

不管游牧民族还是农耕民族，从老百姓来讲应该都不愿意打仗，向往和平是各民族人民的共同愿望。一首鲜卑民歌可以为证：“男儿可怜虫，出门怀死忧。尸丧狭谷中，白骨无人收。”所以，游牧与农耕民族的和解，在大多数的时间里是受欢迎的。

和平往往是建立在武力捍卫的基础之上，战与和的形势随双方军事力量的强弱对比的改变而变化。在长城地区，战争可能转化成和平，和平也随时可能转化为战争。

和平的建立主要有三种情形：一是通过武力征服来实现；二是在一方强大的武力威胁之下，订立的城下之盟；三是在双方彼此都不能靠武力征服对方的情况下，实行有效的障碍隔离。有时，即便双方达成了某种避免战争的协议，也需要这种隔离。而长城，就是实现这种联系中的隔离、隔离中的联系最有效的媒介障碍物。

长城的修建，就为解决双方利益、建立新的利益平衡，提供了一种不可多得的政治手段。长城内外不同的政权、不同的民族之间存在的利益冲突，实际上是经济利益起主导作用的冲突。通过长城阻隔和管控、防御，达到了一种长期稳定的平衡。

第三章

城与长城，从来相辅相成

长城，作为人类文明史的典型建筑遗存，作为人类最宏大的文化遗产中建造历时最长、占地面积最大、建筑工程最浩繁的建筑奇迹，在世界文化遗产领域拥有十分突出的地位。

壹

长城所使用过的称谓

两千多年以来，长城经受着包括来自长城内外的各种尖锐的冲击。长城也像历史上的各种事物一样，是人类在解决当时问题时的一种摸索和实践。任何人类的实践活动，都不会是全体人类的共同和唯一的实践，长城亦如此。不同时期的长城，作用和意义不尽相同，就连名称也都不一样。

中国是世界文明古国之一，历史文献特别丰富。在浩如烟海的历史文献中，两千多年来各时期长城的修筑基本上都有记载。但各朝各代在修筑长城和记载长城时，所使用的名称有多种形式，这些不同的名称，有的在同一历史时期互相通用，有的仅在某个历史时期或某个地域用过。

回首历史的过往，两千多年时光荏苒。长城所使用过的主要名称，已经成为长城岁月写不完的沧桑的一部分。

长城：这是长城最通用的称谓，生生不息。从春秋时的齐长城，一直叫到现在。长城是一种很长的墙体防御体系，或形式和墙体相近、防御性质和墙体一样的防御建筑。长城之称始于长城产生的春秋战国时期。《管子·轻重篇》中有“长城之阳鲁也，长城之阴齐也”。《史记·楚世家》载：“齐宣王乘山岭之上，筑长城，东至海，西至济州，千余里，以备楚。”

生活在长城脚下的农民只是认为长城就是一段老墙

山西大同新荣汉亭障及明长城

–

摄影 / 董旭明

方城：称长城建筑为方城，只在春秋时楚国用过。《汉书·地理志》载："叶，楚叶公邑，有长城，号方城。"

堑、城堑、墙堑：这几种称谓基本上相互通用，从战国直到明代几乎全都使用过。《史记·秦本纪》载："堑洛。城重泉。"记载的是秦简公六年（前409年）沿洛水修筑长城，就只用了"堑洛"两字。蒙恬是秦始皇长城修筑的指挥者，秦始皇死后，他被秦二世及宦官赵高、丞相李斯所害，临死他认为之所以招来灾难是因为修长城之故，他说："恬罪固当死矣，起临洮属之辽东，城堑万余里。"《明史·余子俊列传》："寇扼于墙堑，散漫不得出。"

塞、塞垣、塞围：在史书中用到塞字的地方很多。一般情况有两种意义，一是用以表示关口要隘。这些被称为塞的关隘，有的就在长城之上，有的则在离长城很远的地方。另一个意义是用以表示长城。如《史记·匈奴列传》载："汉遂取河南地，筑朔方，复缮秦时蒙恬所为塞，因河为固。"《后汉书·乌桓传》载："秦筑长城，汉起塞垣。"《魏书·世祖纪》载："七年六月丙戌，发司、幽、定、冀四州十万人，筑畿上塞围。"

长城塞、亭障、障塞：这是把长城同塞并在一起合称长城的一种表示形式。这种称谓在史书中也很常见，如《晋书·唐彬列传》载："遂开拓旧境，却地千里，复秦长城塞。"杜佑《通典》古冀州条下载："密云县东北至长城障塞一百十里。"司马迁《史记·蒙恬列传》中有："行观蒙恬所为秦筑长城亭障。"

壕堑、界壕：壕堑是长城建筑的一种形式，多指在不易筑墙的地方，挖有深广各若干丈的深沟，并将所挖取之土堆于沟的一侧，其防御作用同修筑墙体是一致的。界壕则是金代长城的专用词，除金之外，基本没有使用界壕一词来称长城的。金代为防御蒙古族，在其与蒙古界挖掘壕沟，故称界壕，如"入泰州婆卢所浚界壕"。金界壕之称包括边堡、烽燧在内各种形式构成的长城防御体系。

边墙、边垣：将长城称之为边，主要是明朝。中国古代多将中原各地与东北、华北、西北、西南等地，少数民族之间的地域，称之为边地，明代则将在这一带地域修筑的长城称之为边墙或边垣。如《明史·戚继光传》载："蓟州镇边垣，延袤两千里。"《明史·兵志》载："请修宣、大边墙千余里。"

贰

长城
并非只是
一道大墙

–

条石垒砌的长城墙体内部为碎石填筑

长城虽然并非只是一道大墙，但不管怎么说城墙都是长城建筑的主要组成部分。长城城墙的建筑形式、结构类型、材料做法，随着时代演变有着较大差异。同一朝代的城墙，也会因地理环境、施工条件的不同，而各有特色。

战国时期各诸侯国所筑长城，墙体的建筑形势相对简单，主要有土筑墙、石垒墙和土石混筑等种。在平原或丘陵地区，多用黄土夯筑。在山地或产石地区，则用石块垒砌成墙。土筑墙一般分层夯筑，石垒墙用毛石垒成。

秦汉长城，经过之地有山脉、黄土高原、沙漠戈壁等不同地貌。建造规模如此巨大的工程，只能采取就地取材、因地制宜的办法。黄土高原土多，有版筑夯士墙或土坯墙，山区石头多，就垒石为墙。

明长城继秦皇汉武之后达到长城修建的顶峰。不论是工程技术还是工程量，都远超以前诸代。明长城结构更加完善，建筑更加坚固，防御作用也更大，是大营造、大升级、集大成。

明长城的城墙，有夯土墙、毛石墙、砖墙和条石墙等多种形式。延绥镇长城及以西，城墙多用黄土夯筑，大同镇也以土筑墙为主。山西镇多用里侧夯土、外侧包砖石墙的做法。宣府镇则多用三合土墙，或是双面包砌条石或料石的夹心墙。

戚继光任蓟州镇总兵时，修建的蓟州镇长城，在平地其城墙则多以灰土或毛石为心，两侧包砖石。在山地，则直接用毛石或料石垒砌。山区的城墙，大都建在高山峻岭上。有的段落地势险峻，则利用有利地形而以“山险”为墙。

明朝的砖砌长城，墙的内外两侧用砖墙砌起，中间部分则用夯土或毛石砌体填心。也有时仅在墙的外侧砌砖，砖墙以里或为岩石山体，或用毛石砌筑，成为单面包砖的边墙。城墙的墙身结构分为墙基、墙身、垛口三个层次。墙顶用砖铺成地面，并砌成垛口。

石砌墙则是以块石构筑的长城，建造时先用较大石块砌出两面之墙身，再于其间填以碎石。先秦长城很多城墙就是用天然石材垒筑而成，建于山区的明朝长城直接用石材垒砌的也很多。

西北的汉长城，一些地方没有黏土，只能用和沙砾土，再夹以红柳或芦苇的枝条，一层一层地筑起来。这种感觉不是很坚固的墙，实际上承载能力还是很强的，能阻止敌人步兵、骑兵的行动，抵抗冷兵器时期刀、枪、箭等的袭击。两千多年过去了，今天看着沧桑却依然高大的城墙，令人深感震撼。

土坯墙则是用黏土先做成土坯，晒干后再像砌砖一样垒砌而成，墙面外再抹一层黄泥作保护层。嘉峪关的城墙，不少地方均是用土坯垒砌而成。也是就地取材，但比夯筑施工更加方便，而且能建造较高的城墙，嘉峪关的城墙即达9米之高。

敌楼：敌楼是建于城墙上、并突出于城墙外侧用以防御攻城之敌的高台，也称“敌台”。敌楼多为方形，下部为实心土筑，周围用条石和青砖包砌，上面用砖铺成平面，并建有垛口。空心敌楼一般由顶部建筑和中室两部分组成，形成较大的室内空间，以供士兵驻守、存放粮秣和兵器。

砖砌的长城是最高等级的长城建筑

-

嘉峪关董家沟土坯垒砌的墩台

马面：马面也称墙台，是依一定距离在城墙外侧建凸出的墩台，平面有长方形和半圆形，因外观狭长如马面而得名。马面的出现，使进攻者同时受到来自城墙左右两个侧面的攻击。

女墙、垛口：女墙是指城墙顶上的矮墙，建于城墙墙顶的里侧，起护栏作用。垛口是于城墙顶部，构筑的连续凹凸形的矮墙。垛口也称雉堞。垛口是战斗人员瞭望敌情、射击敌人时掩护自己用的。

障墙：建在城墙马道上，沿着台阶边缘构建的与城墙垂直的墙体。长城建在比较陡的山坡上时，守城士兵容易暴露在敌人视线里，所以就在垛口墙内侧连续加设几段垂直于垛口墙的短墙，障墙高约同垛口墙，墙上开有瞭望口及射孔。如果敌人攻了上来，还可以凭借障墙节节抵抗。

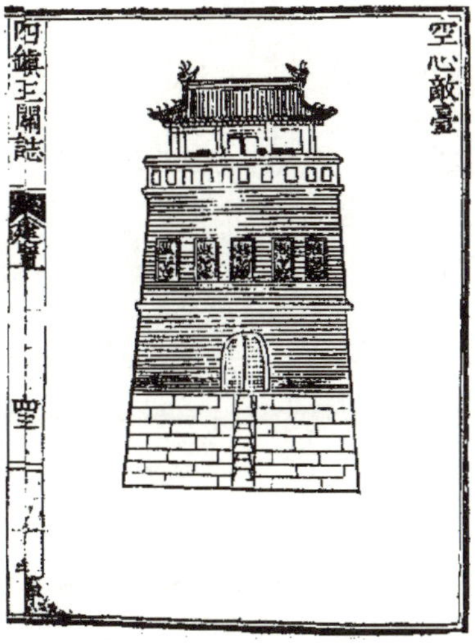

《四镇三关志》中的空心敌台图

长城上的障墙

礌石孔：城墙上施放礌石以击退来犯之敌的孔洞，一般置于垛口墙的下方。蓟州镇长城有些城段设有这样的礌石孔。

马道：城墙上可供跑马或骑马的道路，一般常指上下城墙的通道或墙顶之上兵马的专用通道。

单边墙：单边墙仅是一堵薄墙。单边墙砌筑在山势险、山脊高耸而薄并且边墙外侧也没有人马通路的地段。由于是修筑在绝险的山脊上，外面的敌人很难攻上来。

角楼、角台：建于城墙转角处，凸出于主城墙之外，以加强城墙防御能力。角楼建于方形或圆形的角台上，功能与城门楼相仿。明长城许多关隘都建有角楼，如山海关、嘉峪关等。

明长城是长城墙体最完善的阶段，以蓟州镇长城修建得最好。这里的长城墙体是分等级的，等级越高墙体质量越好。根据已发现的明朝关于修建长城的石刻碑文记载，边墙大致是按三个等级建造的。

一等边墙多修在要塞部位，一般以方整条石为基座，墙身内外两侧用砖或条石砌筑，墙心填以灰土或毛石砌体，上部的垛口和女墙一律用砖砌出；墙顶也用砖铺墁，以供人马行走。

二等边墙墙身外侧用砖或条石砌筑，内部用毛石砌体，内侧表面做虎皮石墙面，并用白灰勾缝，垛口及女墙全部用砖砌筑，墙顶也用砖铺墁。

三等边墙多就地取材，一般用毛石砌筑，内外两侧墙表面均做虎皮石墙面，墙的厚度、断面尺寸、墙顶上部的做法均根据防御需要和地形条件而异。

叁

关隘早于城墙而生

长城的主体建筑，除了城墙最重要的就是关隘。长城产生之前就已经有关隘了，关隘肯定是早于连绵的城墙而产生。作为军事防御先利用险要地形设置关隘，又由关隘向两侧修建防御性城墙，然后再发展才有城墙继续延长，将若干关隘连接起来的线性防御工程。

长城修建到明朝时，关隘的设置和关城的修筑都已经十分成熟，防御功能也已经高度完善。明长城沿线上修筑了许多著名关隘，如抚顺关、山海关、喜峰口、黄崖关、古北口、雁门关、胜金关、嘉峪关等。

河北邢台马岭关长城

–

摄影 / 董旭明

–

河北迁西青山关堡门

为了加强京师的防卫，明朝还在京畿内外的长城线上修筑了著名的内外三关，内三关为居庸关、紫荆关和倒马关，外三关为偏关、宁武关和雁门关。

长城关隘的关城，大都由方形或多边形的城墙及城门、城楼、城台、瓮城组成。平原地区的较大关城，还有环绕其外的护城河和罗城。战略地位极重的关隘前后都设有附属城堡，作为这些关隘的外围阵地。

关城的大小根据情况不同而异，一般都能驻扎和部署较多的兵力，储备足够的兵器、食粮和军用物资，直接供应和支援关城所管辖范围内长城线上的防御作战。

关城的城墙十分坚固，如山海关城的内外城墙，都是条石基础，青砖包砌，内由黄土夯筑。高大坚固的城墙，不仅能有效地阻挡攻城之敌的进攻，还可以使人产生望而却步的感觉。我们要是站立在山海关城墙下面，贴着长城向上看，都会有这样的感觉，这么高大坚固的长城，要是手里拿着冷兵器进攻，真是太难了。

准备构筑长城关隘之初，首先要解决的问题是确定长城的大体走向。长城关隘选址怎么进行，历史文献并没有记载，不外乎要考虑以下两点：

一、从战略上，要能满足朝廷所制定针对长城地区之战略方针的实现。二、从战术上，要能有效地保存自己，最大限度地消灭敌人。

任何战争都受地理条件的影响，长城关隘选址时，需要确定将长城修建在什么地段，更要充分考虑地理环境。长城修建者要根据敌情和地形条件，确定长城线上的防御重点，然后再确定连接这些防御重点的墙、壕具体位置。

高山、大江大河及深谷，都可以作为天然屏障，与长城关隘进行配合，互为补充，既可提高作战能力，御敌制胜，又可节省物力、人力，达到事半功倍的防御效果。通过修筑城墙，将自然的天险和人工构筑的防御工程有机地结合起来，形成进可攻退可守的军事防线。

能否充分利用有利地形条件，是能否赢得战争胜利的重要条件，也是长城建造者不可疏忽的大问题。历朝历代修筑长城普遍采用的指导原则，是“因地形，用险制塞”。这是《史记》中对长城修建进行总结的一句话，后世所有谈长城修建都要讲到这句话。

关隘城池防御体系的主体构成是城墙，与城墙共同组成强化防御力量的建筑有城楼、瓮城、马面、垛口、角楼等设施，这些都是强化城墙防御功能的建筑，同样起强化城墙防御功能的还有城墙外面的堑壕等。

关城既然是防御体系的重要节点，满足军事防御的要求就是重点。重要的关隘及城池，特别是长城地区与长城建筑相配套的、军事冲突比较激烈的、发生战争比较频繁的城池，更要注重军事防御的需求。一般选址建在交通便捷、易守难攻的地方，或是利用山脉和河流等天然屏障共同构成防御的铜墙铁壁。

—

长城的关隘主要修建在交通要道

第四章

兼具攻守，作为军事防御工程的存在

长城是军事防御体系，
军事学上的防御是军队凭借险峻地势和坚固的防御工事，
固守一块阵地，达到以逸待劳的目的。

『一夫当关，万夫莫开』，就是形容长城关隘地势的险要。

壹

长城防御驻防系统

长城防御的威慑作用，要远远大于实际作战的防御作用。修建长城防御游牧军队，威慑是一个不可忽略的作用。让进攻方了解到防御方已经做好了军事防御准备，就可能达到“不战而屈人之兵”的威慑作用。《孙子兵法》里讲：“上兵伐谋，其次伐交，其次伐兵，其下攻城。”攻城是一种在冷兵器时期不到万不得已不会采取的策略。

要想对敌方进行战略性的威慑，就要让对方认识并相信己方的能力和决心。修建长城就是让对方看到己方保卫长城以内地区安全的决心和意志，这是长城起到威慑作用的基础。大规模地修建长城，并在长城沿线驻扎重兵，这本身就是一种显示自身决心和力量的军事造势。

不战而屈人之兵，要以强大的军事实力和良好的备战状态为基础。要做到不战而屈人之兵，就要做好战争准备工作。没有很好的备战状态和很好的战斗实力、持续的战斗潜力，威慑作用就无法实现威慑敌方的目的。

长城屯兵主要是依靠长城沿线大大小小的城池和堡寨。我们以明长城为例来说，很多人都知道明长城有“九镇”或“九边”的说法。明朝为了加强长城的防御作用，就将长城沿线划分为九个防御区，分别驻有重兵，称为九镇或九边。自东向西依次为辽东、宣府、蓟州、大同、太原、延绥、宁夏、固原、甘肃，专命文武大臣镇守提督之。

嘉靖时期为加强北京防守，增设昌平镇和真保镇，成为十一镇；万历年间，又从固原镇分出临洮镇，从蓟州镇分出山海镇。

明朝的九边军镇中的很多地方，最初设总兵时都是一种临战体制，只是负责执行临时的军事任务。后来成为军镇，其职能也发生了变化，主要包括两方面：第一是对辖区平时的军事及行政管理，其中包含日常的军事镇戍的职能。第二是战时的对军事行动的指挥，其中包含遇警作战的职能。

明朝的总督、巡抚、总兵等，都逐渐成了固定驻守一方的将领，可以直接指挥军队作战，皇帝对督、抚、总兵等都赋予了一镇或若干镇的军事指挥权。

甘肃高台鲁谷墩

–

摄影 / 董旭明

九边重镇整体防御体系完善，等级序列分明。每镇设总兵指挥本镇防务，镇之下又分若干“路”。每“路”统辖诸多关城、堡寨、墩台等，层层节制。如嘉靖时期蓟州镇统辖山海关、石门路、台头路、太平路等路，每路各辖隘口若干；昌平镇统领居庸、横岭和黄花三路，此外还统领养马峪口、虎峪口等18个隘口。

九镇又分为三大防区，设有蓟辽保定、宣大山西、陕西三边总督。三大防区、九边重镇建立后，东起鸭绿江，西至嘉峪关，形成以边墙、关塞堡墩相连，分区防守、各司其责的防御体系。

以长城的边墙、关隘、塞堡为首道防线，以长城之内的城镇为第二道防线。总兵官负责全镇指挥，参将负责一个方面的防御指挥，守备则负责战略据点的防御，游击将军负责策应，形成点面结合、周密纵深的防御部署。

明朝还在长城沿线和京师外围设置了辽东、北平、大宁、万全、山西、陕西都司和山西、陕西行都司等军事机构，既有各自的防区，又互相衔接，攻守结合，对保卫中央集权的国家安全和百姓的和平劳动起了积极作用。

中国的汉字是很奇妙的，通过观察汉字的字形，可以解读出好多内涵。就拿城堡的“堡”字来说，“堡”原来是“保”，后来为了表示居住区域有土墙环绕，就在下面加上了“土”字。在古代，城堡是非常普遍存在的生活聚落，长城沿线既有军堡也有民堡。

远古时期出现定居农业后，原始村落周围往往有壕沟环绕，初期的堡寨就形成了。以后，防御设施不断加强，就出现了设防的城堡，散落在黄河、长江流域及内蒙古地带。“寨”的原意是防守用的栅栏，由于古代军营的门前，为了防守都设置了栅栏寨门，所以“寨”也常引申为军营。

长城堡寨，就是长城沿线有城墙围成的军事聚落。万里长城线上分布着好多堡寨，这些堡寨和长城墙体等建筑，一起构成了长城防御体系。长城驻军体系是镇城、路城、卫城、所城、堡城的逐层管理的关系。

甘肃景泰黄河索桥堡渡口

–

摄影 / 董旭明

堡寨是最基本的长城防御单位，其规模、级别取决于规划用途。处于战略要冲的地位越高，兵员规模越大，大的堡寨可以达到数百乃至上千名士兵，小的可能只有十几或几十个人。堡寨规模还受驻守将领级别决定，如果驻守将领的级别高，堡寨建设规模和士兵员额就多，防御设施也更加严密。

有的堡寨建在高山上，有的堡寨建在沟谷中，有的堡寨依山势建在坡地上。散布在长城沿线各地的堡寨，有的是专门戍守，比较多的是屯戍一体，耕作与战守相结合。士兵既要执行戍守任务，又要负责修城和耕作、生产，肩负多种职能。

长城在作战时要从整体上发挥作用，整体作战效能并不只是反映在长城城墙防御上，也要依靠长城体系里的镇城、堡寨，还要依靠长城驿路、驿站、烽燧、哨所等各类交通、信息传递系统。

在镇城里指挥的将领，从军事指挥中心发出号令，各处关隘、堡寨的队伍据守各自的防御据点，或直接抵御敌人，或参与到机动打击行动中。任何一处堡寨，都不是孤立存在的，都是长城体系中的一个节点。

很多堡寨是为了加强长城防御、开展军屯而设立，有的堡寨还可以贮存大量的粮食、器械等军用物资。战国时代各诸侯国在具有战略价值的堡寨中，都驻有军队把守，并设有官吏掌管。关堡大门的开闭，都有一定的时间安排。

有的堡寨本身就是长城沿线用于贸易的市口，用于马市贸易过程中的官方管理，也作为交易场所。如明朝大同镇的得胜口、新平堡、守口堡，宁夏镇的清水营、中卫、平虏卫等，都曾是官方每年开设“大市”的场所。

有的堡很小，建在要路和战略位置上，负责观察和向上级传递军事动态。如汉代设立的烽燧障城，就是个规模很小的堡。每座障城都安排有若干戍卒，并设有侯官，负责附近亭燧，戍守和安排信息传送等事宜。

一般来说，长城堡寨的区域控制作用，要远远大于实际作战的作用。任何军事体系都有其长处和短处，游牧民族的军事优势和局限性并存的特点，表现得尤为鲜明。游牧民族的武器装备和战略战术，呈现出与长城之内农耕民族军队完全不同的特点。其军事优点是机动性强，缺点是不能打阵地战。所以，以静制动、以逸待劳成为防御游牧民族的有效手段。

中原王朝修建长城，充分考虑了防御游牧军队机动性的需要。长城区域十分开阔，游牧军队机动性又非常强，这决定了中原王朝需要在开阔的区域面对机动性强的敌方，需要面对几千里甚至上万里的区域上随时都可能发生的局部战争。

因此，对中原王朝来说，区域控制十分重要。游牧民族发起的局部战争往往规模不大，也不以颠覆中原王朝政权为目的。中原王朝修建长城，建立城墙、关隘、堡寨长城防御体系，是与防御需要相适应的手段。

北京延庆南坡寨军堡遗址

–

摄影 / 董旭明

贰

长城
屯田系统

长城地区的屯田，包括军屯和民屯。军屯是长城防御体系的一个组成部分，也是戍守边疆的一项战略措施。军屯始于西汉，以发展屯田为开发长城区域的第一要务。汉武帝时，凭借汉初几十年休养生息积聚的力量，逐击匈奴，在河西设置四郡，修筑长城，投入了极大的人力和物力。《文献通考·田赋考七》记载，在军需物资负担繁重的情况下，实行“故无事则驱之为农而力稼穑，有事则调之为兵而任征战”的政策。这种寓兵于农发展屯田的做法，为维护西域地区发展和丝绸之路畅通提供了经济上的保障。

军屯的最大特点是利用守边戍卒一边屯垦一边戍边。朝廷以戍卒名义将内地农民调到边地进行屯戍，进行备战。农民征调到戍所后，根据其具体负责的事务分为：戍卒、燧卒、亭卒、障卒、田卒、河渠卒、守谷卒。后三种兵卒的任务便是屯田生产。军屯人员的粮食和生活必需品，生产使用的农具都由官府统一供给，收获也全部上缴官仓。

汉代屯田守边方略经历朝的沿用及发展，到明朝时趋于成熟。明初就将军屯作为一种制度确定了下来。为了防御蒙古各部族的侵扰，明朝在大修长城的同时，在长城九镇自东至西大兴军屯。卫所按月给戍守军士发饷粮，屯田军士的粮饷按戍守军士粮饷的半数发给。负责屯田的军士，要按规定的数额交纳税粮，以充军粮。为了保证屯田制度的长期稳定，明朝军屯的戍卒另立户籍，叫军户。军户世代承袭，永世不得脱籍。

驻守在长城沿线的上百万军队一边耕种，一边戍守，实现了屯田以给军饷的目的。且战且农这方面，在明代初年做得最好。据《明会要·兵二·屯田卒》记载，洪武二十一年（1388年），朱元璋“敕天下卫所屯田。凡卫，系冲要都卫及王府护卫，以十之五屯田；系卫所，以五之四”。《明太祖实录》记载，随着长城地区形势的好转，朱元璋又于洪武二十五年二月，“命天下卫所军卒，自今以十之七屯种，十之三城守，务尽力开垦，以足军食”。

长城卫所的军队，一般是30%负责长城的戍守巡查防御，70%负责生产屯种。军情较为紧张的地方，也有戍守和屯田人员按各50%分配。《明会典·户部五·屯田》记载，洪武三十五年（建文四年，1402年），规定军士屯田一分，纳正粮12石。也有在极冲之地戍守人员配备更多屯种人员的情况，所以到永乐年间就不再规定屯田和戍守军士的比例。

据《明太宗实录》记载，朱棣在永乐二年（1404年）修订屯田法时规定："守城军士视其地之夷险要僻，以量人之屯守为多寡。临边而险要者则守多于屯，在内而夷僻者则屯多于守。地虽险要而运输难至者，屯亦多于守。"

军屯为军队戍守长城提供了坚实的物质基础，既解决了军队的口粮，又开垦了大量的荒地，减轻了民众的劳役和赋役负担。在明中叶以前，军屯起到了重要的保障作用，但到明朝后期随着军屯的荒废，很多地方的军屯耕地和军户成了一些军官或地方官员的私有财产，粮食等后勤供给就又主要靠中央财政了。

讲明长城屯田系统，就不能不讲明代的都司卫所制度。明朝的这项军事制度，都司是都指挥使司的简称，卫是卫指挥使司的简称，所分千户所及百户所。都司卫所的制度系统，五军都督府为最高层级，然后是都司，再往下是卫，最低层级是所。所又分千户所和百户所。有一种守御千户所，则直接隶属于都督府或都司管辖。

一般的情况下，大约5600人为一卫，1120人为一千户所。这些军人的家属，实际上也和军人一道成为移民，卫所所在地也是他们居住地。明朝前期，本籍军户一般不在本地卫所从军。

每卫设左、右、中、前、后5个千户所，也有的所更多一些。120人为一个百户所，百户所设总旗2个，每总旗辖50多人。小旗10个，每小旗辖10余人。

都司卫所长官称谓及品级：都指挥使司设有正二品的都指挥使、从二品的都指挥同知、正三品的都指挥佥事。卫有指挥使为正三品、指挥同知为从三品、指挥佥事为正四品、卫镇抚为从五品。千户所设正千户是正五品、副千户是从五品、所镇抚是从六品。

都司卫所承担的任务，一是守边，二是屯田，三是修建长城。守边包括戍守长城卫所的城池及所管辖的长城。在防御蒙古等游牧势力掠扰的同时，也负责维持卫所的治安。屯田生产，就是长城沿线以卫所为单位，开垦土地，从事屯种生产。修筑长城是一件长期任务，历代长城的修建主力都是军队。

明朝在全国设置的卫所之职能并不完全一样，长城地区的卫所则都有一定的实土，在卫所管辖地区内军民兼管，实际上是一种军政合一的地方政权组织。

卫所管辖下的军士、徙民、军余及庞大的家属群，生产及生活都要依靠卫所进行管理。所以，每一个卫所都有一定的防守范围，并成为地方实际的行政管辖机构。

叁

长城烽火传递系统

甘肃瓜州花海汉红柳枝长城及烽燧

–

摄影 / 董旭明

长城和烽火是关联性比较强的两个词汇。长城线上点燃烽火警报，从长城城堡中跑出的一队队士兵，远处游牧军队的冲锋号角声，一起构成了我们对古代长城战争场景的想象。

周幽王烽火戏诸侯的故事，在中国可谓是妇孺皆知。这个故事说明，中国古代烽燧、烽火用于军事活动，最迟是西周时期已经正式用于军事警备与通信。由那时起一直使用了达2000多年之久，只是到20世纪现代科学通信手段出现后，才最终完成其历史使命。

战国时期，烽火作为军事信息传递得到了广泛的运用。《史记 · 魏公子列传》记载：魏国“公子与魏王博，而北境传举烽，言赵寇至，且入界”。秦汉时期，烽火使用得更广泛，关于汉代烽火传递的古文献记载更为丰富。《史记 · 司马相如列传》载：“夫边郡之士，闻烽举燧燔，皆摄弓而驰，荷兵而走，流汗相属，唯恐居后，触白刃，冒流矢，义不反顾，计不旋踵，人怀怒心，如报私仇。”

新疆尉犁孔雀河谷脱西克汉唐烽燧

-

摄影 / 董旭明

贾谊在《治安策》中说到长城地区的严峻形势时讲："今西边北边之郡，虽有长爵不轻得复，五尺以上不轻得息，斥候望烽燧不得卧，将吏被介胄而睡，臣故曰一方病矣。"军情紧张的时候，负责瞭望和烽燧军事信息传递的人始终不能睡觉，军士都是穿着盔甲睡觉。

烽火制度延续到明清时期，在军事领域一直在发挥作用。烽火报警系统是长城沿线卫戍部队的通信系统，由一系列烽火台和士兵组成。有敌情时，驻守在烽火台的士兵，以张挂标识、点燃烟火或鸣放枪炮等手段，按照事先约定好的规则，将军情依次传递出去。如何施放信号，古籍文献中多有记载，近几十年也不断有相关的考古发现。

古代长城区域，主要是通过在烽火台点燃烟火或挂举起醒目标识，最快传递军事信息。这些墩或台，在汉代称作“烽燧”。烽火信号，白天用各种张挂物系在长杆上传递信息，夜间则点燃易燃的柴草，以火光传递军情。

汉代的烽火制度，在中国烽火史中处于承上启下阶段，也是异常发达的时期，所以其烽、燧建筑规模很大。汉代的烽台又称为亭燧，每一亭住有若干戍卒，设有燧长。若干燧之间又建有一座小城堡和较大的烽台，称其为障，设有侯官，其附近亭燧，统属于侯官指挥。

若干的侯官又统属于更高一级的军事指挥都尉。汉代，在长城沿线分设有很多都尉，现在可知仅敦煌郡就有阳关、玉门、中部、宜乐四个都尉。都尉居住在更大的城堡之中。

汉代烽燧的建筑有的在城墙内侧，距墙3~5米，有的则直接和城墙连为一体。关于烽燧的距离，当地民间有“五里一小墩、十里一大墩”的习惯说法，其实并非如此。古人建筑烽燧是根据其军事位置而定的，地形开阔，首当其冲的地方就密些，约500~1000米一座；有河流沙漠等可以为障的地方就疏些，远的约5千米一座。

汉代烽燧的建筑结构，一种是同城墙一样全部用黄土加砾石夯筑而成。做法大致是：用戈壁上荒漠盛产的红柳或胡杨等植物垫基，厚在半米以下，其间也有铺夹芦苇的。用捆成直径约0.2米的芦苇挡住四面，并用苇绳拴牢，然后在中间填入黄土，逐层夯筑至顶。

另一种是全部由石块垒成，但最常见的是用黄土坯砌筑而成，土坯一般长0.4米，宽0.2米，厚0.15米左右。烽燧一般高达5米以上，有的达10米多。当时登台上顶的方式，有的架设木梯或绳梯，也有的用土坯砌成阶梯。

烽燧报警的方式，自20世纪初从汉长城发掘出汉简后，一直是专家学者研究的主要问题，取得了较快的进展。特别是近年在居延遗址考古发掘中，又相继出土了很多关于烽火、烽号的汉简之后，对此问题的研究又有了不少新突破。

过去一直普遍认为，昼燃烟传警为燧，夜以火传警为烽。但从出土的简牍中可知，当时的情况并非完全如此。目前可知汉代用于报警和传递军情的烽火信号大致有五类，分别为：烽、表、烟、苣火、积薪。

烽在汉代根本不是燃烧之物，而是用草类编织或用木料做框，蒙上白布挂出来报警用的信号；表是布帛做成的旗帜；烟是在烽台底下烟灶所燃，通过高出烽台顶部的烟囱所升烟柱作为报警的信号，以上三种全用于白天。

苣火是举燃芦苇束做成的手把，主要用于黑夜；积薪则为堆在烽燧之外的巨大草垛，为重兵压境所用。昼燃视其浓烟，夜燃观其大火。以上五种烽号所代表的内容及其举法还有一些规定，汉简称这样的规定为品约。

这样一套以燃燧、举烽或举表的次数来表示敌人远近多少及军情缓急的烽传制度，开始于战国，形成于秦汉而最终完成于明朝。烽火除了用于示警，还用来报平安。

烽燧或烽堠有戍卒驻守，燧卒4~30人不等，设有燧长或堠长统领。汉代河西地区长城上的烽燧，多处于边境交通要道上，故守燧的吏卒还兼管收受发送邮书，对过往行人的盘查等。这些地方长城沿线的烽堠亭燧，亦承担着内地邮递驿传的任务。

山西偏关火路墩烽火台

–

摄影 / 董旭明

宁夏海原西安镇西山洼烽火台

摄影／董旭明

明朝以后，或称烽火台为烽堠、墩堠、烟墩等。墩台大多以砖石砌成，点烽时常加一些硫黄、硝石等助燃材料。另外，明代时传递军事情报，还使用了火炮。明朝长城警报如何告知来敌人数的？明朝长城报警施放烽烟的同时还鸣炮，具体是如何安排的？这方面有很详细的规定，比如明成化二年（1466年）时有这样的规定：敌兵百人左右举放一烟一炮，五百人二烟二炮，千人以上三烟三炮，五千人以上四烟四炮，万人以上五烟五炮。这样，传递的信息就更加准确了。

戚继光在《练兵实纪》中记载："自古守边不过远斥堠谨烽火。蓟州镇以险可恃，烽火不修久矣。缘军马战守应援素未练习分派，故视烽火为无用。今该议拟呈会督抚参酌裁订：凡无空心台之处，即以原墩充之，有空心台所相近百步之内者，俱以空心台充墩。大约相去一二里，梆鼓相闻为一墩。"显然，"梆鼓相闻"也是一种军情传递的方式。

为保证信息的畅通无阻，烽火台一般建在视野较为开阔的地方，数量依地形山势和可视距离而定。在长城沿线及其延伸地区，有数条烽火台系列，承担着不同的信息传递任务。

前面一旦发现敌情，通过烽火台快速向上级及相邻防区传递出信息，以求尽快做好迎敌准备。汉代将从上一座烽燧接收烽火信号称为"受烽"，正常接收到信号称为"和受"，接收信号发生错误称为"误和"。接收烽火信号后，继续向下传递称为"付烽"。

烽火传递的过程中，不论是"受"还是"付"，都有可能发生错误。中间相隔的烽燧越多，传递过程中出现错误的概率就越大。尽量减少传递环节是降低"误和"率的关键，目前关于烽火信号传递的研究工作还很薄弱。

由于烽火制度涉及军事机密，在何种敌情的状况下放烽多少，都不能对外泄露，所以有关烽火制度的具体内容在历代文献中保存下来的极少。

肆

长城驿站交通系统

你可能在中国邮政储蓄绿卡上，看到过这样一幅画面：一个邮差在马上，头上戴着冠巾，身上穿着宽袖衣服，足蹬靴子，左手举着木牍文书，右手抓着缰绳。虽然这匹驿马已经是四蹄腾空，但信使却仍然稳稳地坐在马背之上。这是长城沿线嘉峪关市魏晋墓中发现的一幅图，名为《驿使图》。如果仔细看，图中邮差五官中好像没有嘴巴，据说寓意是一定要保障驿传的保密性。

1982年8月25日，当时的邮电部为了纪念中华全国集邮联合会第一次代表大会在北京召开，以“驿使图”为邮票图案发行了“中华全国集邮联合会第一次代表大会”纪念小型张一枚。这枚编号为J85的小型张，非常受集邮者的喜爱。“驿使图”也就这样理所当然地成为中国邮政的“形象大使”。此后，中国邮政储蓄于1994年起发行首款全国通存通兑银行储蓄绿卡，卡面再次选用了这幅“驿使图”。

在长城区域内，通过驿路传递邮书而设置的军事交通系统，就是驿传。因为传递公文讯息主要用车马，故此称为驿站，又称驿传、传驿，或称置、置传、邮驿等。中国早在殷商时代就有了驿传制度。秦始皇统一六国后，驿传有了长足的发展。到了汉代，各地都设有传舍，三十里置一驿，供歇宿、停留，并传递公文信息。

汉代长城沿线的公私邮书，传递于亭燧之间。邮书每到一燧，值班燧卒负责接收或发出。如果是送至本燧的邮书，则上交燧长处理，送至其他燧的邮书，则由燧卒送到下一燧，如此依次送到目的地。凡是经手收发的燧卒，都要署名并记录接收和发送的日期、时间。如遇到紧急军情则用檄来传递，“檄”是一种比较长的竹木简。

由出土的实物来看，檄是一种多面杆状的木简，上方有槽口，下端尖细，如果军情特别紧急，则要在檄文上插羽毛，也就是史书上记载的“羽檄”。自隋以后，驿传隶属兵部，直至清末。

唐代官办的驿站，以京都长安为中心与四方相连，三十里有一驿站，还设有水驿。当时全国有驿站1639处，从事邮驿服务的人员约5万人。宋元两朝邮驿有进一步的发展，宋代驿夫改由士卒担任，军事时期又置急递铺兵传送军报。元代因版图跨欧亚大陆，其驿传组织的规模更大。

在明长城防御体系中，作为交通系统的驿站，对九边军事局势具有着重要的意义和影响，故明朝在加强边防建设的同时，对此无不给予特别的重视。

明朝在延袤万里的长城防线，设立了多条驿道、众多驿站，可以说是星罗棋布，纵横交织。这些驿道和驿站，串缀在长城千百座雄关险隘之间，构成了使明王朝朝廷与边塞之间畅通的驿传系统。

明政府除了在内地发展驿站外，在长城九边地区也广泛建置驿站。随着军队战争胜利的一边进行，明军将领常遇春等攻克开平后，沿长城沿线建卫设驿。共建有八驿：其东有凉亭、沈河、赛峰、黄崖四驿，路接大宁、古北口；西有桓州、威虏、明安、隰宁四驿，路接独石口。

驿递系统作为明朝国家机构的组成部分，与社会各个领域都相互联系、相互影响，推动着国家机器的正常运转。其畅通与否，不仅关系战争的胜败，也关系到明王朝的盛衰存亡。

明朝各州府县均设驿站，有水驿、马驿、急递铺、递运所之分。驿站所需人夫、马骡、车船等，作为差役由当地州县向民户编派。明长城沿线的每条驿路上，都设有驿路城、递运所和驿站，供传递公文人员或往来的官员休息、换马、补给。

驿城的主管者叫驿丞。驿路上的城、所、站，根据其重要程度决定派驻官兵的多少，并决定所修建城池防御的大小。驿城附近还建有路台，以保障驿城、站间的联系和驿路的畅通。

在古代，朝廷或边关如遇到紧急情况，要“驿马不停”以一日八百、六百、四百里的速度传递。一般的“塘报”（即通报军情、政令的官方文书）也要日行三百里，由此可见其传递公文的迅速了。长城修建之初，驿传交通体系就是长城防御体系的组成部分。长城沿线很多地方驿站的设立，还要早于长城的修建。

明长城九边驿站是分等级的。明朝长城九边驿传系统主要由马驿、递运所和急递铺三大机构组成，都受京都的会同馆管辖。会同馆是高级馆舍，有天下首驿之称。如长城外其他民族政权使客来京，经九边沿线各驿站接待后，前往会同馆，由馆舍官员安置。会同馆有大使1人（正九品），副使2人（从九品），共同管理馆中事务。下设馆夫若干，为使客服务。

马驿与递运所、急递铺在长城九边地区，日夜不停地为长城区域政治、军事和经济各方面服务的同时，各驿站机构也必须按照朝廷规定的制度，为过往使客和传递公文的人员提供食宿等便利条件。同时也规定检查通行证件，以防诈伪。

清代的驿传则采用雇役，并置站专门传递军报。到了清明末年，由于电报、电话等现代通信设施和交通工具的传入，古老的驿传制度才被废止。

讲到长城驿站，就不能不说一说长城沿线的交通。众所周知，长城的阻隔作用是明确的，长城联系内外的沟通作用也是明确的，只是以往这方面讲得少。《汉书·贾山传》载，“筑长城以为关塞”，一般的理解是强调封闭，实际上也是在强调关隘保障交通安全的作用。《史记·赵世家》说，赵长城的建造，使“北地方从，代道大通”，也是这样的意思。

长城防御体系，本身就包括军事交通。没有完善长城防御的道路系统，不仅影响军事行动，长城地区军民的生产和生活都无法正常进行。王子今在《秦汉长城与丝绸之路》一文中说，“长城交通系统的道路有两种形制，一种是与长城平行的道路”。郦道元的《水经注·河水三》记载：“芒于水西南径白道南谷口。有长城在右，侧带长城，背山面泽，谓之‘白道’。”郦道元说得很清楚，此所谓的“白道”就是位于长城的旁边，道路与长城构成军事防御体系的关系。

宁夏青铜峡北岔口长城

–

摄影 / 李鹏

秦始皇时期修建驰道和直道，秦驰道以咸阳为中心通往包括长城地区的全国各地，秦直道则主要是通往长城的干线公路。直道，顾名思义，就是一条笔直的道路。军队或后期供给的保障，需要直接送到前方而用不着拐来拐去的，所以修建了一条直接通往长城的直道。在今内蒙古自治区、甘肃省和陕西省境内，还有一些秦直道的遗址遗迹。

驰道服务于长城防御的记载也不少，《史记 · 绛侯周勃世家》记载，周勃“攻楼烦三城，因击胡骑平城下，所将卒当驰道为多”。讲的就是周勃利用长城地区驰道的便利而调遣军队获得了战功。秦代沿着直道和驰道设置驿站，也便于信息和物资的传送。

第五章

修与不修两千年

长城是中华民族文化的一种象征，
见证了华夏文明几千年的发展。诞生、崛起、
升级、衰落……一部长城史，就是半部中华文明史。
长城，是中华文明碰撞与融合的记录。

上下两千年，长达数万里的历代长城，有着太多的故事。
这些故事，主要记录了农耕与游牧碰撞与融合的历史过程。
我们感受长城，有时候是感受惊天动地的故事，
这些故事透着历史的沧桑，诉说着现实生活无法寻到的传奇。
感受长城，有时候是感受生命，无数的生命砌入了长城之中，
他们传递给我们的信息，是人性的深切和神圣。
世人对长城感兴趣，是因为长城是人类文明，
所表现出来的智慧与美的代表作。历史上的刀光剑影，
经过时间的打磨，已经越来越逊色，而长城的价值与魅力，
却在历史天幕上越来越明亮。

壹

长城最早修建于春秋战国时期

01 争霸与兼并战争

《左传》记载了这样一件事：公元前656年，齐桓公率军伐楚。这一年是齐国的桓公三十年，楚国的成王十六年。楚国派屈完出面与齐桓公谈判，齐桓公就将自己的军队列阵给屈完看，并且对屈完说："我有这样的军队，谁能战胜？以这样的军队去攻城，哪有不克之城？"

屈完却镇定自若地答道："大王应以仁德待诸侯，诸侯必服。大王若用兵，楚国有方城为城，汉水为池，可以用来防御。齐国虽然人多，却没什么用处。"屈完据理陈词，说服了齐桓公。从中可见，方城在当时的威力是相当强大的。屈完这里说的方城，就是楚国的长城。

春秋时期是社会大变革的时代，也是战争极为频繁的时代。在总共295年的春秋时期，曾发生过的较大战争就有近四百次之多。由于铁的发现和使用，还有耕牛的推广，生产力迅速提高，各诸侯国的政治、经济、军事力量随之增强。

各诸侯国为了争夺土地，号令其他诸侯，收取贡物，互相争战。于是出现了周王室衰微、大国争霸的局面。春秋时代开始时，尚有诸侯国一百多个，随着兼并战争的加剧，诸侯国急剧减少。到战国时期，只剩下齐、楚、燕、韩、赵、魏、秦少数诸侯国。

为了加强自身的生存能力，不被他人所消灭，较大的诸侯国竞相构筑城池或增修城池，掀起大规模构筑、增筑城池的高潮。都城、城邑都有城墙，墙外有护城河、壕沟等防御设施，例如，鲁国都城曲阜、齐国都城临淄、郑国都城新郑、楚国都城郢（纪南城）等，都是防御设施齐全的坚固城池。

各诸侯国的城邑，多属军事城堡。至今已发现的春秋战国都邑城池，不下三四十座。大城如山东的薛城、郕城，周长都在10千米上下，一般是不规则的方形；其他小城，周长一般在5千米上下，多为方形。城墙厚度大致在10米左右。凡诸侯国都，不论大小，绝大多数都有内外两城。内城就是宫城，是宫殿区；外城也叫郭，郭城有的在宫城外围，有的在宫城一侧。郭城一般都是为了拱卫宫城或服务于宫城而建。

春秋时期修城和建长城都是很有必要的，当时的周王朝中央常备军在西周末期几次战争中，已经消耗殆尽。特别是周幽王失国，平王东迁之后，王室衰微，王权下移，周王徒有天下共主的虚名，实际上完全没有力量控制各诸侯。

董耀会在河南南阳考察楚长城

–

摄影 / 周东

由于这样的防线长达数百里，甚至上千里，从总体上看是一条线式工程，所以一般称为长城。

春秋时期修建的楚长城与齐长城是中国后世长城的雏形。为战国时期各国修筑长城，在建筑学、军事防御体系和具体施工技术等各方面，都提供了可借鉴的经验。

“万事开头难”，任何事开创期都是最难的，但开头再难也总要有人做开头的事。楚和齐修长城之后，魏、秦、赵、燕等国，先后修筑了长城，长城开始在争霸与兼并战争中发挥更广泛的作用。

02 争雄与灭国战争

在周威烈王二十三年（前403年），发生了一件大事，周威烈王封三家分晋之后的魏、赵、韩三大夫为诸侯。这事被看作春秋与战国的分界，从此历史进入到了战国争雄时代。

战国时期，战争的目的逐渐由争取控制别国，发展成为兼并以至灭掉对方。战争的规模日趋扩大，参战兵力的急剧增加，机动范围的不断扩展，作战时间的日益延长和战略战术的高度发展，争夺统治区域和占领战略要地，已经成为战国时期作战的主要任务。

因而，各诸侯国都先后在具有外来威胁方向上的边境地区，运用构筑城垒及修建堤防的经验技术，修建规模相当大的防御工程。又由于具体构造是由许多关隘等点式工事组成的，所以也称之为“塞”。

战国时期战争频发，这期间的关塞、城市，成了战争中激烈争夺的目标。各个诸侯国都派重兵对长城、关城加以防守。战国时期各国军队的数量大为增多，春秋时期军中很活跃的战车兵，已下降到次要地位，代之而起的为步兵。同时，骑兵已发展为一支重要的作战力量。特别是射程远、杀伤力大、命中精度高的各种类型的强弩，已开始装备军队。

战国时期长城的修建，有一个发展过程。起初是用彼此相望的烽火台或连接排列的城堡，以传递信息和相互呼应、救援。随着战争规模的扩大，运动战略的开始运用以及战争改用步兵、骑兵为主力，经常采用野战和包围战等方式，原来的防御手段远远不能满足军事上的需要，于是就产生了用城墙把烽火台、城堡、河谷、山崖、壕堑、道路等联系起来的思想，从而形成一个大规模的防御体系。

战国七强基本都修建了长城，赵国和燕国都属于国力较弱的诸侯国，中山国被赵国包围着就更小、更弱一些。三个诸侯国修建长城，燕南长城和中山长城主要是防御赵，赵国南长城则主要是防御魏。齐是老牌强国，魏国首创变法，任用吴起为将，建立了完善的军队制度，也走上了富国强兵之路，对赵国的威胁更加大了。

赵国南有悍魏，北有胡人，西有虎狼之秦，只有东边的燕国力量比其还弱，所以经常伐燕。燕国是周天子较早封的诸侯国，赵国发动进攻燕的战争常受到其他诸侯国的反对。所以，始终也没有给燕国造成致命的打击。到了战国中期，赵燕之间的矛盾一度更加激烈。特别是赵武灵王胡服骑射改革之后，赵国的军事实力急剧增长，就更加强了征伐燕国的军事行动。

中山国位于赵国东北部，把赵国分隔成南北两部分，成为赵国的心腹之患。赵国在公元前377年、公元前376年两次大举进攻中山国，遭到中山国的顽强抵抗，没有取得成功。此后，中山国开始修筑长城。《史记》记载：赵成侯六年（前369年），“中山筑长城。”李文龙等考古工作者曾在顺平、唐县等地，发现了土石混筑的中山国长城。

我们说春秋战国开始修建长城，春秋战国是从什么时候划分开来的？春秋战国以三家分晋为界，之前是春秋时期，之后是战国时期。三家分晋是中国春秋末年，韩、赵、魏三家分裂晋国，此后韩、赵、魏三国又被合称为“三晋”。周威烈王二十三年（前403年），周威烈王封三家为诸侯。

此前，晋国四大族智氏、赵氏、韩氏、魏氏，彼此之间发生的一场兼并战争，即为晋阳之战。这场战争的最后结果，晋国的执政大臣智伯被打败，其领地被韩、赵、魏三家所瓜分。

晋阳之战历时两年左右，王立群教授在《三家分晋》中提出：如果战争结局不是韩、赵、魏三家灭智，而是智氏灭掉赵氏，接下来再灭韩、魏，最后智氏独霸强大统一的晋国，那秦国能统一天下吗？

03

胡服骑射的长途跋涉

东周时期的赵国与秦国，拥有共同祖先，都属于嬴姓，战国时却成了不共戴天之敌。其实不仅秦、赵两家如此，晋君与燕也是同祖。周统一天下后，分封天下诸侯，好多侯王是周天子的同宗，却相互攻伐不止。

古代燕赵大地，出现过许多著名的政治家、军事家，战国时代的赵武灵王就是其中之一。历史上著名的“胡服骑射”的典故，就发生在赵武灵王身上。赵武灵王曾经乔装为赵国使者深入到秦国进行实地考察，他一定会骑马去完成这场长途跋涉。

从弱变强从来都不是一件容易的事，赵国的图强也遇到过很大的阻力。战国时，赵国北方东与齐交界，西与秦为邻，南与韩、魏接壤，北与中山、代、林胡、楼烦等戎狄小国相交。当时赵国的处境十分艰难，东西各有齐、秦两大强国虎视眈眈，北方又有随时伺机南下的游牧民族，气势汹汹。

赵国首都原在晋阳，公元前386年，赵国乘魏文侯死去之机，向魏发起进攻，把国都迁到邯郸，企图向南发展自己的势力。赵国经过敬侯、成侯、肃侯三代几十年的努力，历经无数次征战，与诸侯国争夺中原，虽付出了极大代价，但收效甚微。不仅无甚进展，反而受到魏、齐、秦等强国的侵伐。

从当时的国力来看，赵、魏对峙，赵弱而魏强。赵国在无力战胜魏国，向南发展的意图受阻的情况下，重新调整了战略，为抵御魏国的进攻，于公元前333年开始在其南界沿漳水北岸修筑长城。

公元前326年赵肃侯死后，15岁的赵武灵王即位，此时列国间的兼并战争愈演愈烈。赵武灵王虽聪明有胆识，但毕竟还是个孩子，尚无法驾驭如此复杂的局势。

他即位之初，由先王重臣肥义相佐。肥义是个忠于赵国的老臣，最大的愿望就是尽心竭力地辅佐赵武灵王治理国家。他通古博今，颇有才干，又十分了解北方胡人，深知使农耕和游牧过渡地区的人民能安居乐业的重要性。

公元前307年春，赵武灵王在赵国的陪都信宫，召集肥义等大臣，共议天下大事。这次会议一直开了五天，主要议题就是向北略地。赵武灵王执政将近二十年了，志在图强的他，做梦都想获得望着的霸气和尊贵。他对当时周边各国国情已经相当熟悉，他要和大臣们认真研究赵国未来的国策将怎样调整。

信宫会议是一次重大决策会议，赵武灵王根据赵国弱于齐、秦、魏而强于中山、代国、林胡和楼烦等戎敌小国和部落的实际，做出赵国将在未来一个时期内向北发展的战略决策。这是一次战略决策的重大调整。此后，赵国的注意力由南转向北，开始开拓胡地。

-
内蒙古包头战国赵长城遗址

赵国先向西北征服楼烦、林胡两个部落，夺其地盘设立雁门、云中二郡，又挥师灭了中山国。接着，继续北上又灭了代国。赵国向北发展，夺得大片土地之后，开始修筑东起代，经阴山西至高阙的长城。同时，在长城沿线设置了云中（治今托克托县）、雁门（治今山西代县）、代（治今河北蔚县）三郡。完成了设郡和长城的修建，赵国的版图差不多扩大了近一倍。

赵国的强大，得力于“胡服骑射”的改革。这是发生在武灵王十九年（前307年）的一场改革，也是农耕民族向游牧民族学习的一场变革。变革是由战争引发的，倡导者是赵武灵王。以车战为主的时代，马车是战斗力的象征，作战的士兵是不下车的。农耕民族向北方游牧民族学习，改变自己军队的长装为短装以利于骑马射箭。

任何时期的改革都很艰难。这件看起来极简单的事，在当时却引发了很大的争议。不用说其他的贵族，就是驾驭战车的人肯定都反对这件事。古代的马车驾驶员被称为御者，这些人本身就是贵族。《周礼·保氏》记载："养国子以道。乃教之六艺：一曰五礼，二曰六乐，三曰五射，四曰五御，五曰六书，六曰九数。"御车的技术是"六艺"之一，排在"射"的后面。

赵武灵王力排众议，在一片反对声中，率先穿起胡服上朝，但此举仍不能阻挡住反对的声音。赵武灵王清醒地意识到，必须彻底扭转满朝文武的保守局面，赵国才能发展强大起来，并取得非同凡响的成就。

赵武灵王召集文武众卿，研究胡服骑射的事。他首先表态，要反对者选择是掉脑袋还是穿胡服。这种戏剧性的开场白别具意味，所有人都选择了穿胡服，这才打破了僵局。赵武灵王是一位很有作为的君王，他率领下的赵国，发展成为当时仅次于秦、齐的军事强国。

赵国的胜利说明，赵武灵王的"胡服骑射"，农耕民族与游牧民族互相学习，在经济、文化方面互相交流是成功的。赵武灵王开拓了北方大片领土之后，并没有等被消灭的游牧族军队恢复元气、卷土重来，就大规模地修筑长城是十分英明的举措。

战国时期赵国的历史上出现过两位雄主，这就是赵肃侯赵语和赵武灵王赵雍。这两位赵国最强盛时期的君王，都重视长城的修建和使用。

《史记》明确记载了这道长城的修筑背景："肃侯十七年（前333年），围魏黄，不克。筑长城。"赵南长城的修筑很可能始于此年。《史记》载："赵武灵王亦变俗胡服，习骑射，北破林胡、楼烦。筑长城，自代并阴山下，至高阙为塞。而置云中、雁门、代郡。"

赵肃侯、赵武灵王都是戎马一生，在烽烟四起的战争中为赵国赢得了发展的奇迹。这两位雄主之后的赵国局势，则每况愈下，最后为秦国所灭。

04

秦建长城与义渠的毁灭

战国时期，秦国修建长城与义渠的被杀和义渠族的毁灭是相关联的历史事件。2015年有一部热播的电视剧《芈月传》，第80集中义渠王闯进秦宫，身为太后的芈月在悲痛万分中亲眼看着义渠王最终被刺杀在殿前，芈月脸部扭曲地大喊“义渠君！”有撕心裂肺之感，给观众留下了深刻的印象。

战国中后期，秦国西北部与义渠戎国为邻。秦国与戎有着很深的渊源，史学界有一种观点认为秦国本来就起源于西方戎。王国维在《秦都邑考》中较早提出了这一观点，俞伟超也从先秦时秦国的墓葬形式有别于中原的屈肢葬，还有铲形袋足鬲等器物以及洞室墓等文化特征等方面，得出秦之祖先“源自羌戎”的结论。

另一种说法认为，秦国起源于东方的夷族。认为秦的先祖是生活在东方的夷族，逐渐向西迁移。较早提出此观点的是傅斯年。今天山东莱芜齐长城脚下，还有不少相关的传说。其实，不论是戎狄说还是东来说，史学界普遍认同的是，秦国的先祖出于夷狄。

春秋时，秦国还没有成为一个很强大的国家。秦国在向东扩张自己的势力范围时，遭到了强大晋国的阻挡。这一时期，秦国还没有力量与晋国进行正面强大的军事对抗。所以，秦国把自己的发展战略转向西方。战国初期，秦国也还没有力量与三家分晋后的魏国抗衡，仍然没有办法向东发展。但正是这一阶段，秦国向西扩张国土取得了丰硕的成果。

秦国与义渠有着长期的联系，期间基本上是战多于和。义渠戎国的军队攻打秦国，曾打到了渭水河畔。这一时期的秦国虽然已经很强大，但面对义渠戎的进攻，当时不得不退出渭河下游地区。秦国也乘义渠国发生内乱的时期，出重兵攻打义渠国，使义渠的军事力量和国家力量都遭到了很大的削弱。

秦惠文王七年（前331年），义渠国再次发生内乱，秦国再次趁机派兵攻打义渠，迫使其臣服于秦国。秦国在原来义渠所占领的秦国属地建立了义渠县。公元前318年，魏、赵、楚、燕、韩等国家联合起来攻打秦国，义渠国王乘机攻打秦国的西部，重新夺回了一些地方。秦国于秦惠文王更元十一年（前314年），对义渠国进行了报复性的征伐，占领了义渠国25个城池。

秦昭襄王元年（前306年），楚国、齐国、韩国联合起来对抗秦国，秦国再一次面临来自东、西两面的威胁。此时，得力于秦昭襄王的母亲宣太后和义渠王的情爱关系，秦国西部的威胁得到了很大的缓解。但义渠逐渐恢复国力后，又有了复国计划。

日益强大，并且仗着宣太后而有恃无恐的义渠王，给秦昭襄王和众臣带来了极大的焦虑。很多武将视义渠王为敌人，不断请求秦王对义渠王采取更加强硬的态度。秦王也做好一切准备，在不可避免的冲突中消灭义渠国。

宣太后在个人感情和秦国的利益，在儿子与自己的男人之间，更现实地选择了秦国，选择了身为国王的儿子。她毅然支持秦昭襄王，杀掉了义渠王。此后，秦国彻底灭掉了义渠戎。

义渠戎被灭掉之后，秦国将这片新据有的土地设为北地郡。《括地志》载："宁、原、庆三州，秦北地郡，战国及春秋时为义渠戎国之地，周先公刘、不窋居之，古西戎也。"距离秦国很近的义渠戎虽然被灭掉了，但北部的其他游牧民族依然是秦国的威胁。秦昭襄王决定，在已经被秦国占领的义渠国故地修筑长城，以防御更北边的其他游牧民族。

历史文献对秦昭王所筑长城的记载很少。《史记·匈奴列传》载："秦昭王时，义渠戎王与宣太后乱，有二子。宣太后诈而杀义渠戎王于甘泉，遂起兵伐残义渠。于是秦有陇西、北地、上郡，筑长城以拒胡。"

关于秦昭王筑长城的准确时间，历史文献也没有明确记载，但《后汉书·西羌列传》中有秦昭王灭义渠戎的时间记载："王赧四十三年（前272年），宣太后诱杀义渠王于甘泉宫，因起兵灭之，始置陇西、北地、上郡焉。"根据文献记载，秦国北长城大致走向，西起今甘肃省临洮县，向东南至渭源，然后转向东北，经通渭、静宁等县达宁夏固原，再由固原向东北方向，经甘肃环县，陕西横山、榆林、神木等县直达黄河西岸。

秦昭王灭掉义渠，在义渠故地"始置陇西、北地、上郡焉"。战国时期的郡县制在中国古代史中具有重要地位。郡县制是中国古代，以郡统县的两级地方行政制度。郡制起源于秦国，是秦国历代法家改革的成果。县制起源于春秋战国时期的楚国。

郡县制这个古代中央集权制在地方政权上的体现，经过秦始皇的改革，正式成为秦汉以后的地方政治体制。郡县制有利于统治上层树立统治的权威性，逐渐发展成为君主专制的中央集权统治的基石。郡县制由边地的一种行政管理体制，发展成为举国体制，就是因为中央集权统治的发展需要。

宁夏固原原州战国秦长城

—

摄影 / 祁学斌

分封制度下的民众都有自由的选择权，对君主没有社会责任的约束。御敌守土是为了保家卫国，并不是为君主而战。按周礼的规定，礼乐征伐自天子出。但到春秋战国礼崩乐坏之后，礼乐征伐便已自诸侯出，尽管春秋初齐桓公称霸时，还是需打着“尊王攘夷”的旗号。

实行郡县制有利于天下，朝大一统的方向发展。一切权力归中央的集权制度，彻底改变了实行数千年的生产与生活秩序。各诸侯国利用郡县制，大力推行中央集权体制，可以做到有效地整合全国的资源，保证在争霸战争中战胜别人，取得胜利。秦始皇通过废诸侯，立郡县，置守令，专治权，完成了“天下之事无大小皆决于上”的君主专制统治体系的建立。

郡县制使天下从普通百姓到各级官员都要听命于皇帝，按照皇帝的意志来统治全国。到汉朝，这一制度趋于完善。秦汉之后，历朝历代统治者都高度重视用郡县制建立统治秩序。

05

燕国北击东胡

燕国是周王分封的诸侯国之一，都城设在今北京城西南，又以今河北省易县南的武阳为下都。公元前285年，燕昭王委任乐毅为将，联合诸侯破齐国，占齐70余城池，燕国的实力和影响达到历史上空前的鼎盛时期。

历史上，燕国在东部和北部与山戎等族常有战事。“老马识途”的故事，就发生在燕与山戎混战期间。齐国成为春秋时期第一个霸主，北方山戎发兵伐燕，燕遣使到齐国求援。管仲建议齐桓公：山戎目中无人，常骚扰中原是个忧患，一定救燕以征服山戎。

齐桓公与管仲率大军抵达燕国时，山戎已经北退。齐桓公问管仲怎么办？管仲说山戎虽退，但以后仍会来骚扰，应追上去给其沉重打击，方可实现北方的长治久安。于是齐桓公联合燕国等组成联军向北攻击，打败了山戎。攻打山戎的途中，齐军迷路了，放出一匹老马，部队跟随老马找到了出路。

历史上的燕长城地区，是少数民族混居的区域。各族人民汇聚在一起，通过艰苦的劳动，先后为开拓这片富饶的土地做出过贡献。东胡族便是其中较为强大的民族之一。

东胡是中国东北部的古老游牧民族，包括族属相同而名号不一的大小众多部落。早在商代，文献中就有东胡的活动记载，主要活动在今西辽河的上游老哈河、西拉木伦河流域。

战国中后期，东胡逐渐强大起来，开始不断地骚扰中原的燕国和赵国的北部辖地。燕国的东北从上谷至辽东一带，成为东胡经常侵扰燕国的大本营。东胡和赵国之间也是战事频繁，匈奴族在刚刚兴起时，也常受东胡的压迫。

燕国在打败东胡并修筑北长城之前，为保持北部安宁，不得不向东胡提供大将作为人质，但并未使东胡完全停止南犯骚扰。燕将秦开就曾被派到东胡做了很多年的人质。说秦开这个人，大家可能不太熟悉，他的孙子秦舞阳比爷爷名气要大得多。秦开的孙子秦舞阳，是随荆轲刺秦王的勇士。

东胡很信任秦开，秦开回燕国后，仍忠于燕国。燕昭王派这位熟悉东胡的风土人情、军事地理等情况的将军，一举打败东胡，秦开带兵攻打东胡，并远逐东胡千余里，率众修筑了“自造阳至襄平”的长城。同时，燕国设置了“上谷、渔阳、右北平、辽西、辽东郡以拒胡”。

燕昭王去世后，燕国面临来自齐国的威胁。此前多国联军伐齐时，燕军占领了齐国很多城，这时也不得不放弃了，军队都溃退回燕国本土。

为防御齐国随时都可能发动的进攻，燕在防御齐军的方向继续修建长城。秦国在西部渐渐崛起，欲实现东进图霸的战略。先是进攻魏、赵，后又威胁到燕，燕再次加固长城，作防赵御秦之依托。燕是战国七雄中比较弱的国家，为防御强大邻国的蚕食性进攻，建长城以自保就成了无奈的选择。

周慎靓王五年（前316年），燕王哙在当了5年燕王之后，打算把王位让给专权的相国子之。或许是燕王哙认为子之更有能力，可以把燕国发展得更好。结果事与愿违，导致了燕国陷入了国内的大混乱。种瓜得瓜、种豆得豆，这个道理似乎很简单，结果真的是未必。燕王让位这件事，没有给燕国带来发展，反而酿成了灾难。

燕国内乱期间，齐国也乘乱发兵攻占燕国，占领了的土地和城邑，燕王哙和相国子之都死于战乱之中，从此燕、齐两国结下大仇。中山国也乘机进攻，使燕国遭受很大损失。

后来，赵国送燕公子职回到燕国，继承王位，这就是燕昭王。燕昭王锐意改革，任用了乐毅等人，攻东胡、伐齐国、修长城，使燕国强盛了起来。

贰

伟大的长城，伟大的诞生与崛起

01

秦始皇长城外的莽莽苍苍

秦始皇二十六年（前221年），秦国结束了自春秋战国时期以来的诸侯割据称雄局面，建立起中央集权的国家政权。秦始皇开启的中央集权制，实行了2000多年，一直到20世纪初。秦始皇统一中国，使中国的政治成熟度排在了世界的前列。秦开创的中央集权政治体制，使中国文化与其他各国的文化大相径庭。《史记 · 秦始皇本纪》记载，建立全国政权后，秦始皇下令“堕坏城郭，决通川防，夷去险阻”，消除了春秋战国诸侯国互防长城对秦王朝统治的影响。

秦始皇为了防御匈奴，不仅没有拆毁战国时秦、赵、燕三个诸侯国在北方修筑的拒胡长城，而且在这三条长城的基础上，进一步进行连接、修缮，并在某些地段大规模地增筑，形成了一条新的长城，这就是历史上西起临洮，东至辽东的秦始皇万里长城。只有统一的中央集权的王朝，才有能力集中优势资源创造出万里长城的奇迹。

秦朝建立前后，匈奴人乘中原战乱之机大举南下，重新越过赵国修建的北部长城，占领当时的阴山（今内蒙古大青山）、北假（今内蒙古黄河河套以北、阴山山脉以南的夹山带河地区）、阳山（今内蒙古狼山）以及河南地（今内蒙古鄂尔多斯市）。依山带水、沃野千里的自然环境，给匈奴人的畜牧和狩猎提供了极为良好的发展条件。在新的环境中，匈奴人的游牧经济得到迅速发展，政权组织也越来越强大。

在秦始皇统一中原的过程中，匈奴人的社会制度正处于转型阶段，出现了自己的政治领袖——头曼单于。头曼单于以前，匈奴的部落联盟是松散型结合，时大时小，聚聚散散，很不稳定。自头曼单于开始，匈奴在政治上趋于团结、统一和稳定，经济实力和军事实力也比以前大为增强。秦朝北部边防的大多数地区处于匈奴的直接威胁之下。关中是秦立国的根本之地，秦都咸阳所在区域，自匈奴人占领河南地以后，关中和咸阳所受的威胁很严重。完成中原统一大业后的秦始皇，不能允许这种威胁的存在。于是，日渐强大的匈奴，同更加强大的秦朝之间的战争不可避免。中原大局已定后，秦始皇便把注意力转向了北部边防，开始了北逐匈奴。这场秦军占有压倒性优势的战争，没有发生多么惨烈的战斗便结束了。

秦始皇对匈奴作战，首先是向北方扩展秦王朝的势力，将边疆地区纳入到秦的控制管理之下。其次才是解除来自草原匈奴人的威胁，巩固其在中原地区的统治。《史记 · 秦始皇本纪》记载，秦始皇东巡时曾勒石昭功：“六合之内，皇帝之土。西涉流沙，南尽北户。东有东海，北过大夏。人迹所至，无不臣者。”他的雄图大略不仅是要统一诸夏，还要荡平“四夷”。

《史记 · 蒙恬列传》记载，秦始皇三十三年（前214年）“使蒙恬将三十万众北逐戎狄，收河南”，秦占据了今内蒙古境内河套以南地区。次年，蒙恬又率兵渡过黄河，占据了匈奴控制的阴山、阳山和北假等地，将秦王朝北方边疆扩展到了比战国赵北长城更北的阴山北部和黄河北岸地区。

秦始皇修万里长城，不是因为国家综合力量虚弱，军队的力量没有匈奴骑兵强大，而是由于中原农业经济同北方游牧经济矛盾的特殊性决定。经济是基础，农业生产需要和平安定的环境。只有安定，才能不断地进行耕耘和收获，实现自身经济的发展。

内蒙古固阳秦始皇长城

秦始皇知道，秦国在战国各诸侯国中经济力量的雄厚，军事力量的强大，能够消灭六国、平定百越，也可以迫使匈奴远遁漠北。但是，由于北击匈奴后，匈奴仍可能南下，因此，秦始皇最终确定了对匈奴的战略：一方面在军事上严厉打击匈奴，另一方面大修长城来巩固边防，确保国家的安全。

秦朝征伐匈奴，除为解除匈奴对秦朝北方造成的严重威胁、保障北部边境的安全外，还有对外扩张、开疆拓土的目的。开疆拓土是秦国一贯不变的传统，秦始皇伐匈奴，正是这一传统的继承和发扬。雄心勃勃的抱负和好大喜功的性格，决定了秦始皇在实现中原的统一后，要继续对周边地区进行征服和战争。

秦朝在长期准备的基础上，于秦始皇三十二年发起对匈奴的猛烈进攻。作战的全部过程分为两个阶段：第一阶段夺取河南地，控制了黄河中游大转弯处的黄河南岸，今内蒙古鄂尔多斯高原地区；第二阶段驱逐匈奴到阴山以北更远的荒漠地区。

第一阶段的作战进行得很顺利。双方的力量对比，优势在秦军一方：秦军预先有充分的准备和周密的部署，匈奴方面则几乎没有任何准备。秦军集中主力和精锐部队，发挥了步、骑、车等多兵种大兵团协同作战的优势。匈奴在河南地区多为分散游牧部落，缺少大规模集中的骑兵。蒙恬率主力由上郡经今榆林北上，迅速攻占河套北部地区，几乎没有遭到有效的抵抗。同时，驻守北地、陇西两郡的秦军也向河套的南部地区发起进攻。秦军东西并进、南北夹击，很快便收复河南地，并向北推进到北河（今乌加河，当时为黄河的主流道）南岸，完成了秦朝北征匈奴第一阶段的作战任务，实现了既定的主要战略目标。

秦军夺取河南地后，于第二年发起新的攻势，展开第二阶段作战任务。第二阶段的战略目标是把匈奴全部驱逐到阴山以北。蒙恬率主力渡河，首先攻占高阙（今内蒙古杭锦后旗东北），然后北上攻占阳山，东下攻占北假，将匈奴主力击败。同时，以一部分兵力渡河西进，攻占贺兰山高地，策应主力部队的进攻。

秦朝对匈奴的作战并取得胜利有其历史原因。从秦朝方面来看，已经建立了强大、集权的政权，拥有一支数量众多、兵种齐全、组织严密、装备精良、适应各种地形条件下作战的强大军队，并有巩固的边防作屏障；秦国还有雄厚的人力、物力作保障。从匈奴方面来看，当时匈奴还没有真正建立起强大的政权，也没有真正建立起作战实力可以与秦军相比的军队，其作战方式还没有摆脱原始部落的散兵游勇式作战传统习惯，一旦同有组织的强大秦军相遇，匈奴只能失败后撤。

秦始皇北征匈奴收复战国时赵国的旧地，第二年又在阴山以南、黄河以东设立九原郡，管辖新设的34个（一说44个）县。秦国建都咸阳，北距匈奴所居河南地不远，一旦北方有警，咸阳就会直接受到威胁。秦始皇要解除后顾之忧，就要迫使匈奴北迁。

甘肃瓜州西湖汉代长城及烽燧
–
摄影 / 董旭明

02 汉长城的宏大壮观

汉朝是当时世界上最大的帝国之一，人口约5000万。同时期欧洲的人口约3000万。宏大壮观的汉长城在中国历史上修筑过长城的王朝中距离最长，东起辽东，经阴山、河西走廊，向西至渠犁（今新疆库尔勒）。

汉长城除防御作用之外，在中华文明发展历程中也起到了重要的作用。首先是不断地把北部和西部的草原文化渐次输入内地，另外沿着丝绸之路，佛教、基督教等宗教从亚欧大陆的中西部传向东方。中华农耕文化的文明，也是经由汉长城地区向欧亚大陆的中部和西部输出。

认识汉代长城首先要了解汉匈关系，而讲到汉匈关系则不能不提“白登之围”。汉高祖七年（前200年），汉高祖刘邦及所率领的军队被匈奴围困于白登山（今山西大同市东北）。《史记 · 匈奴列传》记载：

高帝先至平城，步兵未尽到，冒顿纵精兵四十万骑，围高帝于白登七日，汉兵中外不得相救饷。匈奴骑：其西方尽白马，东方尽青駹马，北方尽乌骊马，南方尽骍马。高帝乃使使间厚遗阏氏。阏氏乃谓冒顿曰："两主不相困；今得汉地而单于终非能居之也。且汉王亦有神，单于察之。"冒顿与韩王信之将王黄、赵利期，而黄、利兵又不来，疑其与汉有谋，亦取阏氏之言，乃解围之一角。于是高帝令士皆持满傅矢外乡，从解角直出，竟与大军合，而冒顿遂引兵而去。汉亦引兵而罢，使刘敬结和亲之约。

白登之围使刘邦认识到了汉朝与匈奴军事实力的差距，决定与匈奴实行和亲政策。《史记·刘敬叔孙通列传》记载，刘敬提出了"和亲"建议：

陛下诚能以适长公主妻之，厚奉遗之。彼知汉适女送厚。蛮夷必慕为阏氏，生子必为太子，代单于。何者？贪汉重币。陛下以岁时汉所余彼所鲜数问遗，因使辩士风谕以礼节。冒顿在，固为子婿；死，则外孙为单于。岂尝闻外孙敢与大父抗礼者哉？兵可无战以渐臣也。若陛下不能遣长公主，而令宗室及后宫诈称公主，彼亦知，不肯贵近，无益也。

汉朝对外通过和亲稳定与匈奴的关系，随后的60余年汉朝在边防上奉行南抚北守、以防为主的战略思想。在加强防御的同时，对匈奴采取和亲政策，每年向匈奴赠送巨额的钱粮物资，但匈奴仍时常冲入长城抢掠。

汉朝对外不得不利用秦始皇长城，加强边疆地区的军事防御。对内吸收秦朝的教训，实行了郡县制和分封制并存的制度，王国和郡县有所间隔。随着经济的恢复和人口的增加，实力强大的诸侯王国联合起来会威胁到王朝的统治。汉景帝前元三年（前154年）以吴王刘濞为中心的七个刘姓宗室诸侯，因不满朝廷削减他们的权力，兴兵造反的"七国之乱"就是证明。为了解决这个问题，汉武帝实行了"推恩令"，限制和削弱了日益膨胀的诸侯王势力，强化了中央集权制。

汉朝修建的长城防御对象依然是匈奴。汉朝疆域辽阔，周边各族的关系有友好往来，也有兵戎相见。在两汉的400多年历史上，不少政治家、军事家都提出或运用长城防御体系，加强边防。

匈奴的骑兵大都是利用秋高马肥的季节，抢掠汉朝边境地区后就立即退走。匈奴的进攻大都是"盗边""寇边"，遇汉军主力就会立即撤回本土，一般不在汉王朝的地域与汉军作战，更很少主动与汉军主力在中原或边境地区打仗。汉王朝征伐匈奴则不分季节，多乘匈奴内乱或自然灾害时发起进攻。

汉朝北方需要进行防御的地域太大，虽然汉朝民众远多于匈奴，但仅依靠兵力无法对过长的农牧交错地带进行有效的防御。所以，修建长城还是有效可行的防御手段。《汉书·晁错传》记载，晁错对汉匈双方做过很客观的分析，他说：

夫卑身以事强，小国之形也；合小以攻大，敌国之形也；以蛮夷攻蛮夷，中国之形也。今匈奴地形、技艺与中国异。上下出阪，出入溪涧，中国之马弗与也；险道倾仄，且驰且射，中国之骑弗与也；风雨罢劳，饥渴不困，中国之人弗与也；此匈奴之长技也。若夫平

甘肃酒泉石板墩汉代烽燧

–

摄影 / 董旭明

原易地，轻车突骑，则匈奴之众易扰乱也；劲弩长戟，射疏及远，则匈奴之弓弗能格也；坚甲利刃，长短相杂，游弩往来，什伍俱前，则匈奴之兵弗能当也；材官驺发，矢道同的，则匈奴之革笥木荐弗能支也；下马地斗，剑戟相接，去就相薄，则匈奴之足弗能给也；此中国之长技也。以此观之，匈奴之长技三，中国之长技五。陛下又兴数十万之众，以诛数万之匈奴，众寡之计，以一击十之术也。

冒顿单于统治时期，冒顿对汉朝的进攻并不是想推翻汉朝政权，只是掠夺汉边疆地区的财富和民众。匈奴视战争为生活常态，生存就要战斗，狩猎是同野兽搏斗。与其他游牧部族争夺生存空间，对农耕民族抢掠财富，都是生存的必须行为。匈奴骑兵的抢掠并非只是针对中原，对其周边的其他游牧民族也是不断掠扰。但这些游牧部族都很小，可供匈奴抢掠的资源有限，匈奴为获得更多的收获，便将抢掠对象确定为汉朝的边地，这也是一种很正常的现象。

汉朝修建长城以对抗匈奴这种经常性的抢掠事件，成为管理边疆的措施。汉朝边疆政策的制定和完善，对后世起到了较大的影响作用。这些治边政策有三项主要内容：一是利用不同民族原有的统治机构和首领，以便减少管理的对抗性，维持长城地区的稳定。二是给予长城之外民族自治的权力，朝廷在行政甚至军事上都不干预其内部事务。三是在经济上给予边疆民族地区一定程度的照顾，除免除赋税徭役外，还要给予一定数量的经济资助。

汉北征匈奴并修建长城，也给游牧民族造成了极大的影响和冲击。《史记·匈奴列传》记载，在汉武帝元鼎六年，“遣故太仆贺将万五千骑出九原二千余里，至浮苴井而还，不见匈奴一人。汉又遣故从骠侯赵破奴万余骑出令居数千里，至匈河水而还，亦不见匈奴一人。”《汉书·匈奴传下》也记载，班固就曾说过：“边长老言匈奴失阴山之后，过之未尝不哭也。”

汉长城形成的整个过程，大体可分三个阶段。第一阶段发生在汉武帝修筑长城以前；第二阶段发生在汉武帝远征匈奴之后；第三阶段发生在东汉时期。汉长城的构筑，除借助自然天险构筑起坚固而连绵的墙垣外，还特别注重障、坞、燧、关等各种设施与墙体的互相配合。从战略和战术上来看，汉长城是按照汉王朝的既定战略修建。

甘肃高台汉代垒石墩烽燧

-

摄影 / 董旭明

-

甘肃敦煌玉门关汉代长城

03 拓跋鲜卑南下

把战国赵武灵王的“胡服骑射”和北魏孝文帝的“革俗汉化”放在一起，是个很有趣的对比，这两位雄才大略的历史人物，为了实现各自的理想，都做出了向外学习的决定。

在北魏太和十八年（494年）北魏孝文帝宣布迁都洛阳，大批的鲜卑族人源源不断地走向中原内地。当时鲜卑族人与汉人的习俗不一样，他们都是编发左衽，男人们穿着袴褶，女人们是夹领小袖，而且大多数人并不会说汉语，也不会农业耕作。人生地不熟的鲜卑民众都想回归故地。

为了稳定和发展北魏政权，让鲜卑族人和汉人更好地交流，孝文帝就在一批汉族士人的支持下，实行对鲜卑旧俗的改革，实施全面的汉化。他下令禁止穿胡服，包括鲜卑人在内的北方各少数民族都必须穿汉人衣装，北魏官员更要改穿汉式官服。与赵武灵王实行“胡服骑射”时遇到阻力一样，北魏孝文帝的“革俗汉化”面临鲜卑族人的不理解更多，但在他强力推动下，改革还是进行了下去。

孝文帝认识到，只有融入中原，他的鲜卑族占主体地位的政权才能稳定发展，自我隔离于中原汉族是没有出路的。

鲜卑族是匈奴之后在北方崛起的另一个古代游牧民族，这个民族源于东胡，当初东胡被匈奴冒顿单于击溃后，就分成了两部分。退到乌桓山的形成了乌桓族，走到鲜卑山的形成了鲜卑族。在北方游牧区域，鲜卑族的风俗习惯与乌桓族、匈奴族比较相近。

在北方游牧区域，当一个族群强大起来，占据了统治地位，其他弱小族群就会附着过去，与居于统治地位的民族一起构成联合体。比如当匈奴强大时，许多部族就服从于匈奴，听从匈奴调遣，当匈奴被打败，他们就会叛离。匈奴分裂后，鲜卑人就摆脱了控制，并且还攻打匈奴。当北匈奴在汉朝和南匈奴的打击下，向西迁移，鲜卑人就趁机占有了原由匈奴控制的广大区域。

到了公元二世纪的中期，鲜卑人檀石槐统一了各部，之后的鲜卑各部时聚时分，同中原王朝是时附时战。到了西晋“八王之乱”以后，鲜卑各部落趁着中原混乱，纷纷立国。东晋太元十年（385年），鲜卑拓跋部建立“魏”国，史称“北魏”。

北魏政权也受到游牧民族柔然族的袭扰，柔然族强大时活动区域东到今朝鲜，西到中亚，北到贝加尔湖，南面和北魏相接，时常南下攻扰北魏边地。

北魏永兴二年（410年），北魏的部队被柔然围在牛川（今内蒙古呼和浩特市），北魏明元帝拓跋嗣亲自出征，柔然首领社仑才率众退走。泰常八年（423年）明元帝拓跋嗣去世，他的儿子拓跋焘继承了皇位，史称他为太武帝。神䴥二年（429年），拓跋焘主动出击柔然，率大军分东西两路出征漠北，扫荡柔然占据的漠北获全胜。

原来臣服于柔然的高车部落，乘机摆脱了柔然的控制，转向臣服北魏。被北魏降服的柔然有30多万户，掳获的各种畜类几百万头。北魏将这些降服的游牧族部落迁到漠南几千里的边境上，在军事镇压下从事农耕和畜牧业。另有一部分柔然人，往漠北退走，偶然遇到机会，还会南下袭击北魏的北方地区。

北魏太武帝拓跋焘是个有作为的君主，在随后的几年内，先灭了大夏，攻下大夏国都统万城，不久又击破割据辽东、辽西的北燕，打败了割据河西的北凉。在北征柔然获胜后，于京城平城（今山西大同）以北阴山以南，自西而东，设置了六个军事重镇。

北魏一共有两次较大规模地修筑长城，目的都是为了防御柔然南侵。第一次是北魏泰常八年（423年）修筑的，南朝的刘宋和北魏交战，双方正在争夺河南，柔然又乘机击骚扰北魏边境。拓跋嗣为了保护北部边境的安宁，便效仿秦汉时期中原农耕民族的做法，从赤城（今河北赤城县）到五原筑了一道长城，设了一些镇堡，用来防止柔然南下，拱卫平城。

这道长城军事上起到了遏制柔然南进的作用。柔然在经济上对南方有较大依赖，其军事行动被限制住，也就等于经济被封锁，所以柔然不断南下攻打长城。

北魏第二次大规模修筑长城，始自北魏太平真君七年（446年）。《魏书·世祖本纪》载“太平真君七年六月丙戌，发司、幽、定、冀四州十万人，筑畿上塞围，起上谷，西至河，广袤皆千里”。这条“畿上塞围”实际上就是一条保卫北魏京都平城的长城。孝文帝将首都由大同迁至洛阳后，这道长城不久也就废弃了。

河北赤城滴水崖堡护城墩

–

摄影 / 董旭明

北魏是南北朝时期，北方一个很有实力的少数民族政权。从对柔然的北征之战来看，北魏的军事力量相当强大，而且军备思想也比较先进。拓跋氏建立北魏，善于吸收中原农耕民族的文化，受汉文化的影响较深。迁都洛阳后，鲜卑族基本上融入了汉民族生活区，在历史上也逐渐消失，最后融入了其他民族。

北魏六大军镇体制是北魏实行草原地区和农业地区二元统治体制的产物，军镇主要作用是维护秦汉时期长城地区的稳定。

北魏太武帝于神䴥二年（429年），率军分东西两路打击柔然，大获全胜。随后于京都平城以北，阴山以南，自西而东先后设置沃野、怀朔、抚冥、武川、柔玄、怀荒六个军事重镇，用以拱卫京都。这些镇城组成了北魏北部边疆上的一道防御线。北魏太常卿高闾曾上表建议修筑一道长城，将六镇连接起来，但这个建议并未得以实施。

北魏六镇的地理位置为：沃野镇，今内蒙古自治区五原县北。怀朔镇，今内蒙古自治区固阳县西南。抚冥镇，今内蒙古自治区四子王旗东南土城子。武川镇，今内蒙古自治区武川县西土城。柔玄镇，今内蒙古自治区兴和县台基庙东北。怀荒镇，今河北省张北县。

山西大同八台子村长城

—

摄影 / 宋举浦

叁

长城也有不怎么修的时候

01 隋唐与突厥

隋文帝、隋炀帝、唐高祖和唐太宗这几位在中国历史上赫赫有名的君主，都曾经被漠北突厥的问题纠缠得头痛不已。

他们或许也都想终结已经持续千年的对游牧政权的防范战略。隋唐两朝的帝王将相想尽了办法，最后依然是对突厥汗国或是筑长城防御，或是重兵出击，没有更好的办法。

在隋文帝建立隋朝以前，漠北的突厥人就已经建立了军事力量强大的突厥汗国。原来，突厥在公元5世纪以前，就居住在准噶尔盆地之北，叶尼塞河上游一带。这个在6世纪中叶崛起于漠北的游牧政权，曾经对东魏、西魏、北齐、北周等政权形成非常大的威胁。到了隋唐时期，威胁依旧存在。

突厥曾经归附于柔然，为柔然人的“炼铁奴”。西魏大统十七年（552年），突厥人在西魏的支持下攻击柔然，建立了以鄂尔浑河流域为中心的政权。突厥汗国最盛时控制区域东到辽河上游、大兴安岭，西到里海，北到贝加尔湖，南到阿姆河以南的吐火罗斯坦。

西魏废帝二年（553年），突厥汗国联合西魏再次攻破了柔然。不久，柔然被突厥消灭，柔然末代可汗被杀掉。此时，南边对立的双方，一边是西魏，后来的北周，另一边是东魏，后来的北齐。

这两方都在拉拢突厥汗国，通过和亲等手段，利用突厥强大的军事力量，获得优势。到了北周大象二年（580年），突厥汗国在西域地区设立了“小可汗”，以之统辖阿尔泰山以西的区域。在这个过程中，突厥汗国分裂成东西两部。

北周大定元年（581年），杨坚代周，建立了隋朝。突厥汗国趁着隋朝初创，向中原隋朝发起进攻，隋文帝只好发兵抵抗，并且修筑长城加强防御。

次年，隋利用北部突厥人的内部矛盾，支持东突厥，封东突厥首领为启民可汗，允许其南渡漠南，寄居白道川（今内蒙古呼和浩特西北）。这样一来，接受隋朝统辖的东突厥，就成为隋朝的北部屏障，把西突厥隔阻在漠北。

隋文帝杨坚采纳“远交近攻，离强合弱”的建议，通过孤立分化的方式削弱突厥各可汗力量的做法，还是比较有效的。隋文帝一边采取策略稳定东突厥，一边修筑了北部的长城。他从军事防御的需要出发，根据当时的经济条件，比较客观地制订了修筑长城的计划。隋长城的很多地方，是在前朝长城基础上做的修缮，实际的工程量并不是很大。

隋炀帝杨广即位后，也很重视与突厥的关系。大业十一年（615年）八月，隋炀帝巡视北部边地。得知消息的始毕可汗，就带着重兵袭击隋炀帝。由中原嫁到突厥的义成公主事先派人通知了隋军，隋炀帝才得以提前进入雁门城中。后来，各路隋军陆续到达，突厥军才撤围离去。

修建长城是对付游牧骑兵的有效方法，隋炀帝深知这一点，他也曾经两次大规模征调役夫砌筑长城。隋炀帝是个喜欢折腾的人，他好大喜功、炫耀武威，结果在一意孤行中翻了船。当揭竿而起的瓦岗军南下攻打洛阳时，隋炀帝远远地躲在江都，昔日皇威荡然无存。

隋炀帝死得很惨，被他的叛军用一条丝绸带给缢死了。隋炀帝失败的地方很多，其中一条原因是用民过重，包括大规模修建长城、建设运河。他太想建立丰功伟业了，却给社会造成了沉重的负担。

隋朝谢幕了，下一个登上历史舞台的是李唐王朝，唐朝最终打败了突厥。唐高祖李渊是在隋大业十三年（617年）起兵的，由于担心攻打长安时突厥汗国和刘武周部攻击后方，便采取了向突厥示好的做法。

突厥时时想着南下，处罗可汗和颉利可汗先后带兵袭击唐朝边地，给唐朝造成很大威胁，为此李渊甚至想到过迁都。后来唐朝由安抚、防御，转为进攻，趁着突厥内乱，通过一系列战役，彻底打垮了东、西突厥，消灭了突厥汗国。

人们常常说唐朝不修建长城多么的好，果真如此吗？唐朝没有大规模地修建长城是真的，那么不修建长城靠什么防御北方游牧军队的进攻呢？难道唐朝在农牧交错的长城地区，就没有农牧冲突的问题吗？

山西岢岚出土的隋朝修建长城石碑

甘肃高台明海子古城遗址

–

摄影 / 董旭明

冲突当然有，唐朝基本上没有怎么修长城，主要是靠强大的藩镇保卫边疆地区。唐朝长城地区的军镇力量非常强大，对游牧势力有极大的威胁作用。但是这些强大的军镇力量不仅威慑游牧军队，还直接威胁王朝的安全。藩镇制度就是依靠军镇长官节度使来管理自己的地盘，藩镇造反始于安史之乱。

安史之乱后唐朝动荡了一百多年，以致唐朝灭亡之后依然是藩镇割据局面的乱世。所以唐朝没有修建长城，结果怎么样呢？正是这些防御游牧军队的藩镇强大起来之后，发生普遍的藩镇割据要了唐朝皇帝的命，导致了唐朝灭亡。

唐朝的辉煌，也不过就一百多年。从安史之乱到最终灭亡的一百五十多年间，中央政权控制的国土如果减去藩镇割据的地区，比北宋还少很多。唐朝藩镇节度使本来是封疆大吏，割据藩镇企图游离于中央集权之外，给社会造成很大的动荡。

唐朝没有大规模修筑长城，但内部重大矛盾和外部棘手问题也遇到不少。安史之乱后，唐朝为了酬谢回纥帮助收复东、西二京，每年需付给岁币绢二万匹，还要接受极不平等的互市条件，用大量钱财买回不能用的劣马。

02

辽金入中原后的文化默契

一般是先有战争后筑长城，长城在战争间歇中不断延长。但长城也寄托了各民族人民在寻求生存和发展，在斗争中相互融合，在矛盾中寻求团结的美好愿望。这一点不仅体现在农耕政权修建长城上，也体现于辽金这样入主中原的非中原王朝政权统治时期的修建长城。可以说，辽金入中原后的修建长城，是对中原文化的认同并形成的一种文化默契。

历史上曾经有过一个被称作“儿皇帝”的人，他就是五代时期建立后晋政权的石敬瑭。清泰三年（936年），河东节度使石敬瑭造反自立，并向辽国求援，辽国派出军队扶植其建立了后晋政权。石敬瑭表示愿意称臣于契丹，并向辽国君主耶律德光行父子之礼，当时石敬瑭已经45岁，耶律德光却只有34岁。

两年之后，石敬瑭遵照辽国的要求，把长城区域东部的燕云十六州让给辽国。于是契丹族进入燕云十六州和汉族杂处。历史上的燕云十六州，包括今天的北京、天津、河北省北部、山西北部区域，这使得辽国顺利进入了中原。

先前鲜卑强大的时候，契丹是归附于鲜卑。后来在漫长的历史进程中，契丹与其他几个部族同化、融合，约在7世纪初形成部落联盟，主要活动于潢水（今西拉木伦河）和土河（今老哈河）流域一带。唐贞观二年（628年），部落联盟首领率部归附唐王朝。

唐天佑四年（907年）唐朝灭亡。9年之后，契丹人建立了国号为契丹的政权，辽大同元年（947年）改国号为辽。辽最盛时的疆域，东北到今天的日本海，北到外兴安岭、鄂霍次克海，西北到蒙古中部，西到天山，南以今天津市海河、河北霸县、山西雁门关一线与宋相临。

辽保大五年（1125年），辽被女真族所灭，这一年是金天会三年。辽代一共历9帝，统治中国北部218年。辽太祖创建辽国时，中原文化已经较为广泛地被契丹吸收。

辽太祖是个比较开明的契丹族统治者，善于使用汉人。在汉人官员的帮助下，参照中原农耕民族统治政权模式，建立起辽朝的国家机器，自己称皇帝。宫廷制度也完全仿照汉人的王宫制度，有皇帝侍卫军。并将国家划分若干行政区，废除内选制，确立了皇位世袭制，立长子耶律倍为太子，并制定了皇家法律。

辽太祖还安排得力的人仿汉字偏旁，制造契丹大字。后来辽太祖的弟弟耶律迭剌，又参考回鹘的造字法制成契丹小字，形成契丹文字。在广袤的旷野草原，文化的气息在粗犷苍凉的北风中渐渐发展起来。

辽国对付其他敌对民族的手法，既有防御又有骑兵攻击，辽国的铁甲骑兵，以迅雷不及掩耳之势横扫草原，彻底把乌古和敌烈征服后，将其析分为若干小部落，迁到边远地区。

由于广纳优秀汉人帮助辽管理国家，到了辽圣宗时期，辽国富庶地区的农业已相当发达，兴修了许多灌溉水渠。远迁他乡的乌古和敌烈部落，身处荒凉偏远贫困之地，渴望回到水草丰美的家园，再加上不能忍受辽王朝的压迫和沉重的勒索，不断进行着各种反抗。

辽阔的北方大地上，各个部族是你方唱罢我登场。契丹族还没有退场，女真族就迫不及待地上台了。女真以游牧、渔猎为主，也兼营农业。原居住在黑龙江流域，古代文献上称为“肃慎”。作为黑龙江流域的民族，被辽人和宋人称为“女直”或“女真”。

生活在辽阳一带的女真部落，被编入辽朝户籍，称为“熟女真”。松花江以北，宁江以东的女真诸部落，保持着本民族的习性，被称为“生女真”。生女真散居在山河之间，从事农业和狩猎。

大约在辽兴宗时，女真族逐渐强大起来，各部落组成了部落联盟。最初，女真部落联盟还受制于辽，辽天祚帝还加封女真部联盟首领完颜阿骨打节度使称号。

强大起来的完颜阿骨打开始向外扩张，不断与辽发生战争。完颜阿骨打的部队越战越勇，连连取得胜利。他们在战争中掳获了大批奴隶，领土也不断地扩大。女真渐渐认识到必须建立自己的政权，加强对被征服民族的统治，于是辽天庆五年（1115年）正月，完颜阿骨打建大金国，自称皇帝，是为金太祖。

契丹和女真这两个游牧和游猎民族政权之间，为了生存权和统治权而进行的斗争，其残酷程度，在某一时期，甚至远远超越了游牧民族对长城的进攻。

后来，宋、金联盟共同抗辽。宣和七年（1125年）二月，辽国天祚帝在应州被俘获。辽朝灭亡以后，主要同化于汉族；东北的部分族群，同化于女真族。西迁建立西辽国的部分，国灭后主要同化于蒙古族。

辽灭亡后，金国成了这片土地的主人，但面对成吉思汗领导下崛起于大漠南北的蒙古族，也同样感受到了先前辽国那样的恐惧。宋宁宗开禧三年（1206年），南宋与金人再启和谈的同时，成吉思汗建立蒙古汗国。

之后，蒙古汗国强大的骑兵部队很快称霸于大草原上，对金形成时刻攻掠之势。为防御蒙古汗国的骑兵偷袭，金朝开始修筑自己的长城，而且是越修越多。

蒙古势力强大起来的同时，金的统治力量却越来越衰弱。这时候的金不得不采取更消极防御的战略，士兵们在风吹雨淋中修筑长城，在漫漫长夜中守戍长城。他们不习惯这样的作战方式，更喜欢骑马射箭，驰骋疆场。

金朝曾经是我国北方实力雄厚、领土广阔的少数民族政权，曾几何时，北宋被金灭亡后，金继续向南扩张，很有统一全国的趋势。金帝完颜亮为了实现控制中原地区，推行了许多措施，还将首都迁到了燕京（今北京市），作为金国的中都。

崛起在漠北的蒙古政权也越来越强大，金虽有强兵向南扩张，却无力抵御成吉思汗的大举进攻。金正大九年（1232年），被蒙古军击败。苟延残喘了一年多，金国灭亡。金虽修筑长城防御蒙古军，终于还是被蒙古军所灭。

辽金时期是民族大融合的历史时期，各民族在长城区域的利益基本处于较为平衡的状态。长城带是多民族混居区，各民族所独创的文化在这里汇聚，互相吸收、融合，在政治、经济、文化诸多方面形成了“你中有我，我中有你”的事实。

山西岢岚王家岔北齐长城

–

摄影 / 董旭明

民族融合的过程，就是各民族互相之间为争夺利益，采取或战争或和平的交错发展的过程。这个过程中古代农耕政权筑长城以设防。民族团结和分裂，其实也是利益平衡的一个过程，利益处理得好的时期，民族团结的局面就好，否则就战争连绵。

内蒙古达力淖尔金长城

-

摄影 / 董旭明

03 元帝国的长城内外

中国古代许多大一统王朝，都是亡于内忧外患。元朝基本上是一个例外，基本上没有外患，朝廷与西北察合台、窝阔台的战争，实际上是一种皇权的争夺战，依然属于内忧。

元朝时期没有修建长城，这是因为那时中原和漠北都在元的版图之内，没必要修建长城。但是，在长城的重要关隘，元朝还是设防的。这些长城沿线的关隘，防御的主要是皇室之间为争夺皇权而进行的战争。

铁木真统一蒙古后被推举为成吉思汗，“成吉思”是强大的意思，他发动了三次西征，并灭了金国。成吉思汗的蒙古族铁骑不仅对草原和南方广大农耕区域构成威胁，而且向北扩张到了俄罗斯族的莫斯科公国，往西直抵东欧，向西南越过青藏高原，将势力伸入印度半岛，创建了一个横跨欧亚大陆的帝国。

成吉思汗时代，是游牧民族最强盛的时代。在冷兵器时期，游牧民族马背上的优势极为明显，令农耕民族无可奈何。成吉思汗的后代忽必烈灭掉南宋之后，统一了中国，建立了由蒙古统治的元朝。

元朝的文化、政治中心在北方，推翻宋朝之后，随着军事上从北向南推进，政治中心并没有南移。蒙古族是第一个征服中原和南方的游牧政权，他们带着自己的游牧文化，跨越了传统意义上的长城地带，进入中原和南方的农耕区域。

统一中原以后，元朝实行了严格的等级政策。他们进入长城以后，对农耕文化，对农耕民族历经几千年创造的儒家、道家文化以及生产方式、生活方式、传统风俗习惯并不了解。

元朝只有近百余年的历史，之所以会失败，一方面是蒙汉文化未能很好融合的结果，另一方面更关键的还是蒙古贵族实行的民族政策有偏差。元世祖重用蒙人把持各地方政权，对汉人施行强制性管制。

忽必烈死后，他的子孙们在皇族内部争权夺利，蒙古王公贵族为了各自的利益，不断加强对老百姓的剥削和压迫。到元顺帝做皇帝时，社会已经越来越混乱。元朝时期帝王之间，争夺最高统治权的战争此起彼伏。那时候当上了皇帝的人，想不打仗恐怕也不可能。

皇帝、贵族、官吏和地主富豪的压榨与掠夺，使大江南北灾荒四起。农民的土地被贵族阶层夺走，无田可耕。可朝廷不顾百姓死活，向百姓催粮逼税。忽必烈派庞大的舰队去攻打日本，同时占领安南、缅甸、爪哇等国，耗费了大量资财却无功而返。

元朝不到一个世纪就灭亡了，不是蒙古人不善战，不是蒙古铁骑不再天下无敌，而是蒙古政权频繁发动战争使国力空虚，采取错误的民族政策和残暴的统治使民不聊生。

在南方，平民出身的朱元璋，经过一番艰苦奋斗，率领他的军队推翻了元朝，攻取了元朝都城大都（今北京）。面对明军的攻势，元朝的朝野上下惊慌失措。

元顺帝想起当年宋朝的徽宗和钦宗两个皇帝，被俘获并挟持到茫茫草原的深处，那生不如死的处境，深怕自己也被农民起义军擒获而永远成为阶下囚。他率领后妃、太子、文武大臣和军队，从健德门逃出大都，奔向了北方茫茫无际的草原。把长城内外都统一在一起的元帝国，虽然还没有完全地分崩离析，却也彻底失去了全国统治政权。

明朝建立起来，元朝被灭掉之后，退到草原的元顺帝还掌握着朝廷和军队。历史上称此后的元朝政权为北元政权。在南京称帝的明太祖朱元璋，一直有个心病，就是元顺帝带着文武百官和强大的武装力量遁入了蒙古大草原。北元的军队，与白云般飘移的羊群一起消失在茫茫草原，如同淹没在不知彼岸的瀚海之中，无可追寻。

元朝虽被推翻了，其军事实力仍然很强大。元顺帝仍控制着政治机构和军事力量，占据有东至呼伦贝尔湖，西至天山，北抵额尔齐斯河及叶尼塞河上游，南至长城的土地和人口。而此时的蒙古势力已经不是原来单纯的游牧民族。

这般辽阔的草原，不知能容纳多少兵马在此纵横驰骋。即使是10万马队，到了辽阔无边的草原，也简直如群鱼潜入大海一样，自由自在，无处去追寻。一想到这些，明朝君臣们就睡不安寝，食不甘味，如鲠在喉。于是，一个把长城修建得登峰造极的时代就开始了。

肆

明清是长城由盛转衰的分界

01 天子的固边自守策略

中国的统一，有这样一个特点，总是北方统一南方。三国由晋统一，南北朝由隋统一，五代十国由宋统一，宋金对峙由元统一，从分裂到统一的过程，通常都是由北方力量完成。

历史上首次南方统一北方，是由明太祖朱元璋完成的。朱元璋先是消灭了几支起义军，然后再分路北伐，进攻元都。元代至正二十八年，也就是明洪武元年（1368年），朱元璋的军队很顺利地攻克了元大都（今北京），元顺帝被迫退回"塞北"。

元朝军队虽然被打败了，可是军事实力依然是很强大。所以在明朝初年，明军和北元战事不断。朱元璋对明蒙军事斗争的结果，持谨慎的乐观态度，不敢掉以轻心。

洪武三年（1370年），元顺帝死去，其子爱猷识理达腊即位，称作昭宗，名号还是大元皇帝。这时，明军打败了扩廓帖木儿陕甘地区的元军，扩廓帖木儿带领余部撤到和林。

朱元璋为了彻底解决对中原威胁最大的扩廓帖木儿军队，在洪武五年（1372年）春正月，出动15万重兵，分成三路分别攻击漠北。明军这次信心满满大举进攻，却没有完成任务。这次失败让朱元璋认清了现实，蒙古各部军队还是非常强大的，不可能被迅速解决。

北元势力退入草原后，朱元璋确定的政策是"固边自守、相机外延"，重点是"固边自守"。明朝军队攻克大都时，当时朱元璋颁旨，说不要向北追击，要做好固守，防止侵扰。

朱元璋知道，取得了中原统治权后，来自蒙古草原各种各样的挑战，一定会成为常态。他命令手下将帅们，一定要缮治城池，加强防守。于是从洪武年间，就开启了明朝在长城地区置卫所、修城池、建烽燧、守隘口的基本防御战略。

明成祖朱棣即位后，把京都迁到北京并且强化了长城防御。翻阅中国历史，主动把京城迁到边防前线，始终既做皇帝又充当统兵打仗的统帅，于永乐八年（1410年）至二十二年（1424年）间五次率大军北征，五次御驾亲征，最后累死在出征路上，还真就只有明成祖朱棣。

朱棣为什么要把首都从南京移到北京，又为什么五次率军亲征漠北？只因为他对蒙古部族武装力量有一个很清醒的认识，他要为子孙构建一个稳定的、不再受强大的蒙古部族威胁的基业。

永乐年间五征漠北的财力消耗是十分巨大的。

第一次出动兵力50万人，其他各次也在30万以上。作战时间除第一次3个月外，其他各次均在5~9个月。

千军万马，长距离远征，耗费巨大。第三次亲征时，仅军粮一项，运粮用驴34万头，车17.7万辆，轮车民夫23.5万人，运粮37万石。

《明会要》载，往开平运粮，“计所费率二石七斗，开致一石”。明成祖亲征时，其运送距离比开平还要远，按运粮一石所费三石算，运粮37万石，所费110多万石。

北京怀柔长城西栅子段

-

摄影 / 董旭明

因此，第三次北征时，国库已近枯竭，所以户、兵、礼部尚书联合上奏，“频年师出无功，戎马资储，十丧八九”，已经“内外俱疲”。打仗打的是钱，相比较而言修建长城比战争成本要低很多。

朱棣的努力并没有全部达到目的，他去世后蒙古部族对长城防线一浪高过一浪的攻击，让明朝头痛不已。

客观上，明王朝是通过赶走北方游牧民族才建立政权的，对北方安全的担忧不无道理。于是乎，明朝在长达两个世纪的时间内不间断地修筑长城。

只靠修长城是不行的，腐败的政治文化，最终使明朝吞下了苦果。长城能否发挥修建者期待的作用，更多取决于社会政治状况。在社会稳定、政治清明的时候，长城的作用就大；政治腐败、社会动荡的时候，长城的作用就小，甚至没有任何作用。

—

河北张北长城

02

长城内外的通贡互市

一个人需要不断提升格局，一个政权也同样如此。什么是提升格局？说来并不复杂，就是对事物的认知系统要不断迭代更新。格局高的就会创造并实现更大的价值。明蒙之间的隆庆和议，对于明蒙双方政权来说都是做了一件格局很高的事情。

明蒙的通贡互市引发冲突，明朝关闭了通贡和长城官市。表面来看这样做的结果，对明朝影响不是很大，因为游牧地区对农耕地区的依赖程度更高。但是从长远来看，这样做对明朝的影响更大，关闭了贸易，剩下的只有战争了。农耕政权和经济，受战争破坏的损失更大。

这种情况，在隆庆四年（1570年）发生了转变。这年的9月，发生了一件让大同巡抚方逢时始料不及的事情，坐镇大同长城的官员将领为此紧张异常。方逢时第一反应是赶快上报朝廷，接到六百里加急快报的京城内阁大臣高拱、张居正等人，也为此既兴奋又坐卧不安。

这件事若处理不好，势必引起长城沿线烽烟四起，血流成河，朝野上下也将引起巨大的冲突和震荡，一定会有人丢官，有人掉脑袋。处理得好，则很可能成为一个从战争走向和平的契机。

事情是这样的：蒙古俺答汗有个孙子叫把汉那吉，他自幼丧父，由俺答夫妻扶养成人。把那汉吉长大后，自聘了一个女子，可是俺答汗却为了娶一位蒙古部落首领的未婚妻，也就是后来的三娘子而将孙子把汉那吉所聘之女，许嫁给了那位部落首领。把那汉吉一气之下，到长城大同镇的败胡堡投明。

宣大总督王崇古和大同巡抚方逢时一边对其以礼相待，一边速报朝廷。他们在给皇帝的奏疏中提出：把汉那吉归来，应该封官进爵，如俺答来要还孙子，则以投靠俺答的汉人赵全等为交换条件，力争解决彼此的冲突。

明朝内阁首辅高拱、大学士张居正得到报告后，认为这是和俺答汗调整关系的转机。张居正致函负责大同长城军务的王崇古，抓紧坚壁清野，扼险守要，以防俺答来攻。同时，要对俺答好言相劝，晓以利害，提出条件，迫其就范。

俺答知道把汉那吉出走后，非常着急，怕爱孙受到明朝伤害，就让其子辛爱准备攻打弘赐堡，让侄儿永部统兵准备攻打威远堡，他要亲率大军攻打平虏城。

明代三娘子壁画

他对天发誓，不管付出多大的代价，都要以武力将孙儿要回来。蒙古大兵压境之时，方逢时派人到俺答营中，告诉俺答把汉那吉已经被朝廷封官加爵。

俺答正在为孙子的生命担忧，怕明廷杀了把汉那吉，这时明廷使节告诉其朝廷优待把汉那吉的情况，同时表示，朝廷愿意送还把汉那吉，要求俺答将赵全等叛人擒献朝廷，以表其诚意。

随后，俺答派出的使节到大同见到了身穿明朝官服的把汉那吉，俺答得知孙儿很好，大喜过望，于是答应明使的条件，以赵全等人交换把汉那吉。

隆庆六年（1572年）十二月，俺答送赵全等十余人到云石堡，把汉那吉也被送回俺答大营。俺答看着妻子搂着爱孙喜极而泣的样子，也是百感交集。俺答汗也不愿意再打仗，随后遣使报谢明廷，并表示永不进犯长城。

隆庆五年（1571年）三月二十八日，隆庆皇帝下诏封俺答为顺义王，其子弟亦各封官职，并批准恢复了通贡互市。历史上称这件由战争转向和平的事件为“隆庆和议”。

隆庆帝登基之后，高拱和张居正先后进入内阁，并于隆庆三年（1569年）和隆庆六年（1572年）相继任内阁首辅。他们对内励精图治，整顿政府机构，创立“考成法”，督促公务，考核官吏；对外切实加强边地防务，调抗倭名将戚继光镇守蓟州镇。

重用各镇督抚总兵王崇古、方逢时、刘汉、马芳等著名将领，切实加强了沿长城各镇的防御，同时与俺答议和通贡，这才缓和了长城线上明蒙之间战事不断的局面。这些人都很厉害，打造了一个过去不曾有，未来也未曾有过的长城最辉煌的历史阶段。

山西大同左云摩天岭长城及八台子教堂遗址

-

摄影 / 董旭明

嘉靖时期，明蒙冲突或是由于明廷的民族歧视和经济封锁政策，或是由于蒙古政权的贪婪，战火连绵不断。战争的起因主要是通贡和互市的经济问题，军事或政治冲突往往根源于经济利益。明朝长城防务日益薄弱，蒙古骑兵动辄长驱直入。明朝以闭关绝市的经济封锁政策，作为制服蒙古的措施，不仅未能带来安宁，反而引起蒙古上下的强烈反对。所以停止战争、恢复发展与中原地区的经济交流，成为当时蒙古社会迫切需要解决的问题。

俺答汗在这种形势下，不断向明廷提出通贡互市的要求。他是想在得到与明廷通贡互市之后，集中力量征服蒙古各部。在求贡得不到获准的情况下，才以军事压力为手段，迫使明廷答应其通贡的要求。结果打了30多年的恶仗，双方都付出了惨痛的代价。

关于议和的问题，明廷内部争议还是很大的。隆庆和议的达成，也是经过了一番斗争的结果。朝廷的政治斗争很激烈，很多时候虽然没有刀光剑影，却也是杀机四伏。政敌过招之时，可谓是招招致命。这个时候讨论事件本身的对与错，往往已经不是那么的重要了。

嘉靖年间为了开放或关闭马市，已经有很多高官被杀。到了隆庆时期，有不少的人依然坚持嘉靖年间的观点，反对通贡、互市。《明穆宗实录》记载，"山西道御史叶梦熊言：'把汉那吉之降，边臣不宜遽纳，朝廷不宜授以官爵，将致结仇激祸。'至引宋郭药师、张事为喻。上览疏，怒其妄言摇乱，命降二级调外任。"

《与王鉴川论贡市第九书》记载，吏部侍郎张四维在给其舅王崇古写信时曾谈道："今日贡议之成，虽诸相赞翊斡旋，其实宸断居多。"

《明穆宗实录》也记载，由于穆宗在议和问题上明确的支持态度，持不同意见的廷臣们才没有继续反对。"上御文华殿日讲毕，大学士李春芳等面奏北虏封贡事宜，俱言外示羁縻、内修守备之意。上曰：'卿等既议允当，其即行之。'于是廷臣知事由宸断，异议稍息矣。"

隆庆和议之后，俺答汗坚决地执行了和议。后来，在三娘子这样忠诚不渝，贯彻执行隆庆和议的关键人物的力主之下，明蒙之间基本上没有再发生大规模的战争。

雄伟的明朝万里长城，在张家口市延袤近千里，主要的关口有马市口、新河口、独石口、张家口等。大境门是京畿、内地通往漠北草原的重要关隘，上书"大好河山"四个大字，雄伟壮观。

张家口中部有桑干河、洋河水系形成的盆地，适合大部队驻扎和运动。从蒙古高原到华北平原，中间是开阔的间山地带。张家口的坝头地带，下坝直接进入盆地。这就决定了张家口地区必然会成为历代兵家必争之地。

张家口作为明清两朝京都的一座北大门，具有军事防御性和贸易开放性。有时是阻止战争的屏障，有时又是保护地区贸易的堡垒。特别是清朝时，长城内外各个民族都可以在大境门进出，张家口成为北方各民族互市通商的口岸。

明朝隆庆五年（1571年），明王朝和蒙古俺答汗达成了隆庆和议，在宣府张家口堡和大同府新平、德胜两堡，以及太原府水泉营堡设立了“茶马互市”。

“茶马互市”分为关市和民市，民间的贸易类似于蒙古族的“那达慕”和内地的庙会、交流会。每年夏末秋初举行官市，为期12天。民市的交易，渐渐变成由政府指导下的规范交易。

到了明朝万历年间，张家口的互市贸易已很有规模。为适应市场的发展，张家口段长城上打开的“小境门”，可供行人通过，可高大的骆驼驮上货物还是进不了门，这也是出于边境安全的考虑。

长城内清水河岸边河滩上建筑的来远堡，俗称“市圈”。来远堡设两座门，周长四里十三步，堡墙高三丈，占地约2700平方米。来远堡建成后，这座屯兵的城堡建成不久就改作茶马互市的市场。

在张家口的交易市场上，以牲畜、毛皮、蘑菇、蒙靴、茶叶等货物为主，对沟通内地与边塞贸易发挥着作用。隆庆和议后，朝廷边疆政策的转变，使张家口变成一个边贸集市。到了清朝，则把张家口推向了繁华的商业城市。

古代蒙古草原通往长城内的华北平原，很多的地方都可以走，有三条主要的道路：一是从乌兰巴托，经浑善达克沙漠边缘，过东西苏尼特旗、集宁，到达大同，经过晋北到太原。二是从乌兰巴托，经阿巴嘎旗，再过多伦诺尔（今多伦），通过独石口进北京。三是从乌兰巴托，经太仆寺旗、张北，然后进入张家口再向南，这就是张库大道。

上述三条主要道路，张库大道是最重要的一条。因为这条路与其他的路线比较，距离较近、道路状况也比较好。这条始于明朝而盛于清朝的商路，因现代交通的兴起而于“民国”时期衰败。

刘振瑛在《品评张库大道》一书中说：“张库大道全盛时期，最高年贸易额达1亿5000万两白银。按现市价折算（16两为1市斤，每市斤500克，每克1.3元人民币），大约有60多亿元人民币。”

河北山海关角山长城

–

摄影 / 周东

03

清军进入山海关与明朝的灭亡

清军进入山海关是中国历史上的一件大事，可以说是改写了历史进程。清军先前一直想打下山海关，费了九牛二虎之力也未实现。机遇来了，入关时基本没有费事。

努尔哈赤死后，皇太极即帝位，改国号为大清，并且多次派清军攻入长城，长驱直入河北、山东、山西等地，几次进逼京郊。终因山海关长城防线控扼其间，使清军内外声势不接，不得不骚扰掳掠之后，急急忙忙退出长城。

清军之所以敢大规模地侵入长城之内，根本原因是双方的力量已经严重失衡。明朝晚期，阉党明争暗斗，民不聊生。这时明朝的作战对象不仅是清军，还有李自成的农民军。内外夹击下的明军，疲惫不堪，战斗力衰弱至极。

崇祯十七年（1644年），农民军领袖李自成攻克北京后，很快就把注意力放到驻守山海关的吴三桂身上。吴三桂守着一座孤城，长城里是乘胜而来的农民军，长城外是虎视眈眈的清军。

李自成让被扣在京城的吴三桂父亲吴襄写信劝降吴三桂，并且对吴三桂封官赏银。吴三桂再三权衡利弊，决定率部归降农民军。按照李自成的要求，带少量的护卫入京谒见李自成。

吴三桂行至永平（今河北卢龙县）的时候，遇上了从京城跑出来报信的家人。得知身在北京的父亲吴襄已经被农民军给拘禁起来，并且还被拷打。接着又有报信的人告诉他，家里的财产被没收了。再接下来，第三拨送信的说，陈圆圆被李自成的大将给抢走了。

吴三桂忍无可忍，退回山海关打起为明崇祯皇帝报仇的大旗，发誓要与李自成决一死战。李自成获知吴三桂变卦的消息，亲自率领十万农民军征讨山海关。吴三桂知道自己手中只有山海关一座孤城，没有办法抵挡得住李自成的十万大军。为了自保，他想起了一直在山海关外准备进攻中原的清军。

吴三桂投书清摄政王多尔衮，表示愿意献出山海关。山海关地势险要，易守难攻，清兵一直都没有攻下。现在，吴三桂在李自成的重压下愿意主动投降，这样的大好机会怎能放弃？于是，多尔衮下令清军快速发兵山海关。

河北山海关老龙头

–

摄影 / 宋举浦

4月21日，多尔衮率领清军抵达山海关城外15里处。4月22日，李自成率领农民军和吴三桂的军队在山海关城西的石河展开了一场大决战。同时，吴三桂与清军在山海关城东的欢喜岭定下了决定战局走向的作战方略。待吴三桂打开山海关城门，多尔衮打下九门口后，清军长驱直入这座此前一直无法染指的关城。

李自成见战况已经不可挽回，便率兵西逃，农民军全线崩溃，几乎全军覆没。历史本来给了起义军和清军平等的机会，李自成、皇太极都有问鼎天下的可能，李自成的农民军应该说更有优势。

李自成没有把握好这个机会。除军事力量强弱、政治决策得失等原因外，决定成败的另一个重要因素，就是没能得到掌握地方实权的官绅阶层的支持。农民军在打下京师之后，仍然是采取“追赃助饷”的政策，从京城到地方州县，极力打击有钱和有权的官绅士大夫。

在京师，大顺军抓了明勋戚、大臣、文武官员，由刘宗敏、李牟等审讯。明确规定大学士要交赃银十万两，部院官员及锦衣卫官员要交七万两，科道官员要交三至五万两，翰林一万两，部属以下一千两。并且，还处决了五百位文武大臣。这样一来，将大量有实力、有影响的人完全推向了对立面。

清军兵不血刃地取得了山海关，进而击败了李自成。崇祯十七年（1644年）5月2日，多尔衮率领清军进入北京城。9月，清顺治帝从盛京迁都北京，建立中国历史上第二个少数民族统治全国的政权。

明清两朝是长城由盛转衰的分界，今天怎么认识明清换代的原因呢？一个封建王朝的兴衰存亡，都是内外多种因素共同作用的结果。明王朝的由兴到衰以致最后灭亡，被清朝取代，根源在于其本身。

晚明身居深宫的皇帝或庸碌无能，或不理朝政，或刚愎自用。严嵩、魏忠贤等大臣、宦官结党营私，陷害忠良。内忧外患，与日俱增。苛捐杂税，水旱连年，饥民遍地，揭竿而起。末代皇帝朱由检本想有所作为，可他性格多疑，众叛亲离，最后成了真正的孤家寡人。

晚明朝廷腐败没落，外则败于辽东的清军，内则困于李自成等起义力量。在此种情况下，无论怎样雄伟的长城，也不能挽救明王朝必然灭亡的结局。

04

走西口和闯关东的长途跋涉

“哥哥你走西口，小妹妹我实在难留。手拉着那哥哥的手，送哥送到大门口。哥哥你出村口，小妹妹我有句话儿留，走路走那大路口，人马多来解忧愁……”唱响黄土高坡的流行小曲《走西口》，不知传唱多少年了。这首歌谣表现的是女人为了生存，将要忍受长久的孤独，与亲人分别前的心情。今天听《走西口》，依然能够感受到那份悲壮与凄美。

歌曲里的“西口”一般都说是指的杀虎口，实际上应该是在山西、河北与内蒙古交界处明长城上的一系列关隘，杀虎口是这些关隘的代表，杀虎口东西两侧留存有很壮观的古长城。

杀虎口明代时叫“杀胡口”，意思是提醒人们时刻警惕被称为胡人的北方游牧族来袭。门洞关卡故意砌得很低，通过关门时必须单人牵马而过，减少了有人冲关的危险性。现在城门里还遗留有一小段凹凸不平的石板路，宽度可供一辆马车和几位行人并行。

清朝时，杀胡口改名为杀虎口。为了实行蒙禁，清初不允许汉蒙各族民众随便出入长城关口。到了清朝末年，蒙禁松弛，杀虎口才成为人们穿梭远行歇脚的地方、生意人的商贸口岸。

雁北地区的民夫、商人们，习惯以今天大同为标界，称西面的杀虎口为“西口”，东面的张家口为“东口”，又称长城以内为“口里”，以外为“口外”，把走出杀虎口等长城关隘的商人或移民的行动，称作“走西口”或“走口外”。

长城外的蒙古族到这个市场，以马匹、牛羊、皮张，换回长城里汉族农民的粮食、绸缎、布匹、陶瓷、铁器等物资，促进了蒙汉之间经济文化的交流。杀虎口对外开放的市场，成为中原与塞外不同民族的交易中心。

清代，作为中原与蒙古、新疆、俄罗斯贸易的必经之路，杀虎口又成为重要税卡，极盛时期关税日进“斗金斗银”。有很多山西商人，在杀虎口经商，创办商店、旅店、邮政、采购、加工、货栈等店铺作坊，林立于市，繁荣昌盛，蒙汉商贾云集，频繁往来于此。各种衙署、庙宇、学堂、牌楼等古建筑遍布堡内外，繁华时期住户达3600户，人口近5万。

走西口也是中国最著名的人口迁徙事件，自明朝中期开始，到民国初年，在四百多年的时间里，数不清的山西人、陕西人和河北人，离开了家乡，去外面的世界探寻出路。

中原农耕民族就是习惯于一亩三分地和耕作生活，离家开拓新生活，对他们来说，需要极大的勇气。正是这一批批移民的艰苦创业，让内蒙古地区的经济文化风貌发生了重大改变。游牧与农耕经济并举，形成了充满活力的多元社会文化形态。

走西口的浪潮极大促进了内蒙古中西部地区与中原内地的交流，增进了蒙汉民众间的感情。今天到包头等地，可以发现很多地名都有很强的“走西口”色彩。

闯关东和走西口一样，也是穿过长城关口的民众，到长城外的另一个新的天地去谋生。关，指的就是山海关等关隘，闯关东的关外指的是今天的辽宁、吉林、黑龙江三省。

从清初到民国，内地或是从陆路经过山海关等关口，或是从海路到达东北。数以千万计的民众，有的漂洋过海，有的跋山涉水。最终到达关外，为了新生活而奋斗着。

讲闯关东不能不说一说清朝柳条边的修筑。清朝入关以后，就把盛京、吉林当作清朝的龙兴之地，不允许汉人到此地开发居住，并以封禁政策加以保护，是为满禁。同时，为限制蒙古草原与中原的联系，利用明长城宣府、大同等镇实行蒙禁。

修建柳条边，就是为了贯彻这个封禁政策。柳条边最初修于皇太极时期，后来又在康熙时间进行扩展。柳条边是清盛京、宁古塔和内蒙古几个行政区的分界线。

清廷把柳条边内许多宜于农耕的满族人集居区，分配给八旗官兵，并以隔离、分区而治的政策确保其利益。这样做是为了维护满族聚居区，防止满人汉化，力图保持满族尚武之风。

山西右玉杀虎口

清朝修筑的柳条边，在方法细节上与修长城不一样。主要是用土堆成宽、高各约三尺的土堤，再上插柳枝条，柳条之间用绳子横向连接起来。土堤旁边还要挖出深约2.67米的壕沟。清朝有一些段落的柳条边，也有不植柳的情况，而是利用了明长城辽东边墙。

柳条边又分为老边和新边。老边也叫盛京边墙，其南端从凤凰城（今辽宁凤城）开始，向北到达辽宁开原附近的威远堡，之后折向西南，直至山海关。

新边是与老边相对而言，由于晚于盛京边墙，所以叫作新边。新边是从威远堡起，向东北到达舒兰法特哈。法特哈边门是清朝柳条边最北的一个边门，也是柳条边的终点边门，满语叫“巴颜额佛罗边门”。

总体上说，保护“龙兴之地”的封禁政策，不利于区域经济发展，一定程度上造成了该地区的空心化。特别是到了近代，随着东北地区外患加剧，清朝统治者不得不放弃原有的落后政策，敞开山海关大门，变成允许甚至鼓励移民开发，以山东人和河北人居多的移民大潮，就涌向了关外。

走西口和闯关东不仅要长途跋涉，还要面对很多的艰难困苦甚至是生命的危险。不是实在活不下去了，不愿意背井离乡的农民是不会走上这条路的。

第六章

在长城看见中国

长城会说话，会说自己的故事，
长城的故事是人类必须倾听的一个很大的故事。
长城既是过去的，也是今天的，还是未来的。
我们只有亲自去丈量它，才能真正感到它的伟大。

长城如同一条巨龙，起伏在崇山峻岭之巅。
历经千年的残垣断壁横卧于万山沟壑和千里荒原中，
野性十足的原始之美与雄奇广大的阳刚之美在此交织。
我自从准备徒步考察明长城开始，近四十年来，
一直不断地在文献中和在大地上，游历不同朝代的长城。
每一段长城历史都波澜壮阔；
每一处长城关隘都令人回味；
每一座镇城堡寨都美妙绝伦；
每一处长城墙体让我陶醉。

壹

蓟辽雄关 19处精彩点段

明朝九边重镇的蓟州镇和辽东镇长城，基本处于今天的辽宁省、河北省、天津市。这段长城由于军事地位非常重要，为了控制交通要路，长城关隘设置得很密集。

历史上，这里也是最有故事的长城地段。中原文化对东北大地各民族文化的相互影响，都是在这个地区经历长期而艰苦的过程而完成。特别是蓟州长城，是明代修建最好的长城，也是今天保存最好的长城点段。

不到长城非好汉，今天旅游参观人数最多的虎山长城、九门口、山海关、黄崖关、司马台、金山岭、慕田峪、八达岭等长城景区，都在这个区域，这是这个地区长城的光荣。北京以东，京津冀境内的长城是明代长城最好的段落之一。

01

虎山长城

我们20世纪80年代徒步考察山海关至嘉峪关长城之后，回到秦皇岛稍作休整又出发去考察辽宁丹东鸭绿江边至山海关的长城。这是我第一次到丹东，那天早晨到了鸭绿江边，天气十分晴朗。

此后，我多次到明长城的最东端虎山长城，大多数的时候都是这样的艳阳高照。2009年4月19日，国家文物局和国家测绘局在北京八达岭长城联合召开新闻发布会，公布了经过近两年科学调查和测量首次获得的明长城数据，认定明长城东起辽宁虎山，东经124°30′56.70″，北纬40°13′19.10″。虎山长城是明长城的最东端，位于辽宁省丹东市鸭绿江畔。鸭绿江，现在是中国和朝鲜的界河。

这条消息被广泛传播，好像是这次国家长城资源调查才发现辽东有长城，其实这是一个误解。人们听惯了“万里长城东起山海关”这句权威性的介绍，不太知道历史文献中有很多关于辽东长城的记载。

山海关以东的明长城，在明代被称为辽东镇，辽东长城除《明史·兵志》上就有明确的记载之外，《九边图说》《皇明九边考》等大量的历史文献中都有记载。只是到了清初，就不再提及这段用以防御他们的长城了，之后便渐渐被历史所淹没。

辽东地区历史悠久，而且对于关内中原王朝的战略意义极大。战国时期的燕国长城，就已经修到了辽东。秦汉时期，中原王朝更是极力向东西两侧延伸势力，非常努力地对河西和辽东进行开拓。秦始皇万里长城、汉代万里长城和明长城一样，都向东伸展，跨越了整个辽东半岛。不过这些长城不在燕山南麓的京津冀地区，而是从燕山北麓到辽东地区。

辽宁省境内的明长城，是明朝为了防备东北蒙古兀良哈部和后来兴起的女真各部而修筑的。长城从山海关外长城向北的延长线、辽宁省绥中县境内的锥子山，历经葫芦岛、锦州、阜新、盘锦、鞍山、辽阳、沈阳、铁岭、抚顺、本溪、丹东等地，一直抵达鸭绿江畔。

明朝辽东长城不是一下子就修成的，而是逐步修建，最初修筑的仅是靠近山海关的长城。明成化五年（1469年），为了对付蒙古族进攻，明廷命令辽东总兵韩斌，动员大量的人力物力，连接起辽河流域的边墙，并且继续向东修建辽东边墙，一直修到鸭绿江边。

韩斌就在抚顺到鸭绿江一线，修建城堡，同时还砍伐林木，增设了长城墩台，修筑断缺的城墙，充实军力。这才形成烽堠相望，远近互援，彼此呼应的辽东长城防御体系。

到了成化六年（1470年），东州、叆阳等地的长城，还在不断修筑。在成化八年（1472年）八月，还发生了女真人袭击修筑边墙的军士，杀死160余人的事件，直接惊动了皇帝。后来在成化十五年（1479年）、弘治十五年（1502年）、嘉靖二十五年（1546年），又补修了山海关到开原、叆阳，开原到鸭绿江一带的长城。

经过多次修建，辽东长城渐渐完备。明长城从鸭绿江畔开始，盘旋上虎山以后向北转而向西，自此一万多里的长城就穿山越岭，横跨沙漠，纵跃戈壁，一直抵达甘肃嘉峪关。

从丹东市区出发，沿着鸭绿江岸，往上游再走大约20千米，在江南岸就能看到，有一座很峭拔的山峰挺立在江边，这座山就是虎山。虎山原来叫作马耳山，因为两个并排高耸的山峰很像两只竖起来的马耳，所以又叫马耳山。后来有人认为这座山更像虎耳，叫虎耳山更符合山的气势，便改称其为虎耳山，再后来就习惯地称为虎山。

明巡抚都御史王之浩登虎山长城时，曾写下《登马耳山望朝鲜》一诗：

高头极目海云东，指点扶桑可挂弓。衰柳迷烟知驿古，寒鸦带日觉天空。

江流不尽关山迴，帝德无私雨露同。却笑楼船成底事，水边枯骨战图功。

虎山临江的一面很陡峭，山的背面从半山腰开始，与另一座矮一点的山峰相连，长城就依靠着虎山峭壁，以此为起点，一直顺着山势向内地延伸。

虎山长城如今已经成了著名长城旅游景区，历史把虎山长城留在这里，见证着辽东大地上的风云变幻和鸭绿江流逝的岁月。

辽宁丹东虎山鸭绿江畔长城

02 宽甸六堡

辽东东部长城的修建是为了防备女真诸部，由于旧时所筑的屯兵边堡均在长城内，土地贫瘠，屯军无可耕之地，防守作用受到很大的限制。万历元年（1573年），辽东总兵李成梁根据朝廷的批准，先后在辽东东部长城外侧宽甸等地建了宽甸堡、大甸堡、永甸堡、新甸堡、孤山堡、长甸堡等堡，称为“宽甸六堡”。

这些城堡的修建，使宽甸一带长城上出现了安定的局面。如今大部分城墙都已经被拆毁，宽甸六堡的城墙还有墙基被保留下来的地方，已经算是难得了。

1. 宽甸堡

位于新甸堡东南15千米，今宽甸县宽甸镇内。该堡建于万历三年，城址近方形，南墙900米，北墙1100米，东西墙各1000米，设东、西、南三门，均有瓮城。三门各有名称，东门叫“保厘”，西门叫“服远”，南门叫“安阜”。东门匾额尚存，长1.23米、宽0.48米、厚0.12米，横镌“保厘”两个大字，下款“万历四十二年十月吉日立”。宽甸堡城墙基宽6.2米，顶宽4.2米，垛口和宇墙已经全无。

按《熊襄愍公集 · 修边举劾疏》记载：曾在“开原南、抚顺、清河、叆阳，宽甸”建四市场。此城被称之为宽甸关。现仅存南城墙瓮城的城门遗迹。墙体用火成岩大块石砌筑，上部砌筑青砖，中间白灰勾缝。

宽甸堡为六堡之首，六座城堡建筑亦属此堡规模最大。万历四年（1576年），六堡相继建成，宽甸参将傅廷勋加升副总兵衔驻宽甸堡，辖六堡十二城。宽甸堡是明朝辽东东部的军事中心。

2. 大甸堡

位于宽甸堡南30余千米，今宽甸县永甸镇坦甸村南。该堡建于万历三年（1575年）三月，翌年十月二十日竣工。城墙长方形，东西320米，南北193米，南有一门。城墙原来用砖石包砌，内夯黄土，现在砖已全部被拆除，仅存部分两米多高的土墙，城四角有角台，东南角角台尚存明显遗迹。城内现存一块“创筑大奠堡记碑”。

圆形的碑首与碑身相连，碑头高0.34米，碑身高1.6米。碑首有篆书“创筑大奠堡记”6字。碑文为24行楷书，记载宽甸堡修建经过和屯田等内容。从碑文知道大甸堡原名叫“散等”，碑文曰：“旧大佃子堡境外一百二十里，地名散等。”

3. 永甸堡

位于大甸堡南30千米，今宽甸县永甸镇永甸村。该堡建于万历三年（1575年），城址略呈方形，西墙各长380米，南、北墙各长400米，高4.1米。南设一门，城墙原为砖石包砌，现仅存东、西城墙夯土墙残迹。

永甸堡属于李成梁议建的六堡之一。按《创筑大奠堡记》记载：“东南到永甸、长甸二堡，俱六十里。”此地的方向、位置及里程与实地勘察基本一致。据《宽甸县志》记载：“永甸城有石碑载万历四十八年都督李士龙督工。”这条记载，应该是重修永甸堡的时间。

4. 新甸堡

位于叆阳堡东南25千米，今宽甸县青椅山乡甸城村东南。堡建于万历三年（1575年），城为方形，每边长287米，城墙原用砖石包砌，外墙用石包砌部分几乎达到墙顶。

城的四角及中部皆有城台，南城墙设有1座门，外原有瓮城。城墙用火成岩块石砌筑，上部砌青砖，用白灰勾缝。城四角有角楼，东、西、北城墙中部有箭楼，城墙上部垛口墙砌筑的青砖，多被拆毁。石砌墙体保存尚好，存高6.9米，墙顶上还要修垛口墙和宇墙，原来的城高应该在9米左右。

城内曾发现明碑，上书“守宽奠堡指挥李成良”等字。该城形制、规格与孤山堡相近，可见万历年间展筑六堡时，按照一定规制进行。堡的西山有一山城，是西北接叆阳，东南接新甸堡的中间“营寨”。城部有一“东西接应”的路台。

城建于此处，其北部就是利用城子山作山墙。该城东西各建石墙，城呈方形。城四边城墙各长200米，基宽4.2米，高1.7米。在南城墙中间设一门，宽2米。门的东侧有一敌台。

5. 孤山堡

位于本溪满族自治县蓝河峪乡新城村，万历二年（1574年）五月始建，次年八月建成。近方形城址现在尚存，东西城墙300米，南北城墙320米。南城墙设有1座门，城四角城台与城墙相连。东北角城台保存较好，高约4米，每边长约9米，城墙高3米。城墙外侧包砖石，内侧黄土夯筑。

孤山新堡仍在长城线内，在旧孤山堡东北30千米。清河守备王维屏还因为“畏虏惮劳，伪呈不便，在旧堡东北十里建今堡”而受到处罚。

南门外有半圆形瓮城，直径约30米。城内南北方向的主街道，并有东、西方向的路，形成十字大街。城南有太子河的一条支流环护，东、西、北三面则是高山。

城中保存一座石质板岩材料的石碑，通高2.18米，宽0.83米，厚0.15米。花岗岩碑座，高0.48米，宽0.8米。碑首与碑身连在一起，碑首篆书“创筑孤山新堡记”。碑文阴刻楷书21行字，记述了建堡经过。文字大部分为风化形成的石花所盖，仅能识别“委官……”等少数文字。

堡城北的小学校校址，是万历三十四年（1606年）建立的明安寺旧址。庙址清晰，保存了该寺一座花岗岩石质残碑。碑文与堡城有关的文字有“总镇标下右事官署孤山堡事定辽前卫口事署所镇抚张懋”等，另有建寺碑捐资人姓名。

6. 长甸堡

位于永甸堡南30千米，在宽甸县长甸镇长甸村。堡建于万历三年（1575年），城址在今凤城铁路长甸车站东侧。长方形，东西350米，南北500米，有南门一座。城墙用砖石包砌，内由黄土夯筑，城四角有角台残存。据宽甸档案馆资料记载，长甸堡：“门有石额，上刻‘长甸堡’三个大字，下刻‘明万历三年十月朔日’等字样。”

长甸堡即明万历初的长佃堡，建堡年代是万历三年（1575年）。《明史·张学颜》记载：“万历初，李成梁议移孤山堡于张其哈喇甸，移险山五堡于宽甸、长甸、双墩、长岭、石散等。”《明史》记载与上述情况完全符合。

“六堡”是六座独立的城堡，其间并无长城墙体相连。但六堡之间有礅台相连，现已发现宽甸境内有53座墩台，多为万历年间所展筑的五堡间烽墩。

明长城辽东镇还有遗址遗存的地方已经不多了，2013年5月多家新闻媒体报道，辽宁省丹东市文物部门在宽甸满族自治县双山子镇东风村，发现明朝军事设施遗址“拐磨子沟关隘城堡遗址”。

这座关隘城堡遗址，城址东西长度300余米，南北宽近200米，遗址周围明朝砖瓦残片、瓷器标本较多。保存较好的是一段东墙，这段城墙北与山崖相接，南至村民李明成家住宅，长100余米。城墙高2~5米不等，底宽约7米，顶宽约3米。

“拐磨子沟关隘城堡遗迹”的发现，证明明朝万历初年修筑宽甸六堡之后，在六堡之外的交通要道还修筑了关隘城堡，加强六堡地区的军事防御。对于研究宽甸六堡之外的军事布防，研究宽甸地区明长城的走向，都具较高参考价值。

03

鸦鹘关

这是一座已经无影无踪却又不得不写的长城关隘。鸦鹘关，位于辽宁省新宾县西南的苇子峪乡，明长城辽东镇上的一个重要关隘。关东西群山险峻，唯此险要的隘口可通南北。

鸦鹘是一种性情凶猛的鸟名，古代打猎常用这种鹰一样的鸟以助猎。《全元散曲·题章宗出猎》曰："白海青，皂笼鹰，鸦鹘兔鹘相间行。"从这个地名，就可以感受得到这座关口的险要。

明朝时，鸦鹘关是辽东镇通往建州卫的主要通道，亦为朝鲜使臣入贡的通道。关于明朝时朝鲜入贡为什么始终走鸦鹘关，后来明末出任蓟辽总督的熊廷弼说，主要是防止其使臣窥视明廷长城沿线的虚实。

鸦鹘关，为明成化四年（1468年）辽阳副总兵韩斌所建，关门从西向东设障三道，故又称为"三道关"。长城沿线叫三道关、三关口的地方，有好几处。我的家乡秦皇岛的山海关以北，就有一座"三道关"，说明这种长城防御纵深的设防形式很常见。

鸦鹘关关城是头道关，城墙修至两侧山脊，1985年我们徒步考察长城时，还存有遗址墙高3米，基宽约7米，为方料石包砌，内填夯土而筑。二道关设在两崖对峙的山谷之中，砌石为障。第三道关设在拔地突起的巨石旁侧，石柱高约30余米。

明嘉靖二十五年（1546年），明王朝为加强鸦鹘关的防务，又在关西修筑散羊峪堡。万历三十四年（1606年）辽东镇总兵李成梁以“地孤难守”为由，放弃了原有的辽东镇双孤山等6座城堡。新建的城堡更靠近关内，这样一来，鸦鹘关外之地就完全为女真部所据有了。

到万历末年，辽东武备逐渐废弛，而建州女真部却日益强盛起来。特别是自努尔哈赤反明起，鸦鹘关因其军事地位的重要，成为后金军队的首选进攻方向。明廷同后金在此地发生了十分频繁的争夺战，关口屡遭破坏，又屡次重建。

万历四十六年（1618年）七月二十四日，努尔哈赤率部又一次攻下鸦鹘关，然后进攻清河，鸦鹘关由此为女真所据。明朝见抚顺关、鸦鹘关一线长城先后失守，抚顺、清河诸城不是为女真所据，便为其摧毁，便调集了10余万人马，于万历四十七年（1619年）分兵四路向后金政权的赫图阿拉城发起进攻。其中辽东总兵李如柏统兵3万，由鸦鹘关出长城。

在重兵压境的时刻，努尔哈赤采取各个击破的作战方针，集中八旗主力，首先歼灭了由抚顺关出长城的杜松部。出鸦鹘关的李如柏部，得知三路军马大败的消息后，迅速由鸦鹘关原路退回到长城之内。

万历末年，放弃鸦鹘关之后，总兵李成梁又在旧关西南25千米的地方重建新关，仍名鸦鹘关。与此同时，在新鸦鹘关附近重修一条长城，以作为清河堡边防的屏障。熊廷弼《辽左情势危急乞务求战守长策疏》中载：“旧边原有鸦鹘关，离堡（指清河堡）七十里……今新鸦鹘关距堡止二十里。”通过有关新边的记载可知，新鸦鹘关址当在本溪县金斗峪附近。

鸦鹘关紧邻一座名为赫图阿拉城的古城，这座位于辽宁省新宾满族自治县永陵镇的古城是努尔哈赤起兵的地方。“赫图阿拉”是满语，为“平顶小山岗”之意。后金也就是后来清朝以此为“龙兴之地”，西距努尔哈赤的永陵5千米。

城始建于明万历三十一年（1603年），明万历四十四年（1616年）正月初一，努尔哈赤于此城起兵，建国号大金，建元天命，史称“后金”。清朝在关外有三京，分别为：兴京——赫图阿拉故城，东京——辽阳城，盛京——沈阳城。

赫图阿拉城为关外有三京之首，被御封为“启运之地”。康熙、乾隆、嘉庆、道光四位皇帝11次东巡祭祖，其中8次驾临兴京（新宾）拜谒永陵，7次到达赫图阿拉城。

04

抚顺关

抚顺关位于辽宁省抚顺市东10千米的前甸乡关岭村，关隘设在浑河河谷要冲之北高地。明朝时明长城辽东镇上的主要关隘，亦是女真建州等卫通往辽沈平原的重要通道。

明灭元后，对女真等当时还不够强大的少数民族，采取怀柔政策。抚顺的名称就是这个政策的反映，即“抚绥边疆，顺导夷民”之意。

抚顺关于明天顺八年（1464年）建，抚顺关是抚顺城的前沿，抚顺城坐落于浑河河谷冲积平原，建于明洪武十七年（1384年）。明初，平定辽东后，从山东等地迁来大量的移民发展军屯，并筑了辽东18城，抚顺城为其中之一。

明英宗正统十四年（1449年）土木之变，英宗被俘，明廷举朝混乱，无暇东顾，这时同明廷关系一直较好的女真部族也乘机攻打长城要隘，以图西行掠掳财产、牲畜。在这种情况下，抚顺关便首当其冲为女真部进攻的对象。

在这样动荡的时刻，长城守军和民众为了生存开始交锋。女真首领李满柱率一万多人，兵围抚顺城。守将鲁全在敌方兵力远大于己，而京都正在告急，无兵力增援的情况下率部死守。他让妻子率女眷，也拿起弓箭到城墙上去守城，将士们无不以一当十，全力以赴拼命死守。女真军队攻不下抚顺城，最后只好退回到长城外，辽沈平原在这最动乱的时候得以保护。

抚顺关是抚顺城的前沿阵地，又是明王朝向建州女真开放马市贸易的主要关隘。《明英宗实录》载："天顺八年四月己未，敕辽东镇守总兵等官，遇有建州等卫女真到边，须令从抚顺关入，仍于抚顺城往来贸易。"

明朝通过抚顺马市，向女真地区输入了大量的铁制农具和耕牛，以及农耕先进的生产技术。当然，抚顺关马市从最初设立，就是为王朝的政治需要服务。所以"开市""闭市"便自然成为明王朝控制、挟持建州女真的一种手段，有时为限制女真族的发展，干脆长期闭市，致使女真族的社会经济受到影响。

万历四十四年（1616年），努尔哈赤在赫图阿拉（今辽宁新宾县西老城）正式对明宣战后，对明作战的头一仗就是进攻抚顺关。据史书记载：在进攻抚顺关的头一天，努尔哈赤遣人前去送信，说有三千女真人于次日来此进行贸易，诱哄城内商人及军民出关，随后派重兵一举攻下了抚顺关。

抚顺城守将李永芳，听到女真已攻进抚顺关，包围了抚顺城后，连忙召集文武百官商议对策。最后，这些文武官员决定向努尔哈赤投降。后金不费吹灰之力，就旗开得胜拿下了这座辽东重镇。

努尔哈赤在抚顺休兵三日而去，掠走大量的人和牲畜，临走时还纵火将抚顺城焚毁，直到清康熙年间抚顺还是一片废墟，仅居住着十几户人家。清乾隆四十三年（1778年），清朝为纪念努尔哈赤的立国伟业，才重修了抚顺城。

抚顺关早已毁平，没有留下任何建筑。当地称抚顺关遗址为南城地，1985年我们徒步考察长城时到这里，在其遗址仍可以看到一些明朝的砖、瓦等建筑材料的残块。

抚顺地理环境很独特，其地处辽宁东部山区，属长白山系龙岗山脉。山脉呈东北、西南走向。抚顺平均海拔400~500米，境内最高峰是钢山，海拔高度为1346.7米。抚顺有7座海拔1000米以上的高山，48座海拔500米以上的大山。

抚顺的地貌环境是"八山一水一分田"，多山是抚顺的主要地貌特征。境内河流众多，主要河流有浑河、太子河、清河、柴河等。市区位于抚顺西部浑河冲积平原上，浑河由东向西流，将市区分割成南北两部分。河从城中穿流而过，是抚顺非常美丽的地理景观。

05
宁远城

位于辽宁西部的兴城，原来叫作宁远。明朝时为辽东都指挥使司宁远卫城。清代撤卫建州，为宁远州城。1913年，宁远州改为宁远县。1914年1月，改名为兴城县。历史上这里曾经发生过一次重大的事件，就是袁崇焕指挥的“宁远大捷”。

这是一个很悲壮的故事，袁崇焕也是一个很悲壮的人物。袁崇焕（1584—1630年），万历四十七年（1619年）进士。本来是一个文人，生逢战乱之时，摔打成了一个有名的军事家。他的成名之举，是明朝天启六年（1626年）正月，指挥军民击败汗努尔哈赤的进攻宁远城，史称“宁远大捷”。

天启二年（1622年），袁崇焕被荐举为兵部职方主事，开始了与军事的结缘。后金军攻占辽西重镇广宁（今辽宁北镇）之后，他曾单骑出山海关了解形势。

后金军接连攻克明朝的辽西重镇广宁城（今辽宁北镇）等40余座城堡，并企图攻占山海关。面对努尔哈赤的凶猛攻势，明朝不知所措。辽东经略王在晋主张放弃辽西大片领土，退守山海关，在山海关外筑重城防御。

袁崇焕提出“若保关内，必守关外；若守关外，必守宁远”的积极方略。袁崇焕的主张得到兵部尚书孙承宗的赏识。孙承宗认为，宁远城就是山海关的天然重关。时隔不久，朝廷以孙承宗取代王在晋任辽东经略。

天启三年（1623年）九月，孙承宗命令袁崇焕驻守宁远城。袁崇焕抓紧修筑城池，城“高三丈三尺，雉高六尺，址广三丈，上二丈四尺”，城的四角建有三面突出的城墙，还建成“形如长爪，以自相救”的方形敌台。与此同时，招募壮士，扩充兵员，安置流兵，屯田自救，使宁远成为扼守通向关内的军事要塞。

天启五年（1625年）夏，辽东经略使孙承宗主持宁锦防务，收复和修建锦州、松山、杏山、大小凌、右屯等城堡，遣将分别据守，拓地200里，防线东移，使宁远有所屏障。袁崇焕遵孙承宗之命，修城筑堡，派兵把守宁远及前沿阵地。

这一时期，后金军队不敢轻易越过辽河进犯明军，基本稳定住了辽东风雨飘摇的形势。同年十月，孙承宗遭阉党诬陷被免职，由兵部尚书高第取代孙承宗为辽东经略。高第上任之后，下令拆除关外城防，尽撤守军。袁崇焕申明利害，拒不从命，坚守宁远。

天启六年（1626年）正月，努尔哈赤乘辽东明军易帅和撤军之机，准备先取宁远，再进军山海关。14日，努尔哈赤亲帅13万大军南下。17日，渡过辽河，“于旷野布兵，南至海岸，北越广宁大路，前后如流，首尾不见，旌旗剑戟如林”。后金纵兵尽取明军所弃右屯、大凌河等城镇，而辽东经略高第和总兵杨麒拥兵不救，使宁远处于孤军无援的境地。

袁崇焕面对来势汹汹的努尔哈赤，临危不惧地召集将士刺血为书，誓与宁远共存亡。首先采取坚壁清野的办法，动员城外百姓迁入城里，烧毁城外的房屋、柴草，这样一来，进攻的后金军队就暴露在荒郊野外了。

袁崇焕命令满桂、左辅、祖大寿、朱梅四员大将，分守四座城门，城上支起11 门红夷大炮。城内组织联防，缉查奸细，并通告全军：勇敢杀敌者奖，临阵逃脱者杀。

23日，金军包围宁远，靠近城邑安营布阵，切断宁远通往山海关的联系。努尔哈赤认为宁远城孤援绝，自己有恃无恐，遣使劝降，遭到袁崇焕严词拒绝。24日，努尔哈赤开始攻城，守城军民凭借坚固的城墙和火力强大的铁炮，打退金兵的多次进攻。

城上守军，众炮齐发，金兵不敢骤进。努尔哈赤见西南攻打不下，便移兵猛攻南门。金兵以车板作掩护，向城下推进，凿挖城墙，由于城上炮火难及城脚，有三四处城墙被掘开。在此危急时刻，袁崇焕身先士卒，不幸中矢负伤。众将劝他退下，他坚持带伤作战，全军为之感动。

战至深夜，努尔哈赤见一时难以取胜，下令收兵后撤。袁崇焕趁机选派勇士，顺城而下潜入敌营，放火烧毁了敌军的战车。接下来，又连续打了两天，后金的攻城遭到守军的猛烈反击。战斗中，在深沟高垒面前一筹莫展的努尔哈赤身受重伤后被迫撤围退军。

这次战役之后，受伤的努尔哈赤对诸将说："朕自二十五岁征伐以来，战无不胜，攻无不克，何独宁远一城不能下也？"由此气郁于心，不久病逝。

宁远大捷，给予金兵以重创，杀伤1.7万人，保卫了山海关长城一线的安全，挫败了努尔哈赤夺取辽西和山海关要隘的企图。这是明与后金交战以来，取得的最大胜利。袁崇焕因功升右佥都御史，很快又升辽东巡抚，又加兵部右侍郎。

宁远大捷是袁崇焕建功立业的开始，也是他走向悲剧人生的开始。仅过了3年半，崇祯三年（1630年）八月，袁崇焕被凌迟处死，这件事就不多讲了。

中国古代专制背景下王朝统治，始终不乏被冤枉者。袁崇焕被一刀刀割肉的时候万念俱灰，不仅对大明王朝，或许对世间一切美好，都丧失了信心。

宁远城呈正方形，城设有东、南、西、北四座门，分别为：春和门、延辉门、永宁门、威远门。各城门外，都有半圆形瓮城环护。城门上各有两层楼阁、围廊式箭楼。城四角筑有突出于城墙的城台，并建有角楼。

城墙以青色条石为基础，大块青砖垒砌，内心有的地方为块石充填，有的部位黄土夯筑。城墙高8.8米，周长3200米。城内有东、西、南、北四条大街，古城的中心有一座钟鼓楼，与四座城门箭楼遥相对应。宁远古城为全国重点文物保护单位，保存有明朝祖氏石坊和文庙等古迹。

06 九门口

九门口，位于秦皇岛抚宁区。在一片石河床上，券筑了9座泄水的城门，巍然高起的水上城桥。9座水门每个门洞宽5米，从河床水面至券旋石高7米，再加上垛口高达10米。这座水门早已经毁没了，1984年9月辽宁省百万群众开展“爱我中华，修我长城”赞助活动，集资修复九门口水门和4座敌楼，840米的墙体。九门口水门重见天日，并开辟了旅游景区。现在九门口景区归辽宁绥中县管辖。

九门口关和九门口城，南距古城山海关15千米。九门口是山海关防御体系的组成，与山海关是唇齿相依的关系，发生在山海关的历史事件，很多都与九门口有连带关系。

九门口一带的长城，最初是北齐时代修建，现在附近山上还有北齐长城遗址。明初设关，后来又进行了多次的增修。通过考古发掘，在九门口出土了许多铁炮、石炮、青花瓷碗等文物，这些器物就是明朝军事防御情况和军士驻守长城生活的反映。

长城自东向西，像巨龙翻越雄峻的高山，跨过湍急的河流，都是遇山连绵不断，遇水巧妙设防。九门口是长城跨越河流设防很有代表性的一个地方。

九门口关也叫一片石关，这个名称源于九门口长城的又一个建筑特点。河床上铺砌着花岗岩的过水条石，河水就从上面漫过。这里的建筑真是独具匠心，设计者取法自然，因地制宜。

河北与辽宁交界的九门口长城

工匠结合当地的地理条件，为了巩固地基，硬化常年遭水冲击的河床，在百多米宽的九江河床，铺上了7000平方米的过水条石。所铺的条石一律都是纵行铺砌，边缘与桥墩周围的过水条石上，四面凿有燕尾槽，然后用铁水浇注成燕尾形铁楔相连接。这样一来，就把铺在河床上的条石连结为一体了。

山海关北部的崇山峻岭中有一条九江河，在大山深处流出，从河北流向辽宁，此处的长城是辽宁与河北两省的分界线。九江河上矗立着一座九孔城桥，山上有一段比较完好的长城，盘旋在陡峭的山岭上，这就是九门口长城。

两个泄水门洞中间的桥身，是由窄到宽的分水型体建筑。桥城两端各筑有一座围城，远看恰好像两座桥头堡。有资料显示，初建的九门口关，并没有同时建造这两座小城。两座城是在天启六年（1626年）所筑，这正是明朝防御后金进攻的关键时期。

九门口关城由万里长城墙体、内城、九江河上的九孔护城汇水城门组合构成。关城的内城周长1千米，墙高约8米。城墙高大坚固，墙身是砖石结构，顶宽5米，底宽6米，墙高8米，外侧有垛口，里边有女墙，看上去特别壮观。

崇祯十七年（1644年），李自成和吴三桂大战，引多尔衮率领的清兵入关，清兵就是首先攻占九门口，对李自成军队形成了内外夹击之势，终使农民军败北。1924年第二次直奉战争，奉军也是由九门口经石门寨，对直军形成包围。

每当黄昏时刻，一片斜阳西下，九门口外阵阵凛冽的山风，依然会使人感受到战争的氛围。今天，这里已经闻不到任何血雨腥风的味道。可站在长城上，却不难想象，曾经发生过的金戈铁马、血染山河的激烈场面。

长城关隘有很多的水门，不过今天保留下来的已经很少了。长城许多关口都设有水门，因为能走水的地方就能走人，所以必须设防，只是规模没有九门口大。较小的水门用于城池的排水，较大的水门用于河流的防御。

秦汉以来，关城往往“因河为塞”，在河口建关更是明清时期修筑长城的主要特点，因此横跨峡谷河津以控扼要冲的水关关城，通过在城墙设置水门，并设水栅作为防护，成为水关关城派兵驻防的守御点之一。

为加强防卫，关城附近的河流谷地，通常用竹木铁条或绳索作为水栅拦堵设防，或在通航的水道设置开合式结构的门户，派兵丁把守，用以控制检查过往船只。

07 山海关与老龙头

山海关位于河北秦皇岛市，这里是明朝长城几个最重要的关隘之一。关城建在通往京城的大道上，为华北通往东北的要冲。古人为此称赞它“两京锁钥无双地，万里长城第一关”。

山海关古代发生的最大一场战争是明末清初，李自成农民军和吴三桂的山海关大战。这场战争以清摄政王多尔衮军与吴三桂军合兵一处，击败李自成农民军而告终。山海关守将和士兵最初一定是愕然的，不知道以前的敌人怎么就成了友军。此战的胜利，开启清朝入主中原，征服南明政府与大顺、大西等政权，建立全国统治之始。山海关因地理位置的重要，长城设防十分严密。以山海关关城为中心，所建筑的城墙、城台、城堡、敌楼、烽燧等组成了一个完整的防御体系。

山海关的确很壮观，形容山海关有句话，叫作倚山襟海。山就是燕山，海就是渤海，关城居于山海之间。山海关老龙头有一幢石碑，上书四个大字“天开海岳”，描写的就是山海关的气势。

山海关古时称榆关，也叫渝关，又名临闾关，向北是辽西走廊西段，这里地势极其险要，为古碣石所在地，所以史家又称其为“碣石道”。

河北山海关角山长城

–

摄影 / 周东

明朝洪武十四年（1381年），中山王徐达在此建关。由于关城位于燕山、渤海两者之间，所以就叫山海关。山海之间只有宽不到8千米的狭长通道，中间坐落着山海关城，一夫当关，万夫莫开。

山海关城的东门，就是山海关的标志性建筑——“天下第一关”城楼。耸立在长城之上的“天下第一关”城楼，古代可以雄视四野。

悬挂城楼门上的“天下第一关”匾额，长5米多，每个字高1.6米，为明朝著名书法家萧显所书。五个楷书大字，笔力苍劲浑厚，与威严的城楼风格浑然一体，堪称古今巨作。

山海关的城池规模，周长约4千米。城的东墙与长城主体城墙相连。在山海关“天下第一关”城楼上，向北望去能看到角山长城的雄姿，南边蔚蓝色的大海也朦胧可见。“天下第一关”城楼南北，建有靖边楼、牧营楼和临闾楼。城门外还建有瓮城、东罗城，罗城外还有瓮城等建筑。

古城四面开有城门，东、西、南、北四门分别称镇东门、迎恩门、望洋门和威远门，今天四门俱存。四座城门之上，原先都筑有高大的城楼，因年代久远，或毁于战火，或毁于天灾，到最后仅存“镇东门”城楼。山海关城墙经过维修，已经得到了完全的恢复，同时还复建了关城的南门和西门上的城楼。

角山在山海关城的北面，山峰高耸，峭壁险峻。这里有“榆关八景”中的“山寺雨晴，瑞莲捧日”及奇妙的“栖贤佛光”等景观。角山长城从山脚的旱门关到大平顶，有1536米长，现在已经成为登山爱好者锻炼身体的一个好去处。

角山长城的墙体高度一般为7~10米，宽度平均在4~5米。在山势陡峭之处，干脆就利用山崖自然代替墙体。这些墙段从外侧看上去十分险峻，易守难攻。

山海关城东望夫石村北凤凰山顶上建有孟姜女庙，又称贞女祠，规模不大，由山底顺一百零八磴台阶拾级而上，可进庙内。殿后有“望夫石”，登临“望夫石”向南眺望，可见两块突出海面的礁石，高者似碑，低者似坟，相传为“姜女坟”。

非常独特的一件事，在姜女坟附近发现了秦始皇的碣石行宫遗址群。两千多年前，一个修建万里长城的皇帝，一个民间传说哭倒长城的女子，以如此的方式在这里面对后人。

碣石行宫遗址群，西距山海关15千米。包括六处大型宫殿遗址，分布在石碑地、黑山头、瓦子地、金丝屯、红石砬子和周家南山等处。

据县志载，孟姜女庙创建于宋代以前，明万历、崇祯年间都重修过。1924年直奉大战，奉系前敌总指挥张学良的司令部就设在孟姜女庙。张学良许愿，如果胜利了就重修庙宇。战斗结束后，张学良出资整修了庙宇。

山海关孟姜女庙

孟姜女庙是两排各三间房子的小庙，和农村宽敞的宅舍差不多大。前排的三间房称为前殿，塑孟姜女泥塑像，后殿供奉着观音菩萨。前殿的前廊柱上有一副谜一般神奇的对联，上联是："海水朝朝朝朝朝朝朝落"，下联是："浮云长长长长长长长消"。

游人至此面对奇联，多迷惑不解，其实作者充分利用汉字一字多音、多义的特点，在"朝"和"长"两个字上作了文章。"朝"是每天的意思，但又是"潮"的通假字；"长"是生长的意思，但又是"常"的通假字。这样此联便读作，上联：海水潮，朝朝潮，朝潮朝落；下联：浮云长，常常长，常长常消。其实，此联的意趣和技巧都不是独创的。

清道光年间，有人编刊了一部《楹联丛话》，对全国各地的楹联作了集录，其中就有浙江温州江心寺外门上的一副对联：云朝朝朝朝朝朝朝散，潮长长长长长长长消。这副对联一串8个"朝""长"，比姜女庙还多。与之异曲同工的楹联还有，福建福州城外乌龙江山有座罗星塔，塔上有联："朝朝朝朝朝朝夕"，"长长长长长长消"。

孟姜女庙的奇联与庙宇所处的环境景观相辅相成。庙南即为大海，观沧海，天天都有海潮涨落；庙高居山顶，望云天，日日都有浮云长消。对联巧妙地用景喻情，道出了人世间纯真而坚贞的爱情与天地日月共存的感叹。

庙内的孟姜女泥塑彩像，姜女微黄而平的脸，满是愁容哀怨之态，姜女的两侧立有男女二童。一个持包，一个扛伞。塑像的两旁有一副对联：“秦皇安在哉万里长城筑怨，姜女未亡也千秋片石铭贞”。此联相传为文天祥所题，但文天祥是南宋丞相，那时这里早已为辽金所占，文天祥恐怕是很难到此题联的。

孟姜女的故事同白蛇传、梁山伯与祝英台、牛郎织女一起被统称为中国民间四大传说。孟姜女的故事流传很广，在不同的地区，各有其特色，但总体情节还是大同小异的。在山海关一带，关于孟姜女的故事是这样口碑相传的：

孟姜女是陕西同官人，为葫芦所生。其根生姜家，果长在孟家，所以为孟、姜两家所养。孟姜女长大成人，才貌双全。偶遇英俊后生范喜良，招其入赘为夫。拜堂成婚那天，范喜良被官府抓走，押送着去修筑长城。

孟姜女日夜思念丈夫，眼见天寒地冻，她赶制寒衣，千里迢迢到边关寻夫，但到了长城脚下，方知丈夫已死，尸体被筑在城墙里。孟姜女悲痛欲绝，扶墙痛哭，直哭得天昏地暗，城墙倒塌。

传说故事终是故事，但其中有一点还是有真实历史的影子。这就涉及“为什么新婚之夜要抓范喜良去修长城？”秦时不允许倒插门，因为当时的徭役和赋税制度是按“户”执行。男方入赘女家为婿，成为逃避徭役和赋税的手段，所以就犯法了。“倒插门”的范喜良难逃厄运，新婚之夜就被处以“城旦”的刑罚去修长城。

姜女庙，又叫贞女祠。孟姜女的故事本来是表达反抗的，所以才能在广大人民群众中流传开来，但是统治者把孟姜女树立为维护封建道德的贞节烈女之后，就是为统治阶层服务了。

从山海关城，长城向南延伸4千米，直入于碧波万顷的海浪之中。长城入海的地方，便被称为老龙头。人们把蜿蜒于崇山峻岭之上、直欲飞翔的长城，比作一条腾飞的巨龙，把长城在山海关的入海处称作巨龙之首，既形象又恰当。

提起万里长城，一般都说东起山海关，西至嘉峪关。究其原因，一是因明洪武十四年（1381年），徐达修筑长城时，首先把东端起点确定在这里，辽东镇长城则是正统年后才开始修筑的。再是因清入关前后，在对明作战中和后来修筑柳条边时，把本来修筑较简单的辽东长城大多拆掉了，而由山海关往西的长城却建筑坚固，保存较好，又有雄伟的山海关和嘉峪关东西对峙，所以才形成了山海关是长城最东端的习惯说法。

老龙头入海的那段条石砌筑的城墙，是明万历七年（1579年）蓟州镇总兵官戚继光、参将吴惟忠修建的。据《临榆县志》卷九记载：“万历七年增筑南海口入海石城七丈”，“仆仆于山榛水湄之间，长城之杪，又甃石为垒，截入海中，高可三丈许，长曰数倍，曰老龙头。”

入海石城的主要功能是防止蒙古骑兵，沿浅海滩滩南扰关内。这段建在海浪中的高墙，北接靖虏一号敌台，构成了封锁海面的制高点，南浸万顷波涛，以长城在海中的端头部分组成了雄奇险峻的海上堡垒。同时，还建了城周1里的宁海城。后来，兵部主事王致中又在宁海城南垣修建了一座高近10米的澄海楼。

澄海楼的楼址处原有一座观海亭，是明朝早期观海览胜之所。据《临榆县志》记载：“楼台高峙海涯厥象首”，“高三丈，广二丈六尺，深丈有八尺。”二层歇山重檐瓦顶，大木结构。初建时为守城箭楼。清康熙九年（1670年）通判陈天植以及乾隆八年（1743年）曾重修。

–
山海关老龙头长城入海处

澄海楼上原有明朝大学士孙承宗的手书匾额“雄襟万里”，乾隆八年（1743年）的御书匾额楹联，匾为“元混茫茫”，联为“日曜月华从太始，天容海色本澄清”，又有一匾：“澄海楼”，为乾隆五十四年（1789年）御书。

明清两代，澄海楼吸引过无数的风流人物至此登高观海，连康熙、乾隆等皇帝在回沈阳祭祖时，也总忘不了到澄海楼宴饮游乐、吟诗作歌。楼壁镶嵌的卧碑上面镌刻着清代皇帝将相文人的诸多诗词。如此胜景于1900年被八国联军所焚毁，只存一片残址。今天看到的老龙头和澄海楼，都是20世纪80年代复建的。

澄海楼前建有御碑亭一座，为乾隆十九年（1754年），当地知县钟和梅主建。在澄海楼东侧还建有《一勺之多》碑，是天启七年（1627年）海运同知河东王应豫所立。另有《知圣》碑一座，始建年代及主建人已无考，据志书载文：光绪二年（1876年）永平知府游智开劝捐，委知县赵允祜重修楼亭，将当年石刻按照旧式镶嵌，可惜，楼亭也被八国联军焚毁。

清末是中国近代史上灾难深重的时期，朝廷腐朽，丧权辱国，中国越来越深地陷进了半殖民地半封建社会的黑暗深渊。

在第二次鸦片战争中，英法帝国主义为了让清政府知道他们的所谓厉害，为了向全世界表明他们已征服了大清帝国，在耀武扬威地占据了北京之后，经过精心策划，决定焚毁当时举国仰为神圣庄严之地的圆明园。由此以后，帝国主义每占领一地便焚毁较大的建筑来显示他们的淫威。

1900年，八国联军侵略中国，英军为同俄国抢占中国东北，于9月派军队从海上直奔老龙头宁海城而来。手握重兵的山海关守将，一枪一炮没放，就拱手把形势险要的海防重地老龙头让给了入侵者。侵略者上岸后，焚毁了澄海楼和宁海城。老龙头一带，从此成了英、法、日、意、德五帝国的兵营。今天在老龙头澄海楼遗址处，还留有英军的一门铁炮。

宁海城遗址面迎大海，立有一幢高3.3米、宽1米的石碑，上书四个清晰赫然的大字“天开海岳”。

明朝所建的老龙头入海长城旧址，原有很多的每块0.4~0.6立方米的花岗岩石，散乱在海中和岸上，每块石两个面上凿有燕尾槽，作石间嵌接之用。有些石的燕尾槽间，尚有衔接铁留下的锈疤，今天这些石料保留下来，一部分展示在老龙头长城之上。

据传当初修建老龙头长城时，为治沉沙，古人将许多铸铁的大锅反扣于海中，清圣祖康熙的《澄海楼序》中也有："城根皆以铁釜为基，过其下者覆釜历历在目，不知其几千万也。"

在老龙头复建工程开始清理基础的时候，文物工作者还真的留意寻找了，没有发现任何铁锅的痕迹。不知是没有发现，还是古人所记之铁釜不是我们今日理解的铁锅，或是康熙故意同后人们开了个玩笑。

明朝对长城沿线的海防也很重视，特别是在山海关老龙头长城更加地强化海防。明朝以前来自海洋的威胁很小，明朝开始海疆逐渐产生了防御危机。文献中常有"北虏南倭"之说，"北虏"说的是长城防御对象，"南倭"说的就是东南沿海一带倭寇。"北虏南倭"是长期困扰明朝的两大问题。

明嘉靖年间的"南倭"海患，可以说是明朝长期实行海禁阻断了海上贸易的结果。日本走私商人和沿海失去生计的走私商贩，走上抢劫越货之路，给沿海地区社会造成动荡和破坏。

明朝在海上威胁日益严重的情况之下，逐渐加强了海防。边疆政策也给海防更多的关注。明朝为防御倭寇对沿海的侵扰，北起辽东，南至海南岛的沿海，构筑的以卫城、所城为核心，堡、寨、墩、烽相结合的军事防御体系。

据《山海关志》记载，山海关老龙头的龙武营，为明朝天启二年（1622年）兵部尚书、内阁大学士孙承宗设。明末后金特别是建立清政权后战火步步逼近长城，山海关成为明朝拱卫京师的最后一道防线。孙承宗亲临山海关督师时，为了加强海上防御，在老龙头设置了龙武营并开始训练水军。陆海构建联合防御体系，还有一个任务就是海上的军需运输港和护航。

后来，孙承宗遭到魏忠贤的排挤被迫辞官回乡，老龙头的龙武营也裁撤了。中国历史上因人废事之风盛行，这种做法对社会发展产生过很严重的负面影响。崇祯六年（1633年），杨嗣昌被任命为都察院右佥都御史巡抚山海关、永平府等处地方提督军务，他在整饬防务，修筑山海关南北两座翼城的同时，再设了山海关龙武营。

08 板厂峪

板厂峪，地处河北省秦皇岛市海港区的北部山区柳江盆地。地质专家们在板厂峪发现了不同年代的古火山群，板厂峪长城就建立在古火山的岩石之上，所以当地称这段长城为“火山长城”。修建长城的石料，很多地方也是就地取材使用的火山喷出岩。这一带的喷出岩分布很广，厚度也较大。火山喷发活动早期为侏罗世，晚期为晚侏罗世。

板厂峪发现过长城砖窑群、斑鬣狗化石群，这些在全国都很有影响。板厂峪长城横亘在险峻的山梁上，墙体基本是以条石为基础，外包砖墙，宽5米，高10米。长城墙顶外侧有垛口，里侧有女墙。每隔250米至500米建有一座敌台。隔500米至1000米，就筑有一座空心敌楼。

板厂峪的山势奇险，长城的墙体多建在陡峭的山坡，为便于士卒爬上爬下，随山就势建有很陡的梯道。梯道外侧的垛墙，或降或升，错落有致，看上去十分壮观，令人惊叹不绝。一座座屹立在山顶的敌楼，参观者需仰视才能看见，足见其险。最险要的长城外侧是深山峡谷，攀登陡窄高悬的台阶，要手脚并用才能通过。

河北秦皇岛长城

–

摄影 / 周东

在板厂峪还能看到用于防御的长城拒马阵。拒马阵分布在板厂峪西峪南线长城北侧，在一条山间沟谷西侧的开阔地中。300多个矩形拒马坑依“品”字形或网络状，密集相连，组合成了防御严密的拒马阵。拒马坑均由石块垒砌而成，长约3~3.5米，宽约2.5~3.2米，深约0.8米，占地面积约8~10平方米，拒马坑之间的石墙宽约0.9~1米。

有很多拒马坑还保存完好，在拒马坑内曾多次出土过保存完好的铁蒺藜和陷马陶筒。拒马阵在长城防御体系中，对阻挡北方游牧骑兵很有作用。

板厂峪有三大特色：森林油绿、山体峥嵘、长城神秘。板厂峪本来是一座名不见经传的平凡山村，却因这里埋藏着万里长城迄今保存最完整的砖窑而闻名，板厂峪目前是发现长城砖窑遗址数量最多的地方。

长城砖窑的窑顶距地面约0.25米，顶部由焦土、碎砖等分隔层覆盖。从已经被揭开的窑顶，可见由厚重的青砖筑成的窑壁。经过了几百年的密封，一层层码放的长城砖完好如初。窑口直径3.5米至6米，窑深3.5米。窑里的长城砖有多种规格，重的约10.5千克。据估算，每座窑内的长城砖约有5000块。

板厂峪长城砖窑遗址

此外，当地文物普查队还在板厂峪发现了保存完好的明朝民居以及10余处古寺庙遗址，还发现了古制石厂窑遗址、古炼铁炉遗址，出土了大量的明朝兵器和筑城工具。板厂峪长城出土的各种铜铳和铁铳，都十分珍贵。特别是一支长度仅有10厘米的铜铳，过去很少发现。

板厂峪长城位于秦皇岛海港区的北部山区，在北部山区还有一个重要的景观，柳江盆地地质遗迹国家级自然保护区。海港区的北部山区的长城，大多处于柳江盆地地质遗迹国家级自然保护区内。1999年，河北省人民政府批准建立秦皇岛柳江盆地地质遗迹省级自然保护区，2005年柳江盆地被批准为地质遗迹国家级自然保护区。

柳江盆地地质遗迹国家级自然保护区内，新太古代至新生代中国华北地区在漫长的地球演化过程中的地壳运动、岩浆活动，沉积环境变化及生物进化等地质现象的精华。这里地层及岩类分布广泛，地层完整并界限清楚，岩类齐全且化石丰富，被公认为“天然地质博物馆”，在国内外地址学界有很大的影响。

2017年，秦皇岛市借助河北省第二届旅发大会，在板厂峪景区的基础上改造升级，建了集山水长城、传统婚俗、文化体验、康养度假为一体的闞城小镇。5年过去了，这座闞城小镇始终是不温不火的状态。没有向游人提供可参与性强的旅游项目，只靠崭新的仿古建筑是做不好文旅融合的。

不过，板厂峪长城美丽的自然风光和长城景观资源还是很吸引游人的，板厂峪长城景区有一座很小的长城文化展馆就很不错。走进这座小展馆，收藏的长城文物却十分丰富，进了门可以说满眼都是宝贝。这里保存着明代制造的信号炮、火药药仓、木炮等古代军事、生活用品。

这些文物的收藏者叫许国华，他是农民企业家，自费包山、护林、保护古长城做了很多的好事。他曾主持两期长城修复工程，收集、整理上千件长城文物，建成了这座板厂峪长城文化展馆。

–
河北遵化罗文峪长城

09 罗文峪

罗文峪口是万里长城蓟镇长城的一处重要关隘，位于河北省遵化市侯家寨乡的罗文峪村。这个村子就是罗文裕关城发展起来的，很多当地人还都住在关城里面。

据《四镇三关志》记载："罗文峪关，明洪武间（1368—1398年）建。"这应该是徐达在燕山山脉修建的32座关隘之一，关口雄踞两山最狭窄处，占据着易守难攻的有利位置。罗文峪关城紧邻长城城墙，关城的北城墙即为长城主体城墙。现在关城已经被拆毁，仅西墙还有些遗迹尚存。罗文峪关城两侧的长城保存较好，有少部分的砖砌城墙外，大部分城墙为石块砌筑。城墙的顶部都有砖砌垛口墙，现在也大部分毁坏了。

鹫峰山也位于罗文峪所在的侯家寨乡，鹫峰山上有明代长城，也有北齐修建的长城。大部分北齐长城被明代长城所覆盖了，也有的地方没有覆盖。既低矮又很窄的毛石干插的城墙，最窄的地方仅有70厘米宽。这处很窄的长城在鹫峰山一个叫舍身台的地方旁边。舍身台讲的是一个佛教故事，有一位高僧为传播佛法，帮助人们解脱人间的苦难而舍生损命。

戚继光镇守蓟镇的时候，曾经做过一首名为《登舍身台》的诗，讲的就是他带人登临舍身台的经过。这是一首很有史料价值的诗。当时写完之后，碑刻在一块石碑上。1984年，侯家寨乡干部张志广在五峰禅林寺附近劳动，意外地发现了这块石碑，现存于遵化市文物管理所，碑身长近五尺。

登舍身台

台在边墙绝顶，贯绳而进，日昃馁甚，戍买胡饼啖之，赋此。

向来首作舍身歌，今日登台意若何。指点封疆余独感，萧疏鬓发为谁皤。
剑分胡饼从人后，手掬流泉已自多。回首朱门歌舞地，尊前列鼎问调和。
断崖垂绠几凭虚，却笑山猿技不如。古戍春残初见雁，故园愁绝冷看鱼。
百年俯仰谁巾帼，五尺涓埃自简书。沙碛传餐君莫叹，边臣应得戒衣袽。

特进光禄大夫左都督总理蓟镇定远戚继光

《戚少保年谱耆编》记载，戚继光是隆庆四年（1570年）的四月，登鹫峰山舍身台巡视长城防御，写下了这首非常感人的诗。历代官员的下基层不乏走马观花、雾里看花者，很显然戚继光不是这样的人。

戚继光这首诗的诗前小序，有两种版本。一种是戚帅之子戚祚国编的版本，为“台在边墙绝顶，鱼贯而进。日昃馁甚入山，买胡饼啖之，感而赋云”。一种是戚继光手书碑刻版本，为“台在边墙绝顶，贯绳而进，日昃馁甚，戍买胡饼啖之，赋此”。显然后者更准确。

这两首诗的第一首，描写了将军和大家一起吃着带的午餐，“剑分胡饼从人后，手掬流泉已自多”。将军用宝剑为大家分开随身带着的“胡饼”，“手掬”着山上的泉水喝。第二首开头就描述了登山的不容易，去鹫峰山上的长城路确实很难走，“断崖垂绠几凭虚，却笑山猿技不如。”

“古戍春残初见雁，故园愁绝冷看鱼。”春天已经快过去了，长城上却刚刚看到北归的大雁，家乡的亲人们只能幻想着鱼腹传书带去戍守长城亲人的家信。为什么要吃这样的苦？“指点封疆余独感，萧疏鬓发为谁皤。”在镇守长城的这些年，头发已经变白变稀疏了。“沙碛传餐君莫叹，边臣应得戒衣袽。”在如此恶劣的条件下戍边，就是要提高警惕，保家卫国。

2021年5月2日，我和夫人刘玉倩在已经70多岁的张志广等人的陪同下登上了舍身台。这一天是我们结婚40周年的纪念日，我长城事业的几十年，夫人一直在背后默默支持着我。

这一天我们还去了罗文峪长城，这里是1933年3月长城抗战的主要战场之一。日本侵略军大举进犯长城，二十九军在喜峰口和罗文峪进行了顽强抵抗。日军先是在喜峰口方向发起进攻，受到中国军队阻击后改变进攻方向转罗文峪。日军在罗文峪同样也遭到迎头痛击，仗刚打起来的时候罗文峪城里是收留伤员的战地医院。日军派出飞机轰炸了罗文峪，医院就后撤了。再后来，前方顶不住日军火力，守军也撤回到罗文峪长城阵地。

当地乡镇为缅怀先烈，在罗文峪建了一个小纪念馆。走进纪念馆的一瞬间，我突然想起“热血铸就”这几个字。慎终追远，当时如果有笔墨，很想把这几个字写下来送给这个小纪念馆，以表达我对英烈浩然英雄气和千秋家国情的缅怀。

–

河北迁西喜峰口关

10 喜峰口

喜峰口，位于河北省迁西县城西北50多千米。这座过去跋山涉水才能到达的长城关隘，如今已经淹没在滦河水库的水底。发源于冀北山地的滦河，是河北省最大的河流。滦河穿山越岭，南北纵贯河北东部，喜峰口就雄踞在滦河河谷与长城相交之地。

喜峰口作为燕山山脉东段的隘口，古称卢龙塞。东汉末期曹操和辽西的乌桓作战，东晋时前燕进兵中原，都是经过的卢龙古塞。明朝的卢龙塞又是蓟州镇长城的代称，《卢龙塞略》就是关于明长城蓟州镇的一部志书。

喜峰口一带都是高山，地势十分险要。明朝，喜峰口是北方蒙古族兀良哈三卫进贡的主要通道之一，对方很熟悉此关隘的地理环境和防御，所以兀良哈三卫的兵马每次攻打长城，喜峰口常常是首当其冲。明朝攻击兀良哈三卫，也常常是兵出喜峰口。

明朝永乐以后，原来归附于明朝的东北的一些蒙古部族，纷纷脱离明朝，后来的很长一段时间也是时叛时降。明宣德三年（1428年），长城外原属于明朝大宁都指挥司管辖的兀良哈三卫（朵颜、泰宁、福余）公开叛明，宣宗就曾亲率大军，北出喜峰口，征讨过蒙古兀良哈部。明嘉靖十年（1531年），兀良哈三卫联合攻打喜峰口，从此明朝就更是加派重兵戍守此地。

隆庆三年（1569年），兀哈良三卫兵进喜峰口，镇守蓟州镇的总兵官戚继光率军赶走了三卫之兵。明万历初年，蒙古族军队再攻喜峰口，戚继光率部出青山口，在喜峰口外打败来敌。

喜峰口是明朝洪武初年大将军徐达在燕山首建的32座关隘之一。后来明朝历代都在不断修建喜峰口的防御建筑，景泰三年（1452年）七月，明朝还在喜峰口关门上建了一座13米高的镇远楼。

喜峰口关城建筑结构十分独特，这里的长城关防有三重。三道关门之间由坚固的石基砖墙连接成一体，城墙的六个接触点均有空心敌楼驻兵戍守。关城西墙与万里长城主体相连，关城、长城墙体、烽燧构成了长城整体防御系统。

喜峰口关东南有石筑的喜峰城，城高6.6米，西、南各有一门，城建在滦河之东。滦河过去经常泛滥成灾，洪水大的时候淹没田地，冲毁民宅，严重时甚至冲毁过喜峰口、潘家口的长城城墙。方志中还记载，连关城厚重的铁皮大门，也曾被泛滥洪水冲走过。潘家口水库建成之后，不羁的滦河才被驯服。

喜峰口长城在开始建筑时，设计者出于军事上的考虑，把喜峰口分为关城和城堡两个部分。关城与堡城分设，在长城防御体系中是一种很常见的现象。城堡坐落在群山包围的盆地里，城堡的四面墙用条石砌成，非常坚固，城墙有两丈多高。

古时候，无论是车马行人，要想进入关城都必须通过严密的三道门。今天，站在山峰上俯瞰喜峰口，会看到奇特的景致。喜峰口关城部分被淹没在潘家口水库之中，枯水时水面上也仅露出一小部分残墙断壁。

喜峰口是1933年长城抗战的主战场之一，喜峰口战役发生于3月12日至3月24日，国民革命军由宋哲元率领的陆军第二十九军，在此阻击侵华日军关东军。喜峰口战役，中国军队弹药不足，装备很差，但二十九路军以挥舞大刀杀敌，创造了抗日的奇迹。《大刀进行曲》的产生并在全国传唱，使中国军队抗击侵略、英勇无畏的精神极大地激励和鼓舞了国人的抗日信心。

如今的喜峰口关、关城及喜峰口城都已经淹没在潘家口水库之中。潘家口水库，位于唐山市迁西县与承德市宽城满族自治县，承德市兴隆县交界处。此水库是经国务院批准建设的“引滦入津”工程。水库一期工程，自1975年10月主体工程动工，至1985年基本竣工，1988年7月通过国家验收。潘家口水库由一座拦河大坝和两座副坝组成，最大面积达72平方千米，最深处80米，水库总容量29.3亿立方米，库区水面105000亩。

河北迁西与宽城交界处的长城

-

摄影 / 宋举浦

11 三屯营

我多次到三屯营戚继光修建的总兵府故地，走一走、看一看。戚继光驻守蓟镇长城时大部分时间是住在三屯营，他一面训练将士，一面修建长城，也重修和扩建了三屯营城和总兵府。今天的人们已经看不到三屯营城和总兵府了，在遗址所在地仅有几块石碑见证着这里曾经的辉煌。

三屯营城位于河北省迁西县城西北13千米，是明朝蓟州镇总兵府所在地。三屯营北距蓟州镇重地喜峰口及其左右铁门关、潘家口都只有30千米左右。总兵府住地靠近边关而又不紧临前沿，作为军镇指挥中心，靠近边关就没有鞭长莫及的缺憾，不紧临前沿也就有了战术上的回旋余地。

蓟州镇是明长城九镇之一，最早驻地在我的老家秦皇岛卢龙县的桃林口，后来移到狮子峪，接下来很快就移到了三屯营。蓟州镇管辖的地段东起山海关，西到四海冶（今北京市延庆区境内）的长城防御。据《明史·兵志》记载：蓟州之称镇，自嘉靖二十七年（1548年）始。但蓟州镇长城防务则早在明初就已经开始。洪武六年（1373年），朱元璋命大将军徐达修筑防御工程，蓟州城隘是修造的重点地段之一。

蓟州镇三屯营始建于英宗天顺二年（1458年），由总兵胡镛监督修建。不久之后移镇府于此，设三屯忠义卫，取最初来此地的三百军屯户而得名。

隆庆二年（1568年），戚继光驻守三屯营，总理蓟州、昌平、保定三镇练兵事务，在主持蓟州镇防务时期向朝廷建议，增筑所辖地区1000余千米长城和大量的空心敌楼。戚继光驻守长城达16年之久，其大部分活动是以三屯营为中心。

三屯营城内先后建起了镇府中军公署、左游击公署、右游击公署、辎重游击公署、保河车营公署、守备公署及副总兵公署等。万历元年（1573年），戚继光又将忠义中卫从遵化移到三屯营城内，至此，三屯营城内已显得过于拥挤。且三屯营城自天顺二年建成，至万历初年，也运行了100多年。

万历三年至五年，戚继光请示朝廷批准，重新扩建了三屯营城，重修后的三屯营城，城高三丈，城周七里，为不规则长方形。设三个正门：南门叫景忠门，东门叫宾日门，西门叫巩京门；两个便门，分别叫小东门、小西门。

明代戚继光像

城门上建谯楼，城角建有5座角楼。周围建有9座敌台和东西2处水关，又在城墙上建有垛口墙和射箭孔。城北没有建门，城台上建有紫极宫，城中央有钟楼和鼓楼。

城的四周有护城河，浅处7尺（约2.3米），深处3丈（约10米），宽7尺（约2.3米）。东门外挖有震湖，湖长350丈（约1167米），宽10丈（约33米），深7尺（约2.3米），除具有保护城池之战略意义外，还能供将士沐浴之用。

震湖崖边有草料场，纵横50丈（约167米）。忠义卫、遵化卫、兴州前屯卫（丰润县）、开平中屯卫（滦县）的粮草都送到此草料场存贮。其北有聚星堂，为东路将领居住之处。城西有演武厅和阅兵场，阅兵场长200米，宽约33米，并有将领居住之所。

镇府是三屯营大城中的小城，为万历三年（1575年）戚继光重修。今天在三屯营城旧址，还有一块石碑刻有戚继光所撰的《重建三屯营镇府记》碑铭。

戚继光在修建镇府前后还操练军队，整理防务，将蓟州镇防区划分为12路，每路设一将领；又建置车营7座，分驻于三屯营等地。蓟州镇总兵官，驻三屯营；协守副总兵3人，分驻三屯营、建昌营和石匣营；分守参将、游击将军等大小官吏亦相应配置。其镇军马数目，仅据隆庆三年（1569年）的统计，原额马步军10万多人，实数近10万人，马匹原额4.1万余匹，实数为3.4万匹。

清朝以后，长城防务逐渐失去原有意义，三屯营城亦走向衰落。至清朝末年，旧有的镇府建筑依然保存。抗日战争时，三屯营遭到破坏，建筑多被拆毁。

现在遗址处已经没有任何建筑，仅存戚继光撰写的重建石碑和石狮等少量遗物。石碑于1982年被列为河北省重点文物保护单位，并修建了碑亭。

明长城蓟州镇的总兵府并不是一开始就设在了三屯营。蓟州镇长城的指挥中心先是设在桃林口，后移到狮子峪，再后才移到了今河北省迁西县三屯营。管辖东起山海关，西至四海冶（在今北京市延庆区）的长城防御。

后来，蓟州镇长城先后分设了昌平镇、真保镇和山海镇。昌平镇管辖东自慕田峪西至紫荆关的长城防御；真保镇管辖东自紫荆关沿河口西至娘子关以南的长城防御；山海镇管辖东自山海关路南海口关西至白洋峪关的长城防御。

12

黄崖关

黄崖关在天津蓟州区北25千米的崇山峻岭之中，出黄崖关向北是河北兴隆县。发源于兴隆县茅山裕的泃河横切燕山南流，河谷为峰峦林立中的一条通道，黄崖关就坐落在这条谷地之上，扼守着这条沟谷通往燕山南北的道路。

黄崖关是明朝蓟州镇长城的险要之关，也是天津境内唯一的一座较大规模的长城关城。关城东侧山崖的岩石多为黄褐色，每当夕阳西下之时映照山崖的峭壁，反照出耀眼的金光，素有“晚照黄崖”之称，因此而得名。

黄崖关始建于明朝永乐年间，最初建得较为简单。嘉靖二十九年（1550年）庚戌之变后，明朝为了强化对北京的防御大修长城时，黄崖关得以扩建。这以后，长城向两侧延伸，东到马兰关，西和将军关长城相接。

隆庆初年，戚继光任蓟州镇总兵修蓟州镇长城时，这里也修建了大量的空心敌台，现在长城上还留有隆庆四年（1570年）修建空心敌台时所立的石碑。万历十五年（1587年）砖包了黄崖关关城，万历十九年（1591年）又砖包了黄崖关两侧的长城城墙。

黄崖关城随山形地势而修建，总体呈不规则刀把形，城南墙的西半部向南凸出，实测城周890米，南北最长处不足270米，东西最宽处为200多米。为了加强关城的防御能力，关城中间还砌有一道南北向的隔墙，将城分为东西两部分。

当地人说，黄崖关有九门九洞，关城有东、西、南三座城门，加上东西城隔墙上的两座小门和四座水门，正好是九门，城门和水门都是砖券拱洞，也可以称为九洞。实际上还应该有一座门，就是东城门外瓮城的城门。北城墙因防御需要，没开城门，而是在城台上建了一座北极阁，当地人俗称其为关帝庙。

城里街道并不作棋盘式布局，而由十几条死巷、活巷、丁字巷互相交错构成，后来被人们叫作八卦街。1987年时，当地搬迁了村中的住户，建起了接待游客的宾馆，虽然也说是按照八卦形制修建，实际上把原有的街区形态破坏了，非常可惜。

关城南门上，嵌有一方楷书“黄崖关”汉白玉额匾。我们1984年考察长城到这里时，这块石匾还在村中心的井台上，被当作人们从井里取水时的垫脚石。南面有一座牌楼，牌楼的匾文阳面为“蓟北雄关”，阴面为“金汤巩固”，北面墙往东延伸到水关。

天津黄崖关长城

水关是一座孔桥式建筑，上面砌有雉堞，下面券筑拱形水洞。水关全长75.5米，通高12.15米，控扼泃河谷地，东连太平寨，西接黄崖关城。上有垛口、射孔，下有铁栅栏，水能够流动，而人马不能跨越。如今这座水关坍毁，只剩有少量的北城墙遗址。

西侧的长城边墙，因地制宜地建筑了砖墙、石墙以及险山墙、劈山墙等多种形式的城墙。沿线敌楼、墩台有方形、圆形、砖筑、石砌等多种类型，共有20座。其中距离关北1000米远，迎风站立在孤峰上的凤凰楼，为砖砌、圆形，底径16.1米，高18.3米。凤凰楼分上下两层，顶建砖结构的楼橹铺房，因年久失修，墙垣颓圮。20世纪80年代，经天津市政府和各界人士共同集资将其复原。

太平寨位于黄崖关东南10千米的小平安村，海拔400~500米，控扼着黄崖关城东侧的险峻沟谷。这里有个引人注目的空心敌楼，名为“寡妇楼”。

相传修长城时，有12位士兵的妻子，丈夫数年不归，她们就结伴到边关寻夫。历尽千辛万苦，寻到长城脚下时，看到的却是墓碑竖在山上，亲人早已为修筑、戍守长城而献身了。这12位坚强的女性，强抑悲痛，决定献出抚恤金，支援修长城，并继承丈夫遗志，参军戍边，以身报国。

在太平寨长城入口处的瓮城前广场上，竖立着与长城有着不解之缘的戚继光石像，高8米有余，身着戎装，气宇轩昂。讲到长城，戚继光是一个必须涉及的英雄，一个人的生命是短暂的，但与长城这样一个伟大的事物结缘，与长城融为一体，便成了永恒。

黄崖关长城以关城为中心，向泃河两崖延伸，东向至半拉缸山，有悬崖为屏障；西向至王帽顶山，有峭壁为倚靠，全段长城建筑在海拔700多米的山脊上。这一段长城的建筑特点是，台墙有砖有石，敌楼有方有圆，砌垒有空心有实心。

蓟州区的长城是天津唯一的一段长城，天津市是全国有长城的15个省市自治区中长城最少的省份。天津市区原来都是海洋，黄河改道前由泥沙冲积形成。天津城市的形成始于隋朝大运河的开通。宋金时称“直沽寨”，元朝改称“海津镇”。明永乐二年（1404年）筑城设卫，称“天津卫”。相传因明成祖朱棣从此起兵渡河靖难，故称天津。当时天津设有天津卫、天津左卫、天津右卫，统称三卫。长城沿线的一些粮食等军需物资，由海上运至天津卫，再通过河运送达长城沿线。

13 司马台

司马台长城，位于北京密云东北部与河北滦平的交界处。这里的长城原称司马台暖泉口，属明朝九镇中蓟州镇古北口路管辖。据传司马台最早的名称是“死马台”，因地势险绝，军队骑兵路过此地，多不幸落下台地，故名。后来觉得这个名字实在是不好听，便谐音为司马台。

司马台长城以关口为中心，分为东西两部分。1987年修缮司马台长城，1990年正式对游客开放。司马台长城修缮工程，最早采取了最大限度保留长城残损风貌的做法，获得了国内外的广泛好评。

东段到望京楼，全长约3千米，敌楼16座。这段长城十分险峻，是司马台长城最精华的地段之一。西段与河北滦平整修的金山岭长城相接，这段长城空心敌楼很密集，相对司马台关口以东的长城，地势要平缓很多。

司马台长城沿山脊修筑，惊险无比。尤其是云梯和天桥两段，更是险中之险。云梯是单面墙体，长约50米，坡陡、墙窄，沿着山脊上升，两侧是百丈深渊。百级云梯的东面是天桥，长100米，宽仅0.3米，两侧是悬崖峭壁。

司马台长城最高的敌楼望京楼，海拔达986米，站在楼上远山近水尽收眼底。据说过去空气质量好的时候，在月朗星稀的夜晚，向南可以遥望北京城里的灯火，故名望京楼。

北京密云司马台长城

–

摄影 / 周东

往事并不如烟，北京城的空气也不新鲜了。我曾很多次登上过望京楼，也曾经在上面过夜，只是没看见过北京城的灯火。不过站在望京楼向南远望，辽阔的华北平原，一直铺向目不所及的远处，很壮观。坐在古老的长城边上，思想荡漾在历史和现实之间，让人感慨万千。

登上望京楼，仰头上望，砖石砌就的台阶，仅可容纳一人的双脚，两侧悬崖陡壁，中间这一道台阶陡然耸立，不由叫人望梯兴叹，倒吸一口凉气。过了天梯爬上仙女楼，“不到长城非好汉”的感觉更强烈。

司马台长城有的山脊外侧悬崖，本身就可以起到很好的防御作用。长城修到这些地方，多是利用悬崖峭壁稍加修整，或筑些简单的矮墙，敌人根本没办法上来。所以有的地方墙体很窄，甚至只有一块城砖的宽度。

望京楼西为仙女楼。顺着长城由西向东欲上望京楼，就要先登仙女楼，要上仙女楼，就要先登天梯。从天梯两个字，我们可猜到长城的险峻程度。天梯高达100多米，坡度有60多度，人走在上面，几乎是上下垂直状态。

传说这座仙女楼，原来是由一只漂亮羚羊变成。莲花仙女见其清凉飘逸，便居住在里面，故而得名。仙女楼形体修长，长年在白云中若隐或现，此楼的汉白玉石拱门上，还刻有并蒂莲花浮雕。爬到了仙女楼上，左右环顾，景色果然更加壮美，俯首看脚下的悬崖，刀削斧劈一般，更显得陡峭惊险。

司马台长城脚下的古北水镇，2010年由IDG战略资本、中青旅控股股份有限公司、乌镇旅游股份有限公司和北京能源投资（集团）有限公司共同投资建设。

这是一处总占地面积9平方千米，集观光游览、休闲度假、商务会展、创意文化等旅游业态为一体的度假式小镇。非常遗憾的是，古北水镇过于简单地复制乌镇水乡，而忽视了对长城文化的挖掘。

北京境内的长城，东、北、西三面环护着京城，北京密云区境内也是东、北、西三面都有长城。位于北京市东北的密云，是华北通往内蒙古和东北的重要门户。

密云地名来自于山名，密云境内有一座高山，叫作密云山。此山因云雾密布，烟云缭绕而著称。密云东、北、西三面群山环绕，长城也是环抱着密云绵延在崇山峻岭之上。密云的山、云与长城，可以说是长城摄影爱好者的最爱。很多长城摄影爱好者，都喜欢到密云长城去拍云海。

14

金山岭

气势非凡的金山岭长城，地势险要视野却特别开阔。站在金山岭长城向东西两个方向望去，视线所及最远的地方都有长城。金山岭长城是感受长城之长最好的地方，这个景区属于河北省承德市滦平县，这里是已修复的长城精华地段之一，位于古北口以东约7.5千米处。

金山岭长城在明朝时是古北口所辖长城的一部分。敌楼密集是金山岭长城的一大特色，地形特别复杂的地方，有的敌楼相互间距仅有50多米，所以远远望去，视觉美感特别强烈。

金山岭长城墙体的底部铺三四层条石来奠基，城墙用青砖包砌，白灰抹缝，墙体内用土、沙、石搅拌填充。内侧城墙设有券门，供守城士兵上下长城之用。券门内有石梯或砖梯道连通到城墙顶部。遇有敌军来攻袭等情况，守城士兵会迅速从券门直接登城或进入敌楼，立刻投入战斗。

河北滦平金山岭长城

–

摄影 / 宋举浦

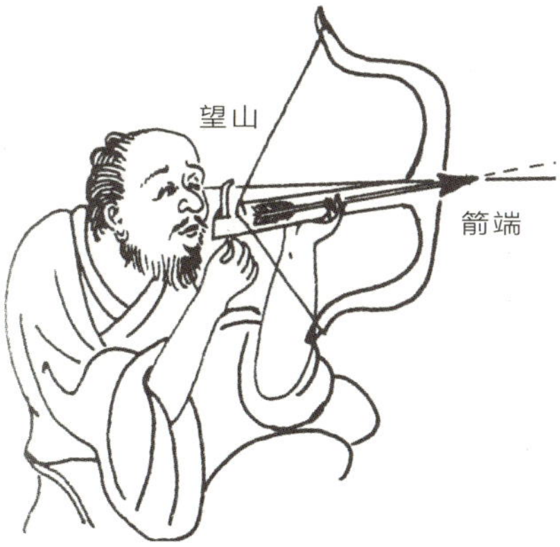

弩机射击图

金山岭长城城墙顶部的宽窄不等，平均约为5米，使用双层方块青砖铺面。每遇陡坡，用砖砌成梯式台阶，以便士兵上下通过。墙顶靠外的一侧，留一个礌石孔，作战时守城士兵可以从礌石孔施放礌石，打击攻到墙下的敌人。

城墙顶部的外侧，用砖砌成两米高的垛墙，隔一米多远就设一个垛口。守城士兵可以从垛口射击来犯之敌。垛口石的上面留有一个小洞，用于架设佛朗机。佛朗机这种射击型武器，下面有独脚的支架，将其插在小洞里，可以做上下左右转动射击。城墙顶部内侧，用砖砌成高1.7米高的宇墙。

明朝以前各代所筑的长城，都设有墩台。每隔一段距离就砌筑一个，都是实心土夯或石料砌筑。守卫士兵在墩台上瞭望，侦察敌情。可是，巡行在长城上的士兵们，历经风雨霜雪、寒冬酷暑，由于没有遮挡，非常辛苦。

空心敌楼密集是金山岭长城的特色

士兵们依托坚固的城墙进行防御，是长城修建者要实现的防御目的。修建长城就是要组织士兵阻止和打破敌方对长城的进攻，保存和积蓄力量，消耗或消灭进攻的敌人。战斗中只有做到更好地保存自己，才能消灭敌人。加之，明朝中期已经开始越来越多的使用火器。枪炮的火药和火种都需要避风避雨的条件。

这个问题引起了戚继光的注意，他既担心军士暴露在风雨霜雪之下无所庇护的不安全，也考虑到遇有战事，军火器具临时往山上运来不及，而提前堆放到城墙上又无可储藏。所以，他向朝廷提出了要多修建一些空心敌台。

从隆庆三年（1569年）开始，戚继光组织征调士卒、民工，开始了艰巨的筑台修城工程。到了隆庆五年（1571年）八月，终于在蓟州镇长城上修建起来一千多座坚固的空心敌台。有了空心敌台，长城上戍守的士兵就不必露宿城头了，士兵既可以在敌台上面放哨、瞭望，又可以在里面休息。长城守军的军事和生活物资，也有了存放之所。

金山岭长城和避暑山庄、外八庙是游人到承德必去的地方。人们常说“明修长城清修庙”这句话说的“庙”，就是承德的外八庙。承德避暑山庄又名“承德离宫”或“热河行宫”，位于河北省承德市北部，为清代皇帝夏季避暑和处理政务的场所。外八庙是在避暑山庄东北部建筑的8座藏传佛教寺庙。

避暑山庄建设历经清康熙、雍正、乾隆三朝，耗时89年。整座山庄分宫殿区、湖泊区、平原区、山峦区四大部分，山庄东南多水，西北多山，是中国自然地貌的缩影。外八庙的主体建筑，前后建了近60年才完成。

避暑山庄皇家猎场和外八庙建设，既可以用来训练官兵，又可以联络北方各少数民族首领的感情，达到加强对蒙古等少数民族地方的管理之目的。

长城与天地融为一体

–

摄影 / 董旭明

15

古北口

古北口位于北京密云北部，燕山山脉咽喉要道。这里在清朝是皇帝北去承德狩猎的必经之路。清代康熙到嘉庆的140多年，曾木兰秋狝105次。可见那时的古北口，一定是一个车水马龙极为热闹的地方。

东有盘龙，西有卧虎，潮河由北向南穿关而过。古北口有一座形制特殊的姊妹楼，两座连体敌楼一高一低。为什么会建成这样呢？还是当时军事防御的需要，原来在这个位置有一座跨河的城桥，高的用于防御桥上，低的用于防御河面。

相传古北口原名为“虎北口”，关西南有山，势如卧虎，人称卧虎山，关隘在山北而得名。里长城主体城墙将盘龙、卧虎二山连成一线。明代儒学大师、军事家唐顺之，曾有诗：“诸城皆在山之坳，此城冠山为鸟巢。到此令人思猛士，天高万里鸣弓绡。”

古北口的始建年代，根据目前掌握的文字记载，可知为唐代。五代后晋石敬瑭割燕云十六州给契丹以后，此地开始被少数民族统治者占据。

辽统和四年（986年），朝廷曾以古北、松亭、榆关征税不清导致商旅通行不畅，派遣大臣前去追究相关人员和机构的责任，可见当时此地贸易活动已相当发达。

金贞祐二年（1214年），古北口曾一度称为铁门关。明朝推翻元朝后，明太祖朱元璋命徐达修筑长城，古北口即为徐达所修建的第一批关隘之一。

京冀交界古北口长城

-

摄影 / 宋举浦

潮河水把两山分开，穿山南流，河谷约有一百多米宽。河谷的东岸到关口城下，仅宽十多米，地形之险峻，令古时过往行人无不发出惊叹。现如今由北京通往承德的101国道，就由此通过。

古北口是燕山山地通向华北平原最大的一处关口，由关外而来通过古北关，就直抵北京城了。若北上穿越燕山，可到承德和内蒙古草原，所以古北口自古以来就成为地控南北的交通要道。正如清代文人洪升在《望古北口》一诗中所说："绝顶此跻攀，苍茫晓日殷。一身飞鸟上，双足乱云间。大漠连沧海，长城补断山。遥看古北口，天险旧秦关。"

北齐时期古北口就修筑了长城。明初，沿北齐长城遗址的大致走向，修建长城防御体系时，还修建了古北口关城和相应的防御设施。

古北口最北边的防线是与长城主城墙相连的铁门关，在铁门关西是横跨潮河的水门关。从铁门关口向南，沿着大道直行，是古北口城的北关门。

古北口关城位于蟠龙山脚下，始建于明洪武十一年（1378年）。城池随山势而建，建筑物上下交错，全城呈三角形，周长有2千米多，在东、南、北三面开三座城门，城墙均高有5米，陡峭处以山石垒成，平缓处以条石为基，青砖包砌。

古北口关城，是明朝古北口长城防线驻守部队的指挥中心。嘉靖二十九年（1550年）夏，俺答骑兵大举进攻长城，兵临北京城下，即“庚戌之变”，蒙古军队就是由铁门关外，绕道翻越长城而攻下古北口。明朝于战后又对古北口长城进一步增筑，使整个防御体系更为严密。

古北口长城上有很多带文字的砖，记录了修建砖砌长城的时间，为万历五年到十年之间。这个时间段，正是戚继光主持蓟州镇长城的时候，他是万历十年从长城调走的。古北口二十四眼楼，是长城上至今保留很少的双层空心敌楼。二十四眼楼是因敌楼四面墙上，共有二十四个箭窗而得名。

长城由古北口铁门关向东西延伸到卧虎山、蟠龙山。东侧的蟠龙山一端山势雄伟，再往东则是著名的将军楼，将军楼威武挺立，四周开阔，居高控扼险要之地。这一段长城是北京明长城中比较坚固雄伟的一段，完整保留了明长城建筑的原汁原味。

嘉靖二十九年（1550年）八月，俺答率部进攻长城就是从古北口突破的。蒙古军队十六日派出数千骑兵，从正面诱战古北口守兵，另遣一支精兵，由黄渝沟拆长城而过，绕至古北口的背后。明军腹背受敌，不战自溃。引起这场战争的原因是嘉靖年间，朝廷关闭了长城沿线关隘的互市。

明朝在长城沿线开设或关闭马市，有着十分明显的政治目的。茶是蒙古民族生活的必需品，草原地区又不生产茶，明朝严格控制着茶叶的生产和运销。关系紧张时，朝廷往往以中断茶和其他物资边贸，作为控制手段配合军事行动，扼制蒙古政权的行动。

明朝嘉靖年间，明世宗拒绝和蒙古通贡，同时下令关闭了长城沿线关隘的互市贸易。明朝通过绝贡的政策，希望让蒙古人知道贸易制裁的威力。明朝的绝贡和关闭互市，使蒙古民族生活水平急剧下降，在一定程度上抑制了蒙古势力的发展。

绝贡和闭市逼得蒙古势力不断使用武力来争取双方物资的正常交流，长城沿线的战火因求贡不果越演越烈。这种情况直到隆庆和议后重新开放马市才有所调整。站在历史的高度来审视明朝的历史可以发现，当时实行闭关政策弊大于利。

第一，闭关政策阻碍了经济的发展，影响了社会的稳定。长城沿线的茶马互市，是农牧经济类型不同产生的客观需要。在明朝闭关的情境下，蒙古部族获取来自农耕区域的生活必需物资的方式，只剩下战争抢掠一条路了。

第二，闭关无法真正做到自守。历史证明，闭关政策不管其主观动机如何，客观上都激化了中原王朝与周边的矛盾，削弱了自己。短时间的闭关政策可以达到一定的政治目的，但长时间实施闭关政策是弱者缺乏自信的行为，通过闭关根本无法实现保护自己的目的。

有贸易不一定就会和平，没有和平贸易必然导致战争。闭关政策虽然在短时间内能实现对某一地域的制裁，但从长远来看，其对社会发展的消极性占主要方面。不论是明朝对蒙古的封禁，还是清朝的海禁，都曾对社会的发展起到极大的阻碍。

古北口还有一段光荣的历史，就是1933年的长城抗战。古北口主战场，中国军人在武器落后的情况之下坚守长城阵地，极大地激励了全国人民的抗战激情。古北口长城脚下，建古北口阵亡将士墓。

当地有一句来形容古北口景点很有影响的一段话，“七郎坟、令公庙、琉璃影壁靠大道、一步三眼井、两步三座庙”。到了古北口长城，大家一定要去看一看杨令公庙、三眼井、药王庙、财神庙等文化遗存。

七郎坟我们就不说了，讲一讲古北口杨令公庙。杨令公庙坐落在古北口北门外，由前院和后院组成，山门、角门、前殿、后殿、东西禅房的建筑规模都不大，占地总面积约1200平方米。山门两侧另有一幅脍炙人口的对联，上联为“杨氏全家做事忠实不二”，下联为“专祠一座表扬英勇无双”，横批是“气壮山河”。

令公庙山门的角门东墙镶砌的石条上，刻有“杨令公庙”四个大字。山门外另有8个均为一米见方的大字，东墙壁上写着“气壮山河”，山门左右两侧墙壁上写着“威震边关”。

唐宋八大家之一的苏辙，在出使辽国时曾路过古北口，并写了一首“过杨无敌庙”，苏辙也是北宋人，离杨业去世的年代并不算太远，他的诗作证明古北口的杨令公庙为辽国所建，同时也说明杨家将故事在宋代就已经有很大的影响力。

16

慕田峪

慕田峪关的位置在北京怀柔三渡河乡北，慕田峪长城的美还不在于慕田峪两端已经修葺一新的长城，而在与向两侧延伸没有开放的长城。每年都有很多的人到那里的长城，去感受荒凉和旷野。我真的希望慕田峪长城景区能够尽快向两侧延伸，建设景区并开放长城以满足游人的需要。

慕田峪这座长城关口，并不是修建在交通要道上，而是建在山梁上低缓的谷地。这一片山体势较为开阔，关口相邻的岭峰，高差全在百米以内。明成祖为了解除北元卷土重来的威胁，在永乐四年（1406年）下令迁都北京之后，因慕田峪恰好在居庸关至古北口之间，所以这一带长城的战略地位就重要起来了。

北京怀柔慕田峪长城

–

摄影 / 董旭明

慕田峪关的形式很特殊，与长城其他的关口不一样，关门有一座正关台，是由三座敌台构成。一座空心敌台居两座实心敌台中间，互相通连，两侧的敌台较小，中间的敌楼大一些。三座敌台之上有望亭，关门不设正中，而是设在关台东侧。这种独特的关台建筑，在万里长城上也不多见。

慕田峪长城建在山峰外侧陡峭的崖边，墙体高7~8米，墙顶宽4~5米。城墙建筑材料，以花岗条石为主。城墙顶部的双侧，都筑有垛口墙，可以双面御敌。

从现存长城遗址的有关调查中发现，巧妙选择有利地形修筑城墙的例子比比皆是，明长城在燕山和太行山上的城墙，都是沿着山脊修筑，因为山脊本身就好似一道大墙，再修筑起城墙就更加险峻了。

关门向西，出了慕田峪景区之后，长城由山腰至山顶，然后又突然下降，围着山头盘卷绕了一个大弯，形状酷似牛的犄角，故被称为牛犄角边。

长城从牛犄角边继续往前延伸，就到了“箭扣”，这里是一座海拔1044米的峻峭山峰，修筑长城时必须从山外侧的悬崖峭壁上通过，才能把这个制高点留在长城以内。

相传，在这绝险要处筑墙使用砖石、木材都不行，能工巧匠们用了两根铁梁担在断崖之上，上面再垒砌砖石，这样长城才得以继续延续，此奇绝之地被人们称其为“鹰飞倒仰”。不过，我曾多次前往箭扣长城，试图找到铁扁担而不得。

“箭扣”及“鹰飞倒仰”处长城的墙体，全部建在岩石裸露的悬崖峭壁上。这里城墙的坡度很大，陡的地方大都在45° 左右。其中有一段接近60° ，几近垂直，台阶仅有几尺宽。此处常有游人摔伤，严重的甚至失去了生命。

慕田峪东侧有一段长城，游离长城主线约1000多米，在尽头处修了一个甚是坚固雄伟的敌楼。这段千余米的长城被人们称为“秃尾巴边”，实际上是用于加强防御的需要。

植被好是慕田峪长城的一个特色，这里的植被覆盖率高达96%以上，保存有较为完好的次生林生态系统。慕田峪长城内外的植物，有山杨林、蒙古栎林、黑桦林等多达620余种，其中包括胡桃楸、刺五加、野大豆、五味子、火烧兰等13种国家二级保护植物。

北京怀柔箭扣长城

–

摄影 / 宋举浦

北京怀柔箭扣长城

–

摄影 / 周东

依据北京市政府批准的《慕田峪长城风景名胜区总体规划（2012—2030年）》慕田峪长城的整体发展，坚持长城本体的保护原则，开发利用的过程，也将坚持与生态环境、生态、资源保护相协调。

规划中的慕田峪长城风景名胜区，包括56处人文景源与自然景源，其中51处在风景名胜区范围内，5处在外围保护地带范围内。慕田峪长城风景名胜区，依据风景资源特色和地域分布特点，规划成7个景区，分别为：青龙峡景区、河防口景区、神堂峪景区、慕田峪景区、北京结景区、擦石口景区和磨石口景区。

了解一些长城的朋友，都知道长城北京结。

这个概念是1984年当时的地质矿产部地质遥感中心在做北京境内长城遥感调查后提出来的。北京结位于北京境内明朝内外长城的节点，长城由此一分为二。一路向西北往火药山、海字口、东西灰岭去张家口，是为外长城；另一路向西南往黄花城、八达岭而去紫荆关，是为内长城。

地质矿产部地质遥感中心应用航空遥感技术对北京地区长城现状进行调查，这是一项国家重大文物调查项目，从1984年4月开始，至1985年3月结束。曾朝铭、顾巍的《北京地区长城航空遥感调查》称，“北京地区明朝长城主要由蓟州镇所辖长城和宣府镇所辖长城等组成。一般认为，蓟州镇长城东起山海关，西至居庸关灰岭口；宣府镇长城东起居庸关四海冶，西至西洋河。这次调查表明，北京境内两镇长城的确切分界应该在北京结附近。”

北京怀柔神堂峪长城

北京昌平居庸关

17 居庸关

居庸关位于北京昌平，建在京北一条长约20千米的沟谷之中，这条沟谷就是京畿著名的“关沟”。居庸关是北京北大门的进出之路，有“一夫当关，万夫莫开”之势。

在居庸关“云台”的地面，至今还保留着明显的车辙印痕。在这条由约120块巨石铺成的道路上，曾有多少行人和牲畜从券洞内穿来过去，以致坚硬的大石块都被磨出深深的车辙。居庸关两侧高山耸立，雄踞其中的关城是唯一的通道。居庸关在军事上的重要性，被古代军事家称为控扼南北之古今巨防。

早于秦始皇统一全国之前，成书于战国时期的《吕氏春秋》中就有“天下九塞，居庸其一”的记载。在著名的太行八陉中，居庸关也排列第八，就是控扼军都山的军都陉。

居庸关在漫长的岁月中，虽始终是军防重镇，却屡易其名。三国时称“西关”，北齐时改“纳款关”，唐时又先称“蓟门关”，后改“军都关”。由辽以后，金、元、明、清至今，始终称居庸关。

防守北京的明长城体系有内外长城，在长城内外还设有功能不一的许多大小城堡。镇城、卫城、所城、关城、边堡等不同形制、用途的防御建筑，与长城主墙连接成一个有机的整体，构成严密、完整的长城防御体系。比如关沟八达岭长城外有岔道城，内有上关、居庸关，再往里又有南口城。

明洪武三年（1370年），徐达修筑了居庸关城，这是明朝修建长城关隘最早的记载。徐达所建关城规模没有记载，应该是很大的。居庸关城建立后，于此设置了守御千户所，永乐二年（1404年）又升为卫，统领5个千户所。

居庸关自洪武建关后，历代都有修建，较大的一次是景泰初年。土木之变以后，当时兵部尚书于谦奏明皇上，居庸为京师之门户，要加强守备，重修居庸关。关城呈圆周封闭形，周长4142米。居庸关城内还有叠翠书院、衙署、庙宇等各种相关建筑。

居庸关城中有一座庄严神圣的佛教建筑。这是一座雕刻精美的汉白玉石台，明朝时称为“云台石阁”，今名为“云台”。云台建于元至正五年（1345年），原本是一座佛塔的台基。

云台最精美的是券门和券洞内的雕刻，内容为佛教造像和经文。券门两侧，有金刚杵及各种兽类浮雕，正中刻有金翅鸟王；券洞内壁有四大天王浮雕及汉、藏、回、蒙、梵、西夏6种文字所写的《陀罗尼经咒》和《造塔功德记》。

今天看到的居庸关建筑，除云台和南门之外，基本上是1993年开始复建的。经过4年多的努力，至1997年基本完工。总计修复长城4142米，敌楼、铺房、烽燧等建筑28座。关内修复各种建筑30座，面积7000余平方米，有寺庙、亭榭、仓储、神机库、户部常设居庸关的衙署及书馆建筑。

居庸关关城，城墙东到翠屏山脊，西到金柜山巅，周长4000多米，关城附近的自然景观十分壮美。走近居庸关，两旁山峦重叠，树木葱郁，山野植被茂盛，景色层层叠翠。远在800年前的金明昌年间，“居庸叠翠”作为一景，就被列入了“燕京八景”。

居庸关长城之所以重要的另一个原因是保护明代皇陵。明十三陵，位于北京市昌平区的天寿山麓，总面积120余平方千米，世界文化遗产，全国重点文物保护单位，国家重点风景名胜区。

明十三陵东、西、北三面环山，只有南面开阔的面向北京平原。自永乐七年（1409年）五月建明成祖朱棣的长陵，到明朝灭亡的最后一帝崇祯葬入思陵，历时230多年，先后修建了13座皇帝陵墓。这些葬在长城脚下的明朝皇帝，生前都或多或少地修建过长城。

除此之外，明十三陵还建有太子、妃子墓等，葬有23位皇后、2位太子、30余名妃嫔。目前对游人开放景点，只有长陵、定陵、昭陵、神路等。

北京昌平长城

-

摄影 / 宋举浦

昌平镇设于嘉靖三十年（1551年）“庚戌之变”后，明朝为加强皇家陵园的防卫，特设专守都御史一员驻昌平州（今北京市昌平区），负责天寿山陵区的防护工作。

嘉靖三十年（1551年）二月，“自渤海所起至黄花居庸关及白羊口长峪城镇边城、横岭口一带一切防守事业俱属其经理，参将二员，俱听其调度。”至此，昌平镇正式形成，仍受蓟辽保总督的节制。

昌平镇长城东北起于黄花路渤海守御千户所慕田峪关东界、同蓟州镇石塘路亓连口关（今北京怀柔莲花池关）接邻，西南伸延至镇边路挂枝庵口南面的浑河左岸，跟保定镇沿河口（今北京门头沟区沿河城乡西）相望。

昌平镇的指挥机构曾几度变更。嘉靖三十八年（1559年），又将副总兵裁撤，改提督武臣为镇守昌平等处总兵官，总兵府设于昌平州城内。镇守昌平总兵的职责是：嘉靖前统辖长陵、献陵、景陵、裕陵、茂陵、泰陵、康陵诸卫兵力，守卫皇陵。嘉靖后又续增了永陵、昭陵、定陵、庆陵、德陵五卫。

18

八达岭

八达岭长城是一个非常气派的地方，这个气派来自长城防御体系的完备，来自世界一流的旅游观光目的地的定位，来自这里长城建筑的气魄宏大。八达岭位于北京延庆军都山关沟古道的北口，作为重要的军事关隘，在明朝是首都京师的屏障。八达岭地理位置非常特殊，自古以来就是山西、内蒙古、张家口方向进入北京的交通要道。

金朝的刘迎，可能是最早提到“八达岭”一词的人。他在《晚到八达岭下达旦乃上》一诗中，描写了车马行走关沟的艰难，也写出了自己的心绪，“车马两山间，上下数百里。萦纡来不断，奕奕似流水。”

八达岭与居庸关在明朝是一个完整的防御体系，八达岭被称为居庸外镇。八达岭高踞关沟北端最高处，两峰夹峙，一条通关道在中间拓开，关城居高临下，形势极其险要。古人有“居庸之险，不在关城，而在八达岭”之说。明朝的《长安夜话》中说：“路从此分，四通八达，故名八达岭，是关山最高者。”

八达岭长城所在地，春秋战国时期是燕国北境，属于上谷郡。上谷郡因建在大山谷上而得名，2007年在距八达岭长城十几千米的汉墓中，出土了一块写有“上谷王文胜铭”字样的墓砖。

北方少数民族山戎的一个部族，曾在军都山南麓的妫川平原生活了三四百年。山戎不断越过关沟南下侵扰燕国，公元前663年，山戎再次进攻燕国时，齐桓公曾亲自率齐军救燕征伐山戎。

秦汉仍承上谷郡旧制，唐代时属妫川州。后晋石敬瑭称臣于契丹皇帝，并向契丹皇帝行父子之礼后，割幽云十六州给契丹，就包括妫川州。此后的一千多年来，八达岭长城所在地先后归属于儒州、镇州、龙庆州、隆庆州和延庆州。辽、金、元三朝的皇帝北上巡幸，曾多次往返关沟，路经八达岭。

明朝的八达岭长城，建筑在海拔600~1000米的山脊上。明初，设居庸千户所时，作为军事单位的八达岭，是居庸关千户所的北口前沿阵地，属北平都司管辖。其后驻防于此的部队，曾分别隶属于长城九镇的蓟州镇和昌平镇。

北京延庆八达岭长城

-

摄影 / 周东

八达岭长城在万里长城的关隘中，是最具有代表性的一处旅游胜地。无论中国人还是外国人，不管你来自世界哪个角落，只要到了北京，都会到八达岭看长城，不然会深以为憾。长城成了一条文化的纽带，把中国和世界各地连在一起。至今，来八达岭参观长城的世界各国首脑、政要就有600多位，其中有不少人都曾是全球风云人物。

西方人初见长城惊叹长城这一人间奇迹，并不是从现在才开始。西方世界介绍长城的文献出版，最早见于1563年由葡萄牙历史学家巴洛斯编写的《每十年史》。

德国考古学者希里曼在1863年发表了一篇名为《我到长城的旅行》的文章，讲述了他到长城的经历和对长城的看法。他说：从爪哇岛火山的高峰上，从加利福尼亚的西拉利瓦达的山顶上，从世界屋脊喜马拉雅山的顶上，从广阔的南美洲高原上，虽然见到过许多壮丽的景象，但那都不能和他看到长城时相比。他还表示，“长城不可争辩地是人类的双手所创造的最奇伟的作品，它是过去的伟大所留下的纪念碑”。

北京延庆八达岭长城

同样把长城说成是纪念碑的还有法国思想家伏尔泰，他说长城是“恐惧的纪念碑”。伏尔泰以及写了《中国长城建造时》的卡夫卡，都没有来过中国，更没实地登上长城，他们所发表的影响了西方世界认识长城和中华文化的那些观点，都是通过汇集资料，再加上一些遐想，甚至是文学创作而成。

1792年，苏格兰医师约翰·贝尔跟随赴华的俄国使团到了长城。他说，他所看到的那段长城，从开始建造到完成只用5年。当时所有的中国男人每6个人中必有1人义务修建长城。要是不能参加，就得自行找到他人代替。修建长城时，役夫们排列成好几千米长的队伍用双手来传递长城建筑材料。

他还说，这个世界上除了中国人，应该再没有任何一个民族，能完成修建长城这样的工作了。就算别的国家能找到足够的劳动力，也无法维持长城施工秩序，工人也无法忍受残酷的劳动过程，可能只有聪明认真而柔顺的中国人才能办得到。他又说，决定组织修建长城的中国皇帝应该比构筑金字塔的埃及王得到更高的评价，因为长城“可供实际使用的目的，当然远胜于只为了虚荣的工作”。

1793年9月，英国人马嘎尔尼作为英王乔治三世的代表，来华谒见乾隆皇帝。当时乾隆皇帝在承德的避暑山庄，马嘎尔尼一行于是经过古北口长城前往承德，他在1793年9月5日的日记中写道：

假如整座长城都跟我看见的一样，这无疑是人类双手所曾经建造出来的最巨大建筑物。我想，即使把世界上所有石造的要塞和防砦全部集中起来，也比不上中国的长城。修筑长城的古老中国，不只是一个极其强大的帝国，同时也是一个既聪明而又深具道德的民族。至少，中华民族很有远见又相当关心自己的后代，才会决定必须建造防壁以保护子孙，避免将来受到外敌的侵略；甚至愿意预先投下庞大的劳力和财富，避免后代子孙陷于不安的局面。

八达岭长城外有一个岔道城，常有人问我驻兵的岔道城怎么不建在长城里边，而是建在长城外边呢？问这个问题的朋友是不了解长城。八达岭长城是内长城，外边还有一道被称为“南山联墩”的长城，再往外还有一道外长城。岔道城在南山联墩的里边，更是在外长城的里边。

岔道城位于关沟古道的沟口，是关沟防御系统的北端。岔道城两侧的长城防御，归宣府镇管辖。长城由边墙、墩台、壕堑、烽燧，构成防御体系。经清水顶、西拨子、岔道西北，由程家窑向西折向张家口方向。

《延庆州志》记载：明朝岔道设守备1员，把总1员，驻军只有约180余人，遇到有警报时，临时从蓟州镇、昌镇调兵到岔道驻防。清代在岔道设守备，驻军增加到788名。管辖的范围从怀来县的羊儿岭村一直到延庆的帮水峪一带。

岔道城为依山势而建的不规则多边形城池，设有东西两座门。城东西长510米，南北宽120~180米不等，城墙高8.5米，面积为8.3万平方米。

19 沿河城

北京建设三个文化带，其中既有长城文化带，也有西山永定河文化带。沿河城可以说是这两个文化带交汇之地的代表，因为沿河城就是扼守西山的几道山口。沿河城的“沿河”两字，说的就是永定河。明永乐四年（1406年）在沿河口设守御千户所，景泰二年（1451年）在沿河口设守备。

沿河城没有修建之前这里只有沿河口，万历六年（1578年）建了沿河城后，始称“沿河城”。不管是沿河口还是沿河城，都是隶属明代长城内三关的紫荆关所管辖。明末天启四年（1642年）守备沿河口地方都指挥张经纬所立《沿河城守备府碑》载：“沿河口守备设于嘉靖三十二年（1553年），城建于万历六年（1578年）”，“沿河以山为城，以河为池，乃京师咽喉之地”。

嘉靖年间由于朝廷采取封闭长城沿线互市的错误做法，明蒙之间的关系非常紧张。这个时期明蒙在长城沿线的战争，不论是数量还是规模，都是明朝最高的一个阶段。在这个时期，明宣大总督翁万达主持修建了京城西边的长城防线，也就是居庸关、紫荆关、倒马关所辖的内长城。沿河城守备府就是这条防线的一个重要节点，嘉靖三十二年（1553年），沿河口升格为守备公署。

明时这里的最高长官就是守备，下辖17道关口，空心敌台17座，附墙台5座，烽火台9座。负责边墙五百八十丈，二三千马步军兵。沿河城管辖的空心敌楼，都是“沿字第X号”的排序方式标序。今天门头沟区沿河城镇境内的有11座空心敌台。

这些敌台有的毁了，有的还保存得不错。分别为：位于永定河口北的“沿字壹号台”、山岗上的“沿字贰号台”。“沿字壹号台”于20世纪60年代初河上修建吊桥时拆了，“沿字贰号台”在抗日战争时期被日寇炸毁了。“沿字叁号台”位于沿河口河东，“沿字肆号台”位于沿河口河西。“沿字伍号台”在进石羊沟约二里的二道城子，“沿字陆至拾壹号”六座敌台在黄草梁，也就是人们所说的“七座楼”，其中有六座空心敌楼，一座石结构的实心敌台，一并被称作七座，这七座敌台之间有石砌墙体相连。

明万历十九年（1591年）由山西提刑按察司副使冯子履所立《沿河口修城记碑》记载了建城的情况，这块碑原来立在沿河城村东的圣人庙内，20世纪60年代“破四旧”时被推倒，现在存于沿河城办事处院内。

此碑为汉白玉材质，碑座已无，仅存碑首、碑身。碑高2.17米，宽0.88米。碑立于明万历十九年（1591年），由“敕紫荆等关保定等府地方兵备兼理马政驿传山西提刑按察司副使北海冯子履撰并书。”碑文记述了明万历六年（1578年）修建沿河城始末：“国家以宣云为门户、以蓟为屏，而沿河口当两镇之交，东望都邑、西走塞上而通大漠，浑河荡荡，襟带其左，盖腹心要害处也。”这里说的“宣”指的长城宣府镇，“云”指的是长城大同镇。

除了《沿河口修城记碑》之外，沿河城还有一块《沿河城守备府碑》，这块碑现在也保存在沿河城办事处。沿河城东西城墙长约420米，南北城墙长约300米，有东西二座城门，东门为“万安门”，西门为“永胜门”，均为砖石结构。现在西门已毁，只东门完好地保存了下来，券门上有汉白玉门额，阴刻“永胜门”三个大字。城门之上都建有城门楼，今城楼皆已毁无。沿河城的城墙大部塌毁，城门以条石为基础青砖垒砌，城墙则多为大小不等的河鹅卵石砌筑。沿河城南北设有券形水门，城的四角建有角台。

今天的沿河城中原有的三街六巷七十二条胡同整体格局已经不存在了，只有前街和后街两条主要街道还保留着原有的街区机理。城外西关的把总的衙署人称下衙门，这里是关帝庙把总在此办公处理治安等事务的地方，百姓称之下衙门。关帝庙早已拆毁了，旧址上建了邮局。

城东的守备府衙人称上衙门，据说清朝时府衙墙上书有“都阃府”三个大字，当地百姓称之为“花大门”。1901年八国联军侵华时德国军队抓住沿河城守官，将其捆绑在一棵核桃树上乱枪打死了，随后将这个衙门也烧毁了。后来，当地的一个财主在这个地方建了一座庄园。

贰

冀晋险隘
17 处人文古迹

明长城由东而来，经北京北部，分成两支，一支向西北，另一支向西南，越过河北奔向山西。历史上，这里也是守卫京师安全的要地，历来为兵家必争之地。

冀晋长城线上，一座座险隘，矗立在广阔的大地上，形成了一道靓丽的人文风景。这里的一处处雄关，都有着久远的历史，这些关隘伴随着中华文明的形成和发展。

这部分介绍的冀晋长城是明代宣府、大同、山西三镇的长城，主要的关隘在山西省境内。山西省委、省政府围绕旅游业的转型升级，提出的打造黄河、长城、太行三大旅游品牌，构建山西旅游发展大格局升级版的宏伟蓝图，更是让人充满期待。

山西滔滔黄河东岸，偏关、河曲、保德很多的地方有长城。巍巍太行山上也大部分地方有长城，雄伟的长城分布在山西9个市40余个县（区），总长度累计3500多千米，共有4276处长城遗存。

01

张家口

到了一般的长城关口，一般的人都会想到历史上的战火硝烟。到了张家口的大境门，人们则会想到一个个脚步匆匆来往于长城内外的商人。被称为“北方丝绸之路”的古商道张库大道，就是从张家口出发，通向蒙古草原腹地城市库伦，也就是今天蒙古国的首都乌兰巴托。商道继续向东北延伸到俄罗斯的恰克图，这条贸易运销线全长1400多千米。

张家口位于河北省西北部，居太行山和燕山环抱的宣怀盆地北沿，一直是华北通往内蒙古的交通要道，至今仍有“首都北大门”之称。张家口西部的阴山余脉大马群山插入，东连燕山山脉，南接太行山脉，构成了一道坝上草原游牧经济和中原农耕经济的天然分界线。

张家口市的地势西北高、东南低。横贯中部的山脉，将张家口市划分为坝上、坝下两大部分，长城就修建在坝头。洋河、桑干河东西横贯张家口市，汇入官厅水库。洋河、桑干河流域是长城防御的主要区域。

张家口是一座古老的城，一座神秘的商城，一座久经战火洗礼的城，一座与长城结下不解之缘的城。张家口市的辖区内，长城多并且文化积淀深厚。这里古时属于幽州，秦、汉、三国均为上谷郡地。五代时期的后晋石敬瑭割燕云十六州地献契丹之后，张家口就为辽、金所占。

明朝时张家口属宣府前卫所辖，位于今张家口市区中心的张家口堡，是明宣德四年（1429年）指挥使张文所建。为了纪念古城的开拓人张文，后来就把古城称作张家口堡。

张家口堡城周长2千米多，城墙高11米。东南两面开有城门，东门称“永镇”，南门称“承恩”。明成化十六年（1480年），又再次扩筑了张家口关城。嘉靖八年（1529年），守备张珍改筑城堡，在城北开门称“张家口”。万历二年（1574年），又砖包了张家口城。

清顺治元年（1644年），在明朝张家口长城开豁口，建了大小各一座关门，东称“小境门”，西为“大境门”。当时小境门是汉、蒙商人经商往来的通道，而大境门则为官府所用。

张家口在群山环抱之中，气候很凉爽。至今，农耕与游牧民族的生活气息还弥漫在长城内外，在张家口延绵的群山中，有战国、秦、北魏、北齐、金及明等多个朝代的长城遗址交错存在。

河北张家口大境门

02

宣化城

今天的宣化是张家口市的一个区，在很长的一段时间里，宣化的政治、军事和文化地位都比张家口高得多。从今天宣化古城还保留的古建筑，我们就能够感受得到宣化城曾经的繁华和热闹。

张家口和大同长城沿线地区，民间流传着这样的民谣："大同的婆娘，蔚州的城墙，宣化的校场。"校场是古代军队操练或比武的地方，"宣化的校场"说的就是这里的驻军多。

其实，这个说法来自明朝《万历野获录》的记载。书中称宣大两镇有"四大奇"，"朔州的营房，宣化的校场，蔚州的城墙，大同的婆娘。"到了民间，把特色不是太明显的"朔州的营房"去掉了。

明朝时宣府城是长城九镇之一的宣府镇总兵所在地。沿着宣化这个连接了高原凛冽和平原温润的通道，直接进入八达岭的高山峻岭，顺居庸塞就可直抵明皇城北京了。

宣府镇为长城九镇东起的第三镇，担负着北京正北方向的长城防御任务，是连接蓟州镇、大同镇，共同捍卫京师的中间环节。明初修建的宣府城为土筑，正统五年（1440年）开始包砖，一年后竣工，城池变得雄伟庄重。

宣化古城的历史悠久。在东周至秦汉时期，属上谷郡。到了唐代，在此设置武州。唐文德元年（888年），设文德县，始建城池。辽时改武州为归化州。到了金代又改归化州为宣德州。元朝中统四年（1263年），设置宣德府。

明洪武三年（1370年），朱元璋改宣德府为宣府。次年，在宣府置前卫、左卫、右卫，并派遣军队把守。洪武二十七年（1394年），开始扩展城郭，加筑宣府城。所筑之城颇具规模，周长达12千米。次年，皇子朱橞被封为宣府藩王谷王，长驻于此，足见朱元璋对宣府的重视。

明宣德五年（1430年），在今天的宣化古城设立了万全都指挥使司，万全是“以策万全”之意。万全都指挥使司隶属于朝廷的后军都督府，由二品大员任都指挥使，领军队15万余人。

靖难之役后，明朝的政治中心北移，宣府更成为边防重地，明朝皇帝越发重视宣化城。万全都指挥使司辖宣府前、左、右卫，万全左、右卫，怀安卫、保安卫、蔚州卫、永宁卫、怀来卫、开平卫、赤城卫、龙门卫、西宁卫、隆庆卫共15卫，还管辖有兴和、美峪、广昌、四海冶、长安岭、云州、龙门等7个守御千户所。

河北怀来长城

–

摄影 / 董旭明

清康熙三十二年（1693年），废了宣府卫所，并取古老文化宣扬教化之意，改置宣化府，并设宣化县，府与县的衙门都设在宣化城内，宣化由此得名。

宣化城内较大的200多条街巷的名称，多与古建筑、古遗迹有关，如关帝庙街、天泰寺街、钟楼大街、西城壕街等。建于明朝的镇朔楼和清远楼，在宣化众多的古建筑中，至今保存较完好。

宣化在明朝是长城沿线九镇中保卫京城的畿辅要地，到了清朝，就由军镇演化成商埠，慢慢变成晋蒙交通线上的贸易集散地，南来北往者聚集在宣化。

宣化自从明朝作为长城互市场所，商家就渐渐集聚。明万历年间，宣府的市面已经非常繁荣。到了清代，宣化的军事地位不再那么突出，但经济优势却越来越强。

当时京津、江南前往蒙古经商的商人，凡通过宣化府，都要到宣化府衙领取通商许可证，才能经由张家口到达大同，之后再到大同官方检验宣化府的手续，放行后前往库伦到恰克图。为了方便，京津和江南的客商在宣化设立了不少分号，京帽、津鞋、绸缎、杂货店铺比比皆是。

宣府镇在明长城边防体制九镇之中，大部分时间屯兵最多，以兵力论，号称“九镇之首”。宣府镇所辖长城东起居庸关四海冶（今北京延庆四海），西达今河北怀安县的西洋河，明代历史文献记载所辖长城长“一千零二十三里”。

宣府镇为明朝在长城沿线最早设置的边镇之一，《九边考》《明史·兵志》对此都有详细的记载。《殊域周咨录》认为，宣府镇设于永乐三年（1405年）。“三年，置镇守总兵官，佩镇朔将军印”。《宣府镇志》等书记载，宣府镇设于永乐七年（1409年），“永乐七年置镇兵将领”。

《宣化府志》引《续宣镇志》记载，宣府镇长城分为六路：东路、下北路、上北路、中路、上西路、下西路。宣府镇管辖边墙合计一千一百一十六里，边墩一千二百七十四座，冲口一百九十二处。东路的四海冶，中路的葛峪，北路的独石口、西路的张家口和西洋河等处，都是长城防御重中之重的咽喉要地。

03

独石口

独石口是一个孤独的长城关隘，明永乐年间裁撤了大宁卫和开平等卫之后，独石口就开始了其首当其冲的边关地位。今天的独石口是苍老的，苍老的石砌城墙依然孤独地矗立在高高的山上。

独石口位于河北省赤城县北，因关口处有一座独石，矗立于平地之上，关因此而得名。独石上镌刻着“突兀孤秀”“一石飞来”两组大字。明初洪武年间，独石口的军事地位并不是很重要。靖难之役后，朱棣登上皇帝的宝座。在这场皇权争夺战中，臣服明王朝的蒙古族兀良哈部骑兵立了战功，朱棣登基后将明边地重镇大宁（今辽宁宁城县）送给了兀良哈部。这只是一个原因，还有一个原因是驻军大宁的明军后勤保障供给非常困难。

当时明廷北边以大宁、兴和（河北张北）、开平（内蒙古多伦）为防御中心设防。大宁弃守后不久，兴和便也废弃，这样开平孤存敌境也无法据守了。明宣德五年（1430年），不得不移开平卫至独石口。从这时起，独石口一跃而成为具有战略地位的军事重镇，被当时的军事家称为“上谷之咽喉，京师之右臂”。

独石城坐落在南北流向的两河之间，左为黄龙河，右为青龙河，背靠蜘蛛山，所以有二龙戏珠之说。城筑于宣德五年（1430年），为黄土夯筑。正统十四年“土木之变”时独石口被蒙古族瓦剌部攻破，遭到毁坏，后又屡次重修。万历十年（1582年）用青砖包砌。到清乾隆七年（1742年），直隶总督对岁久坍塌的独石口城又进行了一次大规模的修缮。

雍正十二年（1734年），清朝设独石理事厅，与张家口厅、多伦诺尔厅成鼎足之势，管理口外东翼正白、镶白、镶黄、正蓝四旗和延庆、怀来、龙门、赤城四州县。当时全城居民3000多户，店铺上百家，官衙林立，庙宇齐全。

独石口驿，在明清两朝都是重要的驿站。“口外六站”说的就是古北口外的六座驿站。分别为：奎腾布拉克站、额楞站、额默根站、卓索图站、锡林郭勒站、胡鲁图站。驿站的任务是通报军情，传递公文，接待使臣，迎送官吏。

独石口关城内，原建有一座精巧的独石庙。庙中有四大景，即无梁殿、无影塔、无孔桥和无耳钟。四大景尤以无影塔巧夺天工，据说晴天从日出到日落都不会有塔影投入地面。可惜，“农业学大寨”时有人提出，塔所以没有影子，是因塔下有水。于是组织了一场挖潜流的大劳动，结果水没挖出来，无影塔却被毁掉了。

在独石口南，白河和马营河交汇处的群山环抱中，有一座碧波荡漾的水库，这就是云州水库。水库大坝的东侧，有一道笔直陡峭的山崖，这便是在当地很有点名气的舍身崖。崖石上镌刻有足踏莲花的舍身大士像。所谓的大士像，不过是一位美丽女子的浮雕。像旁还有很多摩崖题刻，其中最醒目的就是“朔方屏障”四个遒劲有力的大字。

长城沿线，万仞险峰不计其数，有很多地方都称作舍身崖，能称其为胜景的除北岳恒山的舍身崖，就属独石口南的舍身崖了。和所有被称作舍身崖的地方一样，这里也有一个悲壮动人的故事。但这里讲的不是少女殉情，是一位巾帼女英雄。

据《赤城县志》记载：明正统十四年，发生了土木之变，英宗皇帝被俘，长城沿线受到了毁灭性的打击，当时独石口有一位管有1000名兵士的千总叫田坤，死于战斗之中。

田坤的女儿为报家仇国恨，率兵浴血抗战，最后寡不敌众，被围困在这座陡崖之上，眼见敌兵已步步逼近，姑娘不甘被俘受侮，纵身跳下了万丈峭崖。后人为纪念她，将此崖命名为舍身崖，并镌刻了舍身大士像以传后世。

1933年5月26日，吉鸿昌同冯玉祥、方振武等抗日将领，集合东北义勇军在张家口宣布成立“察哈尔民众抗日同盟军”，吉鸿昌任前敌总指挥兼第2军军长。9月9日，吉鸿昌率部到独石口与方振武会师后，在独石口召开了抗日誓师大会，并书写“驱寇安边”四字以激励全军将士。

如今的独石口雄关，虽已雄姿不再却也还能吸引游人驻足。除长城之外，独石口冰山梁也很受人们的欢迎。独石口冰山梁，古代称为崆峒山，主峰在独石口城东南，距独石口5千米。

冰山梁素以凉、怪、阔著称，当地有“天下十三省，最数独石冷”之说。十三省是明朝的说法，明宣德三年（1428年）以后，全国统分为两京、十三布政使司。两京是京师和南京，十三布政使司简称十三司，俗称十三省。

另外，还是要讲一下大宁、东胜两卫的南撤的问题，这个问题对于了解明代长城防御体系的构建很重要。“靖难之役”之后，明成祖朱棣为缓和北部压力，决定采取招抚政策。在与瓦剌互相遣使通贡之后，明朝于永乐七年（1409年）正式册封瓦剌部的三个首领为王。

为配合实行招抚政策，明成祖采取了收缩北部防线的策略。这次战略防线的收缩，主要是大宁、东胜两个军事重镇的内迁。当然，采取这一举措还有一个原因就是后勤保障的实际困难。

大宁卫在明长城防御线以外，在大宁都司内迁后，东胜卫也向内撤了。明成祖“又以东胜孤远难守，调左卫于永平，右卫于遵化，而墟其地”。

河北赤城独石口长城

–

摄影 / 董旭明

04 紫荆关

紫荆关为长城内三关重镇之一，在河北省易县西北45千米处，距北京约170千米。关东是万仞山，关西是犀牛山，关北是拒马河，有“一夫当关，万夫莫开”之势。紫荆关的历史可谓是风风雨雨，仅明朝这里就发生过很多次的战争。震惊明朝的土木之变，英宗皇帝被蒙古瓦剌抓住之后，瓦剌军并没有直接就近攻打八达岭、居庸关进攻京都，而是绕道进攻紫荆关。

紫荆关是很险要的长城关隘，至今仍是华北通往山西、内蒙古的交通要冲。春秋战国时期，这里就设了上谷关，南北朝、唐、宋、元等朝代，中原王朝对紫荆关均多次修葺、增补建筑，至明朝万历年间，就形成了现在的规模。

紫荆关是长城千百座雄关险隘中，历史最悠久的几座之一。关于紫荆关的记载，最早见于《吕氏春秋》，是著名的天下九塞之一。紫荆关在不同的历史时期，有过不同的称谓，战国时期为上谷关，东汉时叫五阮关，北魏称子庄关，宋、金时期又改称金陂关，到了元代才正式称为紫荆关。

紫荆关地形险要，多次承受战火硝烟的洗礼。汉朝至明朝以前的紫荆关，关城由土石夯筑而成，直到明洪武元年（1368年），才改用石条作基础，以青砖砌面封顶。

明成祖迁都北京后，紫荆关的地理位置就显得更为重要。明朝正统、景泰、弘治、嘉靖、万历、崇祯年间，紫荆关都得到了改筑和扩建，并在附近增筑了城堡、隘口，开凿了盘山道。

紫荆关城分东西两部分，中间以城墙分隔，东城设文武衙门，西城作屯兵的营地。关城东、西、南三面墙外有墙，形成了三座小城池环护着主城。

紫荆关的关城城墙总长18160米，紫荆关城有4座门，南北二门为进出长城的交通要道。北门有“紫荆关”“河山带砺”石匾，南门有“紫塞金城”石匾，皆为明万历年修建关城时所镶嵌。紫荆关附近的文物古迹较多，有古代军用水井、碾盘，至今仍保存完好，古栈道至今清晰可辨。

明长城内三关的紫荆关、倒马关都属于后分设的真保镇所辖，任务是防御京西的安全。真保镇初设于景泰元年（1450年），因镇守总兵府驻保定城而得名。主要任务是统领直隶保定、真定、顺德以及河间、广平、大名诸府的军事防御。

正统十四年（1449年）七月，“土木之变”发生后，瓦剌部攻破紫荆关，直抵京城，造成十分紧张的军事形势。景泰元年（1450年），明朝派遣广宁伯刘安镇守保定、真定等府，专负扼守太行山长城隘口之责。

弘治、正德间，保定防区的军事统帅的名号虽有变动，但自正德九年（1514年）十一月始，明朝常设镇守保定副总兵，基本上稳定下来。

嘉靖二十年（1541年）之后，山西省屡遭俺答诸部的抢掠。朝廷为防御蒙古部队东下太行山、袭扰京畿，于是添设镇守保定等处总兵官，并增加防守兵力，增修各关隘的长城。

保定巡抚始设景泰中期，至成化八年（1472年），保定巡抚的辖区确定为六府，即保定、真定、顺德、河间、广平与大名。保定巡抚兼提督紫荆、倒马、龙泉等关军务。巡抚衙署设在真定府城，镇守总兵府驻保定府城，故此长城防御区域称为“真保镇”。

在这里有一件事需要介绍一下，这就是2004年5月围绕紫荆关长城修复工程，曾引发了一场较大的争论。专家学者及长城志愿者纷纷发表观点，批评者有之，肯定者亦有之。2004年7月19日，《燕赵都市报》发表该报记者胡印斌、王小波一篇题为《紫荆关长城修复之辩》的采访报道，记者认为“在长城修复的历史上，好像从来没有一个地段像紫荆关这样，产生如此明白而激烈的意见对抗”。

记者写道：“按照批评一方代表人物、中国长城学会秘书长董耀会的说法，众多学者针对紫荆关长城修复这个个案的不一致意见，实际上是长期以来文物修复上两种不同认识的一次交锋。此前的长城维修并不是没有不同意见，只不过大家都保持‘一团和气’绕过去罢了。这一次，恐怕不好再绕过去了，孰是孰非，现在应该有个倾向性意见，将来的历史也会有一个判断。”

这次争论的焦点还是长城应该怎么修的问题，我们当时反对的是对长城的过度修缮。后来，时任国家文物局局长单霁翔在中国长城学会组织的一次长城学术研讨会上，提出了检验长城修缮工程合不合格、好与不好的三个标准。

他说：“针对长城遭受自然破坏的不同程度，如何保护性修缮长城，是一个重要课题。对长城的保护性修缮工程做得好与不好，第一要看修缮工程是否最大限度地使古长城建筑存量得到了保护。第二要看修缮之后，古长城建筑的保存时间是否能得到很大幅度的提高。第三要看修缮工程的施工是否做到了高质量、高标准。”

在这场争论之中，我提出建议在紫荆关维修过程中，要最大限度地保护古城的历史信息，不再用“修旧如旧”这种提法。我认为，修旧如旧这个概念在文物界也是相对模糊，尚需理清的。什么是旧，一种认识是相距现在时间最长最先建的形式是最旧的；还有一种认识是今天经过几百年的风雨沧桑，保留下来的这种状况是旧的。

如果你要按第一个旧来说，就要把今天的古城修成最初的那种形式，这样的最旧实际就成了最新。要按保留历史信息的大小来说，今天保留的这种能使人产生沧桑感的状态才是真正意义上的旧。

紫荆关古城作为文物，其价值就在于承载了历史的信息，这些信息通过古城的建筑传承下来，我们有责任做到不使这些历史信息在我们手里中断。要保留更多的历史信息，还要解决过度修缮的问题。

这场争论，在当时并没有形成结论。可喜的是时过12年之后，河北省文物局对此做出了认真的反思。2017年6月6日，由国家文物局、北京市文物局、天津市文物局、河北省文物局指导，中国文物保护基金会联合中国文化遗产研究院、中国古迹遗址保护协会共同主办的“长城保护维修理念与实践论坛”在长城的起点山海关举行。

河北省文物局长张立方对河北省长城修缮工作进行了回顾总结。在涉及紫荆关长城修缮问题时，他说：“紫荆关长城保护工程，三期工程墙体大部分已恢复至墁地位置，只是城墙豁口未恢复、地面砖未铺墁、垛口、宇墙未恢复。这种贯以‘现状保护整修为主，局部修复’的方式，有复原的倾向，其修复工程量大，维修后的效果更像是未完成的‘复原工程’。目前，此类工程占有一定数量比例，专家、社会、公众均有争议，且争议较大，值得下一步深入研究。”

在这次论坛上，我代表主办方宣读《长城保护维修山海关共识》，与会代表审议并通过《长城保护维修山海关共识》（以下简称《共识》）。《共识》认为，长城保护以现状保护为主要任务，长城维修以加固文物本体、消除安全隐患为重点，以维护真实性、完整性和历史风貌为核心目标。

《共识》指出，长城保护维修应坚持以不改变文物原状和最小干预为基本原则；应坚持以科学研究为先导；应发扬中国工匠精神，满怀敬畏之心，精益求精地做好长城维修工程的勘察、设计、施工和评估验收；应注重保护和维修的社会效果；应强化有关制度的完善、落实与监督；应鼓励探索与创新。

《共识》强调，长城不仅是中国的，也是世界的；不仅属于当代人，更属于后代子孙。我们呼吁，不断探索和总结长城保护维修的有益经验，更新保护理念，提高维修水平，让长城更好地向世界展示中华民族悠久的历史和文化，传承华夏儿女伟大的民族精神。

05

倒马关

倒马关是明长城内三关最破败和潦倒的关隘。倒马关地处河北省唐县西北，因山路险峻，战马到此经常要摔倒而得名。倒马关置关较早，《战国策》称其为鸿上关，汉称常山关。目前可见到的关于建筑倒马关城的记载，基本上都是明朝的。

倒马关又分上城和下城，上城是明洪武初年修建，后改名上城口，今城已毁。下城即今倒马关城。据《倒马关志》载："景泰三年（1452年）因上城狭小，官军居处不便，乃于城南二里相度地势，复筑城一座，二面濒河，一面跨山，规制弘备，是为下关。"

现倒马关乡政府院内，保存着一块已从中折断的汉白玉石碑，为《倒马关建城碑》。碑文记载了明成化元年（1465年）修建倒马关的情况。由此可知，明代倒马关城始建于景泰三年（1452年），后于明成化元年（1465年）又进行了一次大规模的修建。

倒马关同居庸关、紫荆关合称内三关，地势极其险要，关城建筑亦很独特，一半在沟谷，一半在山上。整座关城依地势而建，唐河水由西、北、东三面环绕关城而流。山、水、关城在这里相得益彰，互为险阻。

倒马关城，周长约2.5千米，城墙底宽6米，顶宽4米，高约10米。墙为黄土夯筑，外砌砖石。关城有3 座城门，东门称居仁门；西门称由义门；北门称宣武门。西门百步外另有1座条石砌筑的城门。在关城四周的山上，居高临下筑有石结构墩台5座，今已圮坍，只存下半部了。

由于倒马关的险要位置，历史上具有极高的军事价值，为历代兵家征战必夺之地。战国时期，赵武灵王北进，攻取中山国时就是先打下的倒马关。北魏末年，柔玄镇（今内蒙古兴和县西北）镇兵出身的杜洛周，在上谷（治河北怀来）举行武装起义。起义军在攻打定州时，定州刺史杨津请求柔然主阿那瑰发兵解救，柔然兵行至广昌（今山西灵丘）因杜洛周已在倒马关派有重兵，扼据雄关，柔然兵无他路可走，只好原路退回。

明正德八年（1513年），蒙古鞑靼部首领达延汗入犯大同后，欲取倒马关，以图南下。明王朝守军凭借天险，坚守关塞，最后击退了来犯之敌，使长城之内的广大地区免遭一次洗劫。

倒马关城东门、西门已在修公路时拆毁，北门亦在早年被拆，关城城墙仅西面城墙大体断续残存，可辨外侧为青砖包砌，内侧为卵石砌筑，其余三面均被拆毁，只局部可略辨残迹。

倒马关城，同居庸、紫荆一样，都并未和长城主线墙体连在一起。长城还在倒马关城北约17.5千米。在河北省涞源县还有与倒马关和紫荆关互为表里的三个关隘，那就是插箭岭关、浮图峪关和乌龙沟关。插箭岭关及长城，为倒马关北之要冲。

据《读史方舆纪要》载：“明嘉靖三十二年（1553年），蒙古俺答进犯大同，取紫荆，攻插箭岭。”今插箭岭关城毁坏严重，东侧墙砖被拆走，夯土墙尚存。城南、北二券拱门洞虽存，但已不能通行。

插箭岭的名字和杨六郎的故事有关，据传杨六郎曾与辽军在倒马关激战，辽军答应以杨六郎射箭划界，他的箭射到哪里，辽军就退到哪里。杨六郎一箭飞出30多里，射到了今天的插箭岭，此地也就得名插箭岭。插箭岭关长城毁坏严重。插箭岭关所辖长城的空心敌楼多保存较好，敌楼的门额上嵌有汉白玉石匾，阴刻楷书“插字××号台”。

河北涞源白石口长城

–

摄影 / 宋举浦

浮图峪关也是紫荆关的极冲之地。据《畿辅通志》载："明景泰二年（1451年）建城，设守备。"城为圆形，南面靠山，三面环水，因早年遭洪水所冲，今城堡已毁无存。村中有原西门匾额一块，中间刻"重险"二字，上款有"分守参将上谷李彦勋"，下款"万历四年季春立"。可知城堡在万历年间重修，设有参将驻守。

浮图峪关东、西的长城多因山险未筑墙，筑有空心敌楼，并在门额嵌有石匾，刻"浮字××号台"。浮图峪关口处的城墙，今除个别地方零星略存遗址外，均已被毁掉。

倒马关的名字与马有关，在明朝军马生产与马政可是一件大事。长城沿线军队马匹的采办、牧养、使用等诸多方面，都实施严格的管理制度。洪武三十年（1397年），明朝"设北平、辽东、山西、陕西、甘肃行太仆寺，定牧马草场"。掌各边卫所、营堡之马政，隶于兵部。

永乐年间，军队建设上强化屯田制度和马政管理，使战马数量成倍增加，对于发展经济和抵御外敌，起了至关重要的作用。弘治之后，军马数额逐年减少，马政日渐废弛，危及边防建设。

隆庆之前，除了官府自己养马外，还编派养马民户为官府饲养马匹。明朝把这些马匹集中寄养在长城沿线，指派当地的民户饲养。马若死亡，饲养者要负责赔偿。不难想象，这对养马民户来说，是何等沉重而又具有风险的负担。

06

乌龙沟

乌龙沟长城是一处很有豪迈气势的长城，这处长城位于河北涞源县东北。乌龙沟原名五龙沟，因沟北山上有5条天然的黑石纹理，其形状很像5条腾飞的龙，此地因而得名。

涞源县位于拒马河上游，属于太行山与冀北山地相连之处。涞源县汉代叫广昌县，元代叫飞狐县。相传曾有一只狐，吃了紫荆岭的5粒松子而成飞仙，此地故名飞狐。

明朝为加强京师防御，防御蒙古势力的侵扰，除在北面修筑长城之外，还在京城的西南，今天的山西、河北、北京地区修筑了一条内长城，西起山西偏关，经北京的居庸关东至北京怀柔。

内长城在保定境内的太行山区，经过涞源、易县、涞水、阜平、唐县等地，其中以涞源县的乌龙沟段长城保存最为完整，从全国的长城保存状况来说，都是属于很好的地段，2001年6月被国务院公布为全国重点文物保护单位。

乌龙沟全长约20千米，属真保镇紫荆关路管辖，这段长城共有5个隘口。长城由涞水境内金水口，沿西南方向进入涞源草滩村，继续向西南方向延伸，经里沟村东北、暖水村东的山梁曲折前行，又经邓家庄、大庄、小庄村西至乌龙沟口。

河北涞源长城
-
摄影 / 宋举浦

河北涞源大龙门堡长城摩崖石刻

长城跨越乌龙河后，先向西南再向南至三道河村西、煤窑村西，在碾子沟村东河口处过一条小河，再向西又转南，到达隋家庄村东的小河口，这里是乌龙沟和浮图峪两口的交界处。乌龙沟长城保存得很好，很多的段落口连垛口墙都还很完整。乌龙沟段长城砖石砌筑的敌楼门额都嵌有汉白玉石匾，为“乌字××号”。

长城内侧约1千米有处乌龙沟城堡，保存基本完好，一面靠山，三面环河，地形十分险要。城呈不规则的长方形，南北长约200米，东西宽约150米。城有南、西二座城门，并外建瓮城环护。南瓮城城门名为“翊荆门”。西瓮城城门名叫“镇朔门”，有门匾额上款为“万历甲午岁中秋吉旦”，下款为“钦依乌龙沟把总王国祯立”，万历甲午年是万历二十二年（1594年）。

涞源县文保所收藏有一块石灰岩质残碑，内容为《新城乌龙沟记》。这块石碑残高6.5厘米，宽6.85厘米，厚16厘米。此碑仅存上部，碑首分两行印刻篆书“新城乌龙沟记”6个大字。尚存碑文为：新城乌□……□，钦差巡按直隶监□……□乌龙沟旧为□……□要害疏□……□请添设把总指挥□……□一楼徐公祚□……□去水敌楼贰□……□素材环三面□……□筑重门以御□……□岂而为厩旧□……□官得而用之□……□畿甸城乃有裨□……□哉是为记。嘉靖二十六年□……□。

从匾额和碑刻可知，嘉靖二十六年（1547年），万历二十二年（1594年），都曾修建过乌龙沟城。

07

平型关

平型关是长城关隘中一座不大的关，不过知名度却很高。知名度来自抗日战争时期的一个战役，这场被称为平型关大捷的战役是中国抗战史的一个里程碑。平型关大捷主要是因为1937年9 月25日，八路军一一五师在平型关伏击日本侵略军，获得了八路军出师华北对日作战首战告捷，打破了日本侵略军不可战胜的神话。今天平型关关门北侧墙壁上，嵌有1965年县人民政府所立“平型关战役遗址”保护碑。

平型关，原名瓶形关，是山西省境内内长城的一个关口。北齐、北周时便开始在此建关、修长城。北宋时于此设“瓶形寨”。北岳恒山主峰南麓与五台山相接处，有一条沟谷，是西进雁门，东出冀西的交通要冲。这条沟就是滹沱河上游的横涧沟，平型关城就建筑在沟的北岸。

明正德六年（1511年）大规模修筑内长城时，在此修筑了关城和长城，使其成为雁门关侧翼的阵地。平型关城堡在长城里侧，现为繁峙县横涧乡平型关村。20世纪80年代，我们徒步考察明长城的1985年除夕，就是在平型关村过的。

徒步考察明长城

徒步考察明长城时在做匾拓片

平型关城全部为青砖包砌，条石基础。今多被拆毁，只存夯土墙了。城堡砖砌券拱门尚存，门洞东侧墙壁上嵌有一块石碑，为明天启七年（1627年）砖墁城顶及修筑北门瓮城时所嵌。明天启年间，军事防御的重点在山海关一带，这边修建长城的记载并不多。

平型关口，设在关城东北1千米处，两山之间的一个缓坡地段。关口处原来还建有一座小关城，今已残毁，但尚存一砖券拱门，门额嵌有一匾，上刻“平型关”三字。据当地老乡介绍，关门城台之上，原建有一座三开间的单层城门楼，楼及关门皆于早年被暴雨冲毁。

我们再回到1937年9月的那场战役。抗日战争全面爆发后，日军从平津地区西进，攻下张家口后，数路纵队向涞源、灵丘、大同方向进发，目标是攻下大同后夺取太原。国民革命军二战区集中20多个师准备与日军会战，八路军对日军的平型关战役，就是在这个背景下打响的。

1937日军9月25日，八路军一一五师在平型关设下埋伏圈，打了日军第五师团第二十一旅辎重部队和补给部队的埋伏，紧接着又在老爷庙、关沟一带，埋伏阻击了前来救援的第二十一旅团第三大队日军。进行了数小时的激战，为避免更大的伤亡，八路军一一五师于凌晨撤出战斗。

八路军一一五师师长林彪于结束战斗的次日，1937年9月26日给中共中央军委的战报称“昨日与敌第二十一连（联）队战斗一昼夜，将敌歼灭一千余人。”平型关战役歼敌千余名，击毁敌汽车80余辆，缴获了大量武器和军用物资。平型关战役的胜利，使日军合击国民党二战区于恒山南段，南下太原作战的计划破产。

2013年，国家文物局批准了平型关复建项目。国家投入590万元维修经费，2014年5月动工，2015年7月完工。平型关城楼仿照娘子关、雁门关城楼设计，建成了面阔五间的重檐歇山顶式建筑。

08 娘子关

娘子关是一座很庄严的长城关隘，其位于山西省平定县东北，距平定县城45千米，地处华北大平原和太原盆地之间的山地，太行山脉中段最重要的枢纽。娘子关东是广阔富饶的冀中平原，西为黄土高原的东部边缘。

据说娘子关是古苇泽关，唐初因平阳公主曾率娘子军驻此设防，创建关城，故名娘子关。平阳公主是唐高祖李渊的三女儿，也是唐太宗李世民同一个母亲的亲姐姐。

隋大业十三年（617年）五月，李渊决定起兵。李渊起兵前，平阳公主的丈夫柴绍随李渊起兵。平阳公主则在家变卖了财产，招募了一支几百人的队伍。经过东征西讨，平阳公主以其超人的胆略和才识，很快将队伍发展到了几万人。

这支被称为娘子军的队伍，并不是由女人组成的军队，而是由女人做主帅的军队。平阳公主虽然是一位中国历史上很了不起的巾帼英雄，但《旧唐书》和《新唐书》等历史文献并没有留下她的名讳，其生年亦不详。

娘子关的“娘子”说的是谁，还有另外一个说法。《元和郡县志》记载，这位娘子是焚死绵山，春秋时晋国介子推的妹妹介山氏。后人曾在娘子关这个地方，为之筑妒女祠。祠已毁废，有唐人书《妒女颂碑》，收藏于山西省博物馆。

娘子关匾额

娘子关之名称，最早见于金人元好问《游承天悬泉》词句“只知晋阳城西天下稀，娘子关头更奇崛”之句。清朝官修地理总志《大清一统志》，首次将娘子关这一名称收入官修文献。

娘子关旁有一条长流不息的绵河，河的两岸树木茂密，河边芦苇丛生，故名“苇泽”。古往今来，不知有多少文人墨客纷至沓来，在这里留下了脍炙人口的诗篇，如“雄关百二谁为最，要路三千此并名”“楼头古戍楼边寨，城外青山城下河”等。

绵河，古称绵蔓河，源于山西省寿阳县，全长125千米，东流至平定县后当地又称其为桃河。娘子关城坐落在悬崖峭壁之上，居高临下，悠悠的河水，由西南折向东北，环绕关城，奔腾而过。

娘子关的关城，所处之地山险沟深，形势非常险要。险山、河谷、长城，在这里筑起一道屏障。明朝时期因边患严重，在嘉靖二十一年（1542年），重修了娘子关城堡，并专门派驻守备军队，把守关城。关城开有两座城门，东门为砖券，额题“直隶娘子关”，城门上建有城堡平台，是用于检阅兵士和瞭望敌情的地方。

南门坚固厚实，为青石筑砌。城门上建有宿将楼，门洞上方额书“京畿藩屏”四个大字。娘子关城分上关、下关，东为上关，西为下关，关城上建有阁楼，关城东南侧门前，仅有一条呈45°的石坡古道可以通过。

娘子关还是一座在近代史上有着光荣历史的关隘。1900年10月，德法联军进入山西境内，一路打到了娘子关。娘子关一旦失守，侵略者的步伐就会西进。法国军队集中12000人，率先向娘子关进攻。娘子关的清军约有8700人，在武器落后的情况下顶住了法军先后13次进攻。法军也伤亡惨重，阵亡士兵人数高达1258人，不得不撤退回北京。

娘子关周边风光秀美，绵山、承天山、紫金山等，距今三百万年前的喜马拉雅运动中形成的高山，都是太行山脉的名山。山间的张果老洞、老君洞、水帘洞等洞穴也是景色幽静宜人。

娘子关岩层断裂发育和地层变化，形成的地下水沿山体裂隙涌出的瀑布景观“娘子关瀑布”。娘子关地下水溶蚀石灰岩形成的洞穴，目前还没有更好地开发，非常有旅游开发前景。

另外，还有承天寨、老君洞、妒女祠、烽火台、点将台、洗脸盆、避暑楼等十多处古文化遗址，其中不少都传说是平阳公主驻防娘子关时留下的遗迹。

09 井陉关

说起娘子关，几乎可以说无人不知、无人不晓，但讲到与娘子关仅隔数十里的井陉关则鲜为人知了。井陉关这座历尽磨难的长城关隘，见证了太多的战火烽烟和血流成河。

王维的“天官动将星，汉上柳条青。万里鸣刁斗，三军出井陉。”刁斗是古代军队中使用的一种铜质器具，又名“金柝”“焦斗”。白天供人烧饭用，夜间巡更可以敲击着当锣使用。

井陉关坐落于井陉县北的井陉山上，为太行以西进入为华北平原的重要通道。井陉的陉，指的是山脉中断的地方，“太行八陉”是太行山八处较大的通道，井陉为第五陉。陉口一般都设有关塞，成为隘道的门户，因此为历代兵家必争的要隘之地。“太行八陉”之中，有5座陉口坐落在长城线上。

秦始皇十五年（前232年），进攻赵国的秦军从太原出，占领了赵国的“井陉”之后继续深入，与赵将李牧的军队战于番吾（今河北灵寿西南）。当时，赵国在七雄中还算有战斗力，加之秦军远途作战准备不充分，结果秦军战败逃出井陉关。此战之后，秦军数年不敢再攻伐赵国。

2000多年前，中国历史上以弱胜强的著名战役韩信破赵之战，也发生于井陉关附近。汉高祖三年（前204年），楚王韩信东渡黄河击败西魏军队之后，率军横越太行山，向赵发起进攻。赵王歇、代王陈余得知韩信将至，领兵20万到井陉关一带，阻汉军东进。

韩信率大军过太行山后，先派两千精骑，每人带着一面汉军旗帜，秘密地从小路绕到赵军营寨的侧翼埋伏起来。这支军队的任务是待赵军全部出动时，乘虚抢占赵军营寨，并把汉军大旗插在营寨的四周。韩信另外把1万步兵，布置在井陉关外的绵蔓河岸边，背水列阵，以待敌军。

一切布置停当之后，韩信率领其余部队，由井陉关向赵军营寨前进。赵军诸将见汉军兵马很少，赵王歇认为消灭汉军，活捉韩信的大好时机已到，下令大开营门，全军出动与汉军交战。

两军经过一番厮杀之后，韩信佯败，并安排好让兵士们故意将军旗、战鼓丢弃满地，而赵军以为胜利在望，一味穷追。汉军退到背水阵地后，韩信即令全军列阵以待，汉军自知没有退路，只能胜而不能败。

赵军追上来之后，诸将见汉军背水列阵，不禁哈哈大笑。他们笑韩信白白地带兵打了这么多年的仗，连兵家大忌都不懂，竟将自己置于死地。赵王歇命令赵军全线出击，要一举全歼韩信的军队。

汉军个个拼死作战，以一当十，越杀越勇，而赵军素质本来就不及汉军，况毫无激战准备，所以伤亡十分惨重。正在这时，赵军大营的上空，飘扬着无数汉军的旗帜。赵军见自己军营已被汉军所拔，顿时阵脚大乱，韩信命令部队乘胜追击，大获全胜，杀了代王陈余，俘虏了赵王歇，清除了两股割据势力。

此后，历朝历代井陉都是军事必争之地，成为改朝换代中太行山东西双方的角逐之地。宋徽宗宣和六年（1124年），金兵在井陉大破宋军，攻克真定（今正定）。元末，明大将军徐达发兵正定，占领井陉后进军攻打大同。

明末李自成的农民军，自山西而来占领了井陉关，而后由攻下井陉县，夺了知县李璧玉县印。李自成军队在山海关战败后，退出京城向西逃跑，又是从井陉去的平阳。

“太行八陉”井陉之外的七陉，分别是：

轵关陉：在今河南济源西北部，河南北部平原通往山西的要道。北齐河清二年（563年），曾修筑过轵关陉西的长城。

太行陉：在今河南沁阳西北太行山间，连接山西南部和河南北部的交通要道。

白陉：又称孟门陉，在河南省辉县西部孟门山，亦为河南北部通往山西南部的交通要道，春秋时齐晋两国交战，双方军队都多次由此进出入太行山，征伐对方 。

滏口陉：在今河北省磁县西北部石鼓山，为滏阳河的发源地。后燕建兴九年（394年），慕容垂发兵攻打西燕，即走的滏口陉。

飞狐陉：在今河北省蔚县东南，古代时为河北平原西入大同盆地的交通要道，陉口设关称飞狐口。战国时赵国曾于此筑过长城。

蒲阴陉：在今河北省易县西北部的紫荆岭，即明长城的紫荆关。

军都陉：在今北京市昌平区军都山，自华北通往山西雁北和内蒙古高原的通道，陉口设关，即今明长城居庸关。

10

大同城

大同风大，过去这里的人形容说，大同是“一年一场风，从春刮到冬”。现在绿化改善了环境，风少得多也小得多了。大同位于山西省最北端，地理坐标为东经112°34′~114°33′，北纬39°03′~40°44′之间。燕山、阴山、太行、吕梁诸山，环绕着大同这个天然的盆地。古人称其“东连上谷，南达并、恒，西界黄河，北控沙漠”。

大同是明长城九镇大同镇的镇城。明长城九镇中大同镇地处北京与晋、陕、蒙等地的接合地带，是从内蒙古高原南下，通往内地的主要通道。这里为华北平原的北缘，向东是京城，向北是蒙古高原，向西是黄土高原，地势险要，故有北方锁钥之称。

大同长城历史悠久，春秋时期即为农牧交错地带。据《战国策·释地》载：“今山西岢岚州以北，故楼烦胡地也；大同、朔州以北。故林胡地。”赵武灵王胡服骑射之后，再次修建了赵肃侯时期的长城，汉刘邦的白登之围也发生在这里。北魏拓跋珪定都大同，奠定了北魏二百余年的基业，开启了中国古都控北御南的新格局。

大同一直是座影响很大、地位很高的城市，特别是明朝时更成为南北冲突激烈之地。蒙古势力一旦南侵华北平原，大同是主要的通道和战场。明洪武二年（1369年），明朝开始大规模构筑长城区域的军事防线。由此往后，大同作为战略要地，在长城沿线越来越重要。

明洪武五年（1372年），大将军徐达在北魏至元时期遗留的旧土城基础上重新修筑大同城，城墙东西长1.8千米，南北长1.82千米，周长7.24千米，面积3.27平方千米。城墙高14米，上筑580对垛口。重建的大同城，把大同防御体系建设得更加坚固完善。

“土木之变”时，也先亲自率军扑向大同，大同的将士拼死抵抗，死伤惨重。一度“士卒可战者才数百，马百余匹”。大同副总兵郭登发出“吾誓与此城共存亡，不令诸君独死”的誓言。在他的鼓舞激励下，全城军民同仇敌忾，奋勇争先，守卫大同，连续击退也先军的6次大规模攻击。这一战展示了明朝军队的血性，打出了向死而生的军人气质。

大同的有效抵御，牵制了瓦剌的兵力并延缓其进军京城的速度，有力地配合了于谦组织指挥的北京保卫战，挫败了也先“欲取大同为巢穴”的计划。明朝大同城开有4座城门，分别为：东门“和阳门”，西门“清远门”，南门“永泰门”，北门“武定门”。每座城门之上，都建城楼。城墙的四角，也各建有一座角楼。位于西北角的角楼，是一座四层八角重檐楼，名叫乾楼。乾楼为大同八景之一的“镇楼秋爽”。

四门之外筑有瓮城，瓮城之上都建有箭楼。城外还掘筑了堑壕，堑壕深约5米，宽约10米，人们通常称其为护城河。绿带一般的护城河，环绕着大同古城，更衬托了古城的优雅。

明朝大同城内，拓有4条大街、8条小巷、72条绵绵巷，整座古城街道规整通达。每条大街中段十字路口处，各建有一座阁楼。东大街路口为太平楼，南大街有鼓楼，西大街有钟楼，北大街有魁星楼。

明朝时大同始终驻有重兵，《明宣宗实录》载，宣德七年（1432年）十二月，兵部称“山西行都司所辖十二卫军士二万余人，皆土军”。洪武四年（1371年）正月，置大同都卫。洪武八年（1375年）十月，更名山西行都指挥使司。洪武二十五年（1392年）八月，山西行都指挥使司徙治大同府。

驻在大同的山西行都指挥使司，洪武二十六年（1393年）时，管辖26卫。后来宣府左、右，万全左、右，怀安五卫，改属于驻在宣化的万全都指挥使司。

《明世宗实录》载“大同原额官军十二万六千二百余人”，《明经世文编》记载大同“先年原设旗军一十三万五千有奇，马五万一千有奇。嘉靖间，偶因一、二岁边事稍宁，遂议销兵节饷，军仅以八万八千为额，马仅以三万八千为额”。

万历《明会典》记载，大同镇“原额马步官军一十三万五千七百七十八员名，见额八万五千三百一十一员名。原额马骡驴五万一千六百五十四匹头，见额三万五千八百七十匹头”。可见，大同驻军人数少的时候，也在8万左右。

讲到大同城，一定不能不说一说云冈石窟与云冈堡。

云冈石窟位于大同市西17千米处的云冈山，主要洞窟有45个，佛龛约1100个，造像59000余尊。云冈石窟为1961年国务院公布的全国首批重点文物保护单位，2001年12月列入《世界遗产名录》。

明朝大同镇长城所辖的72城堡之一的云冈堡，就位于云冈石窟之上。云冈堡属大同镇北西路所辖，有新旧两堡。云冈山前旧有石佛寺堡，嘉靖三十四年（1555年）增筑后改称云冈堡。

万历二年（1574年），因防御需要在堡北崖另筑一座新堡，移官军于新堡，旧堡依旧保存。由此云冈堡分为上堡、下堡，形成犄角之势。万历十四年（1586年），又在两堡之间修建夹墙，将上堡、下堡连为一体。

山西大同左云镇宁楼

11

李二口

今天的天镇李二口已经是一个很受人们欢迎的去处，2020年5月30日天镇县委、县政府在李二口村举行了“董耀会长城文化工作室李二口研究基地”揭牌仪式。不过我很少去，这里已经成为长城研究者在天镇一个交流的平台。每年，河北地质大学长城研究院、燕山大学中国长城文化研究与传播中心的一些师生也去考察长城。

长城从河北进入山西基本都是一马平川，到了李二口长城才有了奔放豪迈的感觉。李二口长城位于山西省大同市天镇县城东北12千米处的逯家湾镇李二口村，为明嘉靖二十五年（1546年）修建的黄土夯筑。在山岭之上有少量土石并筑的墙体。在天镇县的北川有汉长城和北魏长城遗址，仅残存很少的遗迹。

李二口村北有一段由西向东到瓦窑口村约长5千米的夯土城墙，当地称为“错长城”。相传，当年负责修建长城工程的一位军官，进一户人家喝了一碗水的工夫，修建长城的士兵就修错了方向，这段长城偏离了长城的主线。实际上，这段从李二口到瓦窑口的长城，完全是构建长城防御的纵深。

李二口长城今天已经打造成旅游区，以李二口村打造文化旅游品牌为抓手，挖掘乡村特色文化旅游资源，构建李二口旅游扶贫综合开发示范项目。通过出台系列优惠政策，鼓励和引导社会资本和民营经济参与旅游景区建设，今天旅游产品开发和旅游基础设施建设已经初具规模。

李二口长城关隘名称的来历，至今还是一个谜。长城关隘的地名，用人名作地名的很少。李二是一个很常见的人名，老李家排行老二的那个小子。李二口的李二会是一个什么人呢？如果只是一个普通人，怎么可能以其命名长城关隘呢？这样一来，就有了李二口和唐太宗李世民的联系。相传唐太宗李世民征战至天镇北部时，曾经在此赋诗《饮马长城窟行》："塞外悲风切，交河冰已结。瀚海百重波，阴山千里雪。回戍危峰火，层峦引高节。悠悠卷旆旌，饮马出长城。"

这完全是一个传说。李世民所作《饮马长城窟行》一诗与天镇没有任何的联系。不论是《旧唐书》还是《新唐书》，都没有李世民到过天镇一带的记录。李世民虽然在家中排行老二，又有谁敢称其为李二？当地的老乡说，是李世民不愿意让别人知道他是谁，所以自称"李二"。

山西天镇李二口长城

李二口发展得很好，近两年获得了很多国家和省级荣誉。2021年2月，司法部、民政部公布李二口村为第八批全国民主法治示范村（社区）。2020年12月，李二口村被授予山西省第一批“省级民主法治示范村（社区）”。2020年11月，山西省文化和旅游厅确定李二口村为山西省第二批AAA级乡村旅游示范村。2020年8月，山西省爱国卫生运动委员会命名李二口村为“2020—2022周期山西省卫生村”。

当然，最重要的还是长城被列入国家级长城重要点段名单和长城国家文化公园建设国家重点项目。2020年11月26日，国家文物局以文物保发〔2020〕36号发布了《关于印发第一批国家级长城重要点段名单的通知》，李二口长城被列为全国83个国家级长城重要点段名单。2020年12月11日，国家文旅部举办的长城国家文化公园建设推进会，确定了长城国家文化公园建设45个国家重点项目，李二口长城也名列其中。

每次和朋友来天镇，带大家看李二口长城时，我都会给大家讲一件发生在天镇的事，这就是“八八惨案”。日本帝国主义侵华期间，制造了很多惨绝人寰的大屠杀。1937年9月12日，日军在天镇对老百姓的屠杀即为其一。日军首先用大炮轰坍了天镇城的东北角城墙攻进入了天镇城，并于连续几天杀害了2300余名手无寸铁的民众。这天是农历的八月初八，被称为“八八惨案”。县城北门外有“天镇蒙难同胞纪念塔”。

12

得胜口

得胜口是明蒙隆庆和议之后开放的第一个互市长城关口，这里官市和民市热闹非常，可谓是车水马龙。得胜口是外长城的重要隘口，属于无险可守的平川之地。所以，在长城得胜口之南2千米之内设置了得胜堡、镇羌堡、四城堡等多座城堡。

《三运筹俎考》记载："此堡外接镇羌堡，内联宏赐堡，击柝相闻，两堡依附，烽火一传，矢镞可及，虏终不能独窥。"

得胜口，当地称为口子上，今天仅存黄土夯筑城墙遗址，但还是可以清楚地反映出当时建筑的结构布局。关口原来有石砌砖包城门，关门外面有瓮城，关口外还有一座小城。我们20世纪80年代来此考察，当地老年人说，他们小的时候这里还有大车店，接待来往于山西和内蒙古的人们。

得胜堡位于大同市新荣区堡子湾乡，为明长城大同镇所辖的一个重要军堡和马市。向长城内南距大同40千米，向长城外北距丰镇3千米。明嘉靖二十七年（1548年）黄土夯筑，万历二年（1574年）石砌砖包。嘉靖二十八年（1549年）设为大同镇北东路防区。明万历三十二年（1604年）七月，"因其人稠地狭，原议添军关城一座，东、西、南三面大墙，沿长二百二十八丈"。这一年，朝廷批准了得胜堡修建工程，从所辖七堡抽调军夫匠役1188人，向南扩建"新增城墙二百二十八丈"。

–

山西大同得胜口长城

得胜堡城门洞内壁左右两侧各镶嵌一块石碑，西侧的那块字迹已无法辨认，东侧一块字迹很清晰。内容记录了万历三十二年七月内起建筑得胜堡，三十五年八月竣工。完成了所有原议土筑砖包关城、大墙并城楼、敌台等项工程，还新盖了新军营房三百间。

这项工程“原议军夫、匠役口粮米五千四百四十三石”，实际支出了“口粮米三千七百六十九石一斗”，计划数额减去实际使用的数字“节省口粮米一千六百七十三石九斗”。计划“边夫、匠役盐、菜并烧造砖、灰、炭、脚赀及营房木植、物料共银二千九百五十三两七钱”，实际支出了“银二千五百零二两三钱”，节省了“盐、菜、物料四百五十一两三钱”。

得胜堡设有一名正三品的参将，管辖本堡及所辖七堡的长城防御。得胜堡城内原来建有神武阁、玉皇阁、木牌楼、菩萨阁、城阁等，参将府在玉皇阁偏西的位置，府外建有火药库、制弹房和三百间军营房。

位于得胜堡北约500米的四城堡，文献中没有记载，当地都称此堡为“四城堡”。大同文史研究者认为此堡原名，应该叫“市场堡”，后来取谐音被习惯叫为“四城堡”。如果是这样的话，这座城堡可能是建于明隆庆五年（1571年），专为举办互市贸易之用。

在四座城堡中，镇羌堡离长城最近，其北约50米即为长城。镇羌堡初称水口堡，大同巡抚詹荣、总兵周尚文改名为镇羌堡。据《三云筹俎考》载：明嘉靖二十四年（1545年）土筑，万历二年（1574年）砖包。整座城堡保存较好，东城墙的南段有一个较大的豁口，其余的墙体存高3~8米。村里仍住有七八十户，有刘、许、石、段、王等二十几个姓氏，一村多姓是典型的军镇特征。

隆庆和议之后，隆庆五年（1571年）三月二十八日，明蒙双方在大同得胜堡举行隆重授封仪式，据载“得胜堡外九里建棚，棚长阔各三丈”，“厅用兰布五十匹，红布二十匹，席五十领，彩厅四个，彩旗二十对”。

明朝钦差大臣及大同各路要员将俺答汗等迎进棚内，钦差大臣宣读圣旨“封俺答为顺义王，赐金印一方，赏大红五彩蟒衣一袭，彩缎八里表”。三娘子也在这次授封仪式上被封为忠顺夫人。封俺答汗的长子黄台吉等被封为都督同知，其他65人被封为指挥同知、指挥佥事、千户、百户等。

俺答率诸首领叩谢，向明廷“贡马五百九匹，上马凡三十匹”，递交表册“大小板升汉人可五万余人，期间白莲教一万人”。宣大总督王崇古宣布，奉朝廷之命将赵全诸人斩首，同时“复下令，令板升诸亡命，欲归汉者，听”。

《明穆宗实录》记载：“宣大总督王崇古报，北虏互市事竣，大同得胜堡自五月二十八日至六月十四日，官市顺义王俺答部马千三百七十匹，价万五百四十五两；私市马、骡、驴、牛、羊六千，抚赏费九百八十一两，新平堡七月初三至十四日官市黄台吉、摆腰、兀慎部马七百二十六匹，价四千二百五十三两；私市马、骡、牛、羊三千，抚赏费五百六十一两……”

13

杀虎口

杀虎口可以说是万里长城上一个最惊心动魄的名称。杀虎口位于山西、内蒙古交界处的右玉县，是雁北外长城首屈一指的关隘。古称参合陉、狼牙关，明朝称“杀胡口”，清康熙年间打败葛尔丹后，出于表达团结和睦的目的，将杀胡口改名为杀虎口。

这样一改，一个令人心有余悸的地名，有了皆大欢喜的效果。清朝初年，实行蒙禁，不允许汉人随便出长城，也不允许蒙人随便入长城。清朝末年，朝廷解除了蒙禁，晋商兴起后杀虎口则成为人们穿梭远行歇脚的地方，成了生意人的商贸口岸。晋北地区的民夫、商人们，习惯以今天大同为标界，称西面的杀虎口为西口，东面的张家口为东口，又称长城以内为口里，以外为口外。

杀虎口坐落在万里长城脚下，北靠雷公山、庙头山，南与咽喉梁相对，东面是塘子山，西面是大堡山，地处山西、内蒙古两省的交界处。杀虎口因为走西口而人烟云集，南来北往的人络绎不绝，人丁渐渐兴旺，人气、商机都逐渐地兴旺发达起来。

杀虎口关城，明朝嘉靖二十三年（1544年）夯土筑成，万历二年（1574年）对墙体加以包砖。城墙周长1千米，高11.7米。万历四十三年（1615年），兵道张维枢根据大同西路通判王履中的呈书，向神宗皇帝上书《建造杀虎新堡详议》:“杀虎堡本开市要地，防御须宜严密，出入要宜盘诘。

今查得夷人入市，每日蜂聚城堡，任意流连，信宿不去。彼存心悍恶，一有滋蔓，便至难图。合宜摘近关墙外，另筑一土堡，中建商店。凡夷人俱在此中交易，不得闯入杀虎城。”

朝廷批准了在杀虎口堡外另筑一座新堡，新堡名叫平集堡，形制大小与旧堡相同。从此，杀虎口的格局就分为新、旧两座城堡，两座城堡之间的东西筑墙，连为一体。城堡开有东、西、南、北四座城门，堡城连接的长城内外，烽火台林立，敌楼密集，长城、古堡、烽燧形成唇齿相依、犄角互援的防御态势。

明朝的杀虎口由军队严密防守，据《朔平府志》记载：旧堡内设营守备一员，坐堡把总一员，旗军777名，军用马骡152匹；新堡设团总一员，旗军270名。以上官军、马匹俱于清初奉旨裁撤。清顺治六年（1649年）始设门操守一员，守兵100名。后逐年增兵设将，至康熙三十六年（1697年）五月，杀虎口最高军事长官为副将，马、步兵1000名，统辖宁武、平鲁、偏关、老营、河保、水泉六路守军。

清朝，虽然也有驻军把守杀虎口，但其功能主要是收取关税了。堡城的门洞关卡，故意砌得很低，通过关门时，必须单人牵马而过，减少了有人冲关的危险性。现在城门里，还遗留有一小段凹凸不平的石板路，宽度可供一辆马车和几位行人并行。

站在杀虎口城楼之上，观赏杀虎口城堡全景，杀虎堡、平集堡两座城堡互相依偎，清晰可见。堡城内，曾建有副将署、答税部、驿传道等八座衙门。连环堡内有一座通顺桥，此桥算是西口古道的起点，人们行走西口，从此桥上经过，祈盼走出西口，通通顺顺，故名通顺桥。

清朝杀虎口鼎盛时期，关口内外店铺林立，行商坐贾云集。城内较大铺面有30多家，“明义全”“义全长”“谦随意”“长盛生”“三合义”“天昌长”等生意都做到了口外。清朝中后期，杀虎口关税可谓是“日进斗金斗银”。即便到了清朝末年，杀虎口商贸已经有很大的衰退，年解关税银仍有13万两之多。

14

偏头关

明朝有很多人写过歌颂偏头关的诗，其中有一首这样写道："半壁孤城水一湾，万家烟火护偏关。黄河九曲涛西下，紫塞隆隆障北环。"这首诗形象地道出了偏头关的山高水远及其在古代防务上的地位。

偏头关关城，即今山西省偏关县县城，其东衔管涔山，西逼黄河，北连内蒙古，南通雁门、宁武，自古便为兵家争战、屯兵驻防之重地。偏关与宁武关、雁门关合称"外三关"，是外三关中最西边的一座。因关城东仰西伏，状如人首之偏，故称为偏头关，后来人们习惯简称其为偏关。

五代迄宋，在这里设立偏头寨，金时亦用此名，到元朝始名偏头关，不过那时的关城，在今偏关县城西的玉皇梁上。此城已毁，仅存残址。今天我们所能见到的偏关城，为明朝所修筑。

明洪武二年（1369年）设太原五卫，偏关属镇西卫。洪武二十三年（1390年），镇西卫指挥使张贤在偏关置偏关所，始筑新城。宣德四年（1429年），山西镇总兵由宁武关移驻偏关之时，又展拓了关城的南面。

以后经天顺、成化、弘治年间的几次扩建，偏关城才最后成为最后的规模，城周围约2.5千米，高11.7米，东、西、南三面各开一门。早期的关城仅是座土城，直到明隆庆三年（1569年），才将新旧两座关城全部用青砖包砌了一遍。偏关关城，从20世纪40年代开始，逐年扒拆，现在仅城南门砖砌券拱门洞尚存，城墙仅城西侧有30余米砖墙残存。

偏关所辖长城的东部，白羊岭上为内长城和外长城的西汇合点。长城由这里向南后转东奔宁武、雁门而去，是为内长城；向北是由大同而来的外长城；向西则内、外长城合为一股，直抵黄河岸边。

山西偏关老牛湾望河楼

–

摄影 / 董旭明

晋蒙交界黄河老牛湾

–

摄影 / 宋举浦

长城和黄河相交的地方叫老牛湾，2002年中国长城学会组织中国长城考察万里行活动，新华社记者屈维英问我如何形容长城与黄河交汇之地，我随口说“长城与黄河握手的地方”，他以此为题写了一篇报道，后来这句话就成了老牛湾的宣传语。老牛湾的望河楼，今天已经成为山西长城的地标。

明代万里长城，自辽宁告别鸭绿江之后，从山海关再告别大海，翻山越岭一路向西，在偏关终于和黄河第一次见面。后来我想，若说这里是“长城拥抱黄河的地方”，更能表达和抒发人们的情感。

没有任何的事物，会像长城和黄河这样，与我们的民族，与我们的国家有着如此之深的血脉联系。长城从偏关继续往西，直到甘肃兰州和黄河最后分别，期间曾四度相逢。在山西和宁夏境内，长城沿着黄河设防，双方相伴而行。

老牛湾是明成化三年（1467年）修建的一座屯兵的城堡。老牛湾堡北紧临黄河山崖，有一座保存很好的砖砌空心敌楼。此楼今天不但成为山西长城的一个地标，在全国都非常有影响。万家寨水库截流之前，这个地方更险要。长城到了老牛湾之后，虽以抵达黄河岸边，但并未跨越黄河西去，而是顺黄河的东岸南下，经万家寨、关河口至河曲、保德两县，然后才越黄河进入陕西省府谷县境内逶迤西去。之所以这样安排走向，完全是加强黄河防御的需要。

偏关人老少皆知的一句话"东有文笔塔，西有虎头墩"，说出了文笔塔和虎头墩在当地的分量。当地的朋友介绍说，每年春分、秋风，太阳刚升起来的时候，文笔塔的影子便映到关城西山的虎头墩上，随着太阳一点点升高之后，文笔塔影又逐渐地移回到城西关河。

文笔塔是一座空心砖塔，建在偏关关城外的东山，今天依然保存完整，全称叫文笔凌霄塔。明天启年间初初建此塔时，有7级佛塔，明崇祯八年（1635年）又加高了4级，成为现在这样的11层。塔总高为35米，底长29米。门额有"文笔凌霄"石匾，字迹已经模糊难辨。

虎头墩，又称平胡墩，是长城七路烽火的总传烽。可惜，砖砌的空心建筑，已经毁于20世纪60年代，后来只保留有黄土夯筑的基础。2010年，偏关县政府在虎头墩原址修建了"护城楼"。

今天的护城楼是一座总高43米的阁楼，二层三重檐歇山顶式结构的仿木建筑，全然没有了原来用于作战，用于燃放传递军情的烽火模样。把传递烽火的墩台建成一座观赏性楼阁建筑的做法不妥，实际上这是一座博物馆。护城楼台基上东西北三面建有总长84米的碑廊，立有96块书法碑刻。

偏关一带，素有"民歌之乡"的美称，特别是"二人台"独具特色。道情和"二人台"是晋西北传统的民间艺术之花。传统剧目有100多个，具有强烈的民族特色和乡土气息。几十年来，全国很多著名的音乐家、歌唱家都曾来过这里收集、整理民歌，继承中国传统文化艺术的宝贵遗产。

偏关县地处黄土高原，到处是丘陵荒坡，水土流失十分严重。自被列为"三北"的防护林建设的重点县后，偏关在建设绿色长城的工作中，成绩尤为显著，多次受到山西省和林业部的表彰。

15

宁武关

宁武关是一座并不宁静的长城关隘，历史上鲜卑、突厥、契丹、蒙古等游牧部族南下掠掳，经常选择宁武关为突破口。宁武关长城位于宁武县城区北部，明朝时宁武城是内长城山西镇总兵驻地。明朝顾祖禹《读史方舆纪要》在论述宁武的地理形势时说："大同有事，若以重兵驻此，东可以卫雁门，西可以援偏头，北可以应云、朔，盖地利得势也。"

内长城从西向东，由偏关经神池进入宁武县，今天已经成为忻州和朔州两市交界的标志物。宁武关为内三关长城之中路。宁武，秦汉为楼烦县地，置有楼烦关，今县南的宁化村为楼烦关南口，县北的阳方口，即为楼烦关北口。北魏时广宁、神武二郡先后治此，隋时先后属崞县、静乐县。唐置宁武郡，始用宁武之称，取广宁、神武二郡尾字而得。

宁武关城，因距凤凰山之北，历来又有"凤凰城"之称。关城始建于明景泰元年（1450年），在明成化、弘治、正德、隆庆、万历年间，均有修缮，工程较大是成化、弘治两次。成化二年（1466年）增修之后的关城，周围约2千米。弘治十一年（1498年），关城又被扩展为周围约3.5千米，基宽15米，顶宽7.5米，墙高约11.5米，城东、西、南、北四面开门。宁武城墙一直是黄土夯筑，万历三十四年（1606年）才用青砖包砌。万历年间，砖砌城墙时还修建了东西两座城门楼，在城北华盖山顶修筑了一座护城墩，其上筑有一座三层重楼，名为华盖楼。

乾隆《宁武府志》记载："万历二年（1574年），宁武守备筑护城墩于北山上。方二十八丈，高二丈为基，基上为台，台上为楼三重，楼外列二十四堞，登之可眺百里；台下周以砖墙，直一丈。环广四十丈，墙上列垛四十，屹然与城表里，巡抚魏允贞所使也。"

在宁武关千百年来的战争纪录中，最后一场大仗发生在明末崇祯年间。明朝末年，李自成农民军东渡黄河之后，决定分兵两路，进攻京师。南路军由刘芳亮率领出故关，趋正定攻京都；北路军由李自成亲自率领攻打宁武关，北上大同，以图进京。北路军到宁武关之后，三关总兵周遇吉据险顽抗，农民军同守关官兵在此进行了推翻明王朝前的一场激战。最后，李自成生擒了周遇吉，扫清了进军京城的一大障碍。

宁武关城，今除存极少的夯土残墙外，基本上全已被拆毁。位于城中心的鼓楼，至今尚保存良好。此楼下座为砖砌券拱十字穿心洞，楼为三层三檐木结构歇山顶式建筑。鼓楼内的文物陈列中，有宁武县古寺出土，当年修筑长城时用过的大水缸和戍守长城的将士们使用过的各种兵器。

宁武关作为外三关之一，同偏关一样，关城并非坐落于长城之上，长城在关城以北10余千米的地方。宁武关所辖20多千米长城，有关口数座，最大的是阳方口。

阳方口为明嘉靖十八年（1539年）所筑，万历四年（1576年）增修，素有“山西镇中路第一冲口”之称。现在阳方口亦为晋西北、大同、太原的交通枢纽。这里有北同蒲线、宁苛线两条铁路。还有忻州至保德，崞阳至偏关，阳方口至平鲁的3条干线公路。阳方口处的长城虽亦遭破坏，但遗址尚能连成一线，有些地方保存得还属较好。

宁武还是万里长城一处风光秀丽的好地方。宁武的管涔山，峰峦叠嶂。在海拔2700多米的芦芽山主峰上，覆盖着长城沿线唯一的一处原始森林。在海拔1770~1850米的山地之上，坐落着十多个平如明镜的高山湖泊。

这些高山湖泊中最大的一座叫天池，面积大于1平方千米，《水经注》和《元和郡县志》对天池皆有详尽的记载。纵贯山西省中南部，省内最大的河流汾河，即发源于宁武管涔山。被称为北京母亲河的永定河，也是发源于宁武管涔山。

宁武的管涔山是山西省境内长城沿线的一座很著名的山，是一座天然的森林公园，珍藏着以褐马鸡为主的很多珍稀动植物。1981年国家已公布，在管涔山建立以褐马鸡和黑鹳为主的野生动植物自然保护区，其总面积为32万亩。目前珍禽动物褐马鸡约有2千只。除褐马鸡外，还有狐、狍等野兽出没，并出产木耳、猴头、蘑菇等山珍及黄芪、党参、猪苓、黄芩等中草药材。

保护区内森林覆盖率为31.6%，主要林木为华北落叶松、云杉油松等。海拔1300米至1900米，为灌木丛林草地及农垦带，有山杨、油松、辽东栎等树种生长；海拔1500米至1800米，为针叶阔叶混交林带，以白桦、山杨、华北落叶松为主；海拔1750米至2900米处，是白杆与华北落叶松带，且有亚高山灌木丛和亚高山草甸带。

16
雁门关

雁门关，坐落在代州古城北的勾注山。有关“雁门”之名的来历，《雁门志》是这样记载的：“秦汉以为北边。代山高峻，鸟飞不越，中有一缺，鸿雁往来。代代多隼、雁过被害，惧其门不敢过，呼为巨门。雁欲过此山中，芦一枝，然后敢过。鹰隼见而惧之，不敢捕，雁得过山，即弃芦枝因以名焉。”

战国时期，赵武灵王胡服骑射，大败林胡、楼烦建立了云中、雁门、代郡。赵国名将李牧驻守雁门时，曾“大破匈奴十余万骑”，其后十余年，匈奴不敢寇赵。后人在雁门关建“靖边寺”，纪念其保境安民之功。

雁门关在汉武帝时期始设为关城，为了防止匈奴南下。北魏时重建关城，始称雁门关。隋唐时期，一度称西陉关，后来又恢复了雁门关的名字。《隋书·地理志》记载：“开皇初郡废，十八年改曰雁门。大业初置郡，有关官、有长城、有累头山、有夏屋山。”隋灭陈后建立了大统天下，这是古代文献中第一次出现管理雁门关的专门职官。

徒步考察长城在山西代县雁门关

历经数代原来的关城早毁掉了，现在可见的建筑遗存均为明代所建。明洪武七年（1374年），在旧址上重建了关城，并修筑了连接关城的内长城。正德八年（1513年）筑长城，东起浑源州，西至宁武，因山为险，凡四百余里。嘉靖十九年（1540年），都御史刘臬筑雁门塞三百里，高阔以一丈五尺为式。嘉靖二十五年（1546年），宣大总督翁万达再次大修雁门长城。

万历三十三年（1605年），巡抚李景再修雁门关城。关城的小北门为雁门关第一道关门，门额嵌“雁门关”石匾一方，两侧镶嵌砖镌刻“三关冲要无双地，九塞尊崇第一关”的联句。东、西门额分别嵌“天险”“地利”石匾各一方。雁门关城周长约1千米，城墙高6米多，墙体由砖砌成，里面是夯土，墙的基础由山石垒成。

山西代县雁门关长城

雁门关是长城外三关中，唯一与长城主城墙相连接的关城，雁门关东西两翼的长城，设立了十八座隘口，整体布防可概括为“两关四口十八隘”。

雁门关一带在北宋初期，是宋辽激烈争夺的战场。宋为阻御辽兵，太平兴国四年（979年），宋太宗以杨业为代州刺史，雁门关地区的防御都由其负责。太平兴国五年（980年），辽国10余万骑兵进犯雁门，杨业则仅有代州一州之军队，却取得了以少胜多的战绩。

杨业认为，雁门山峡谷狭窄，长达几十里的山谷中车马不能并行，加之雁门关两侧山体险峻多为悬崖峭壁，辽军即便有数量上的优势，也得不到发挥。杨业命部将董思源等率兵阻断峡谷南口，亲率数千精骑绕出雁门关北口，突袭行进于峡谷中的辽军。在宋军突然打击下，措手不及的辽军大败于雁门峡谷。

对杨业来说，成也雁门，败也雁门。雍熙三年（986年），宋军发30万大军欲分三路北伐辽国。潘美、杨业率西路军北出雁门关，统帅潘美的指挥失误致使杨业所部陷入辽军重围。杨业在朔州陈家谷身负重伤被俘，最后全军覆没。

杨家将的故事在中国可以说是家喻户晓。这个妇孺皆知的故事在中国已流传了近千年，各种文学作品特别是评书、戏曲使满门忠烈的杨家将成了家喻户晓的英雄。

“杨家将”故事发生在北宋初年，北宋文学家欧阳修曾过一篇《供备库副使杨君墓志铭》，称赞杨业、杨延昭“父子皆名将，其智勇号称无敌”。这篇文章写于杨业死后的第65年，供备库副使杨君名杨琪，杨业乃其伯祖。

在各类文学作品中，杨业共有8个儿子。据《宋史》记载，杨业共有7个儿子：杨延朗、杨延浦、杨延训、杨延环、杨延贵、杨延彬、杨延玉。故事中杨家父子皆为国尽忠，实际上只有杨延玉随乃父征战，于陈家谷一战殉国，其余的6个儿子皆得善终。延朗为崇仪副使，延浦、延训并为供奉官，延环、延贵、延彬并为殿直，也就是皇帝的侍从官。

山西山阴广武长城

-

摄影 / 董旭明

17

广武城

广武明长城位于山西朔州山阴县境内，是雁门关以西防区的重要组成。广武明长城得名于旧广武、新广武城。2019年，广武明长城遗址被国务院公布为第八批全国重点文物保护单位。2020年11月30日，明长城新广武—白草口段被列入首批国家级长城重要点段。2020年11月，山阴县广武长城文化公园保护建设项目列入国家文化公园初步建设45个工程。

广武明长城全长约20千米，明代洪武初年修筑。其中约10千米的长城墙体保存较为完整，16座敌楼尚有5座保存较为完好。这段长城本来大部分是砖石结构的长城墙体，只是20世纪60年代以前包砖多被附近村民拆毁了。广武明长城由城墙、城堡、关隘、烽火台等构成了完整的防御体系，今天也是山西省境内长城保存最为完整的段落之一。由广武明长城继续向南，然后转西过海拔1750米的猴岭山至白草口长城为忻州市的代县管辖。

我们先来看一下广武城，建于明洪武七年（1374年），重建于明万历三年（1575年）。据《代州志》载：广武城位于山西省山阴县境内，“洪武七年（1374年）建，万历三年（1575年）重建，周三里有奇。”这里说的广武城，指的是新广武城。旧广武城直接与长城相连，据《辽史》记载，始建于辽、金时期，明、清两代加以重修。

旧广武城的城墙周长1652米，城墙高8米，下宽5米，上宽3米多，外表全部砖砌，石条做基。顶部从外建有垛口、望洞和射孔。城设有东、南、西三座城门，未开北门。每座城门的城台之上，原来都建有城门楼。城楼和城墙的角楼都已经不存在了，城内街道建筑布局还保留着原来四街八巷的街区机理和建筑形制。城墙上有一株古榆树，城西南有两株古柏树，历经百余年的风风雨雨，都已经成为古城景观的一部分。

新广武城破坏得很严重，原来也有10余米高的城墙，墙体为石条基础，砖包墙体。城设有东关、南关、大北关、小北关四道关门，大北关的关楼上有“三晋雄关”石碑。这座城池依地形而建，中城地势状如簸箕，南瓮城则形状如，故在当地有“金斗银簸箕”之称。

广武明长城一个著名的景观是“月亮门”，这是空心敌楼倒塌后留下来的残存建筑，因为地势很高远观，很像一座高高在上的城门，所以被人们亲切地称为“月亮门”。已经成为山西长城地标的“月亮门”，2016年11月3日夜里也有的说是4日凌晨，因年久失修加之遭遇强风而坍塌。

我在此前一年刚去山阴县，当面向县委、县政府主要领导反映过这个问题。他们也答应马上采取措施，结果还是悲剧了，我的痛切之情可想而知。此事一度引发了社会各界的广泛关注，山西省文物局和地方政府也高度重视，并委托中国文化遗产研究院对“月亮门”进行修复。

先是修了一下倒塌后还剩下的一段建筑，这项工作于2017年12月初步完成。后来又决定用新型材料恢复月亮门造型，2020年8月6日下午才拆除了“月亮门”复建封闭装置。做得很像，但这已经不是文物了，权作为对不能失而复得的“月亮门”的一个纪念物吧。

广武明长城脚下还有一处重要的文化遗存，这就是广武汉墓群。1950年，文化部文物局雁北文物勘查队，来此地调查，以广武命名，是全国最大最集中保存最完整的汉墓群。这个汉墓群共有封土堆293座，很久以前当地人都称这个地方为“谎粮堆”，传说杨六郎在此驻防时，用席子把土圈在里面远远看上去就像一个个的大粮仓。杨六郎以“谎粮堆”迷惑辽兵，使其感到宋兵粮草充足便知难而退。

这个汉墓群分布在南北长8千米，东西宽4千米，占地面积32平方千米的区域内。1988年，广武汉墓群被国务院公布为全国重点文物保护单位。如此规模之大的汉墓群，到底埋葬着什么人？曾经有研究者猜测，广武汉墓是驻守雁门关征战而死的将士冢。后来经过考古工作者对广武13座汉墓进行抢救性发掘，从中发掘出土了十几具尸骨和大量包括西汉、东汉的随葬物品。

考古发掘证明，这些出土的尸骨和随葬品证明，广武汉墓的墓主人既不是战死在雁门关外的汉家将军，更不是战死士兵的集体墓。广武发掘的13座汉墓的墓主人，都是一些富裕百姓的墓葬。

山西山阴广武长城“月亮门”

–

摄影 / 郑严

叁

高原古塞
14处遗址秘踪

黄土高原有黄河，也有长城，这里是孕育中华文化的重要地区，也是一个为保护和发展文明和文化而付出沉重代价的地区。我每次站在山西和陕西，或陕西和宁夏交界处的长城，看红日升起，看夕阳落下，都会有一种深切的悲壮感。

黄土高原位于中国中部偏北部，是中国历代长城经过的主要地区，总面积64万平方千米。黄土高原东西长1000余千米，南北宽750千米，是地球上分布最集中、面积最大的黄土区，也是农耕经济的发达地区。

中国历代长城，分布于15个省市自治区，青海、甘肃、宁夏、内蒙古、陕西、山西、河南7个省区都有长城。秦汉长城和明长城都修建于黄土高原的外缘，以保护这个地区的安全。当长城从山西进入陕西，映入眼帘的依然是一座座古城和弯弯曲曲的长城线，你可以在水雾迷蒙的黄河岸边驻足远眺，眼看长城依旧勇往直前。

我们徒步考察长城走进陕北，那是我第一次走进真正的沙漠。穿行在一片片沙漠中，在一望无际的沙漠里寻找长城遗址，那种记忆我一生都不会忘记。

宁夏青铜峡北岔口长城

–

摄影 / 李鹏

01 府谷城

府谷城，位于陕西省黄土高原东北的黄河西岸，地处陕、晋、蒙三省（区）交界处。黄河东岸是山西省保德县、河曲县。府谷北面是内蒙古自治区准格尔旗、伊金霍洛旗，西、南两面是陕西省神木县。

府谷地名的由来有多种说法，一种说法是城临近河谷，故曰府谷。另一种说法是宋代赵匡胤开仓赈民，称“府中有谷，饥民自取”。当地盛传，宋朝开国皇帝赵匡胤出生在府谷县黄甫镇，离长城不远的赵家山村。

从府谷城溯黄河向北，长城脚下的黄甫川、清水川入黄河，长城就修建在这个地区。府谷城现为府谷县的老城区，地势自西北而向东南倾斜。明长城山榆林镇所经的横山山脉，是一条横亘在黄土高原北部的山脉。其起自六盘山脉，经宁夏入陕西。

北宋将领种谔曾说：“横山延袤千里，多马宜稼，人物劲悍善战，且有盐铁之利，夏人恃以为生。其城垒皆控险，足以守御。”

陕西府谷一带已是毛乌素沙漠南缘，长城再向西走，就要经受越来越多风沙的冲击。古人曾经在黄河岸边的黄土地上生活，也曾在沙漠与长城间奔走，如今只留下长城，伴随着山河，供人们追思。

府谷的地貌，黄土梁峁区占全境面积70%，长城穿行于黄土平原的梁峁之间。黄河西岸的长城，修建黄土峡谷丘陵上的土夯墙体保存较好。继续向西，长城以北是毛乌素沙漠的南缘，很多地方的长城已经被沙丘链所掩埋。其实，不仅是今天，就是在明朝万历间榆林镇长城的中路边墙沙壅问题也很严重，扒除边墙下的积沙已经是一项沉重的负担。

府谷境内长城，可以追溯到秦始皇时期。今天在这里看到的长城，是明朝万里长城的榆林镇长城。这里的明长城，在近200年间先后经历了五次较大规模的修建。

明正统二年（1437年）是第一次修建，由都督王桢修筑屯兵城堡与墩台等防御设施。成化二年（1466年）是第二次修建，由尚书王锐、陕西巡抚卢祥先后移建增置城堡墩台。此前的长城防御工程修建，主要是城堡和墩台。

成化七年（1471年）之后的几年是第三次修建，余子俊任巡抚延绥时持续多年创修边墙。隆庆五年（1571年）是第四次修建，由神木道张守忠增修边墙。万历三十六年（1608年）是第五次修建，各屯兵城堡均经砖石包砌。万历年间的第五次修建，由陕西巡抚又增修墩台。

府谷城是一座历史悠久，与长城互相陪衬在历史风景中的古城，始建于唐代，后经过多次整修，一点点扩建和完善，形成了今天的规模。

这座古城与其他长城相比较，保存得比较好。府谷古城的城墙周长为2.32千米，古人称其平面“形如靴状”。夯土石砌的城墙高7.2米。顺着盘山路攀登上去，便到了府谷古城的北门。

古城北门有一座文庙，始建于明洪武十四年（1381年），明及清代曾多次重修。孔庙大成殿面阔5间，门前横额上，悬挂着清代康熙皇帝亲笔所书“万世师表”四个大字的门匾。东西两侧各有庙堂七间，前面为戟门，门前畔池跨石桥，桥前面竖立起棂星门，门上建大牌楼。

在府谷古城，除了文庙，还有荣和书院、城隍庙、关帝庙、千佛洞等文物遗迹。古城内有两条主要街道横贯东西，其余的街巷也都是高低错落有致，上下纵横成网。

城内街道也都与“府州”这个古老的称谓有关，分别以府州东街、府州南街、府州北街、文庙街等命名。街道两旁，古朴的青砖蓝瓦店铺、商号颇多，现在都变身成当地居民的宅舍。

府谷古城，整体保存尚属于较好。1993年8月被陕西省人民政府批准为历史文化名城，1996年12月被国务院公布为第四批全国重点文物保护单位。

02

高家堡

我们20世纪徒步考察长城到达高家堡的时候，这里刚经过一场铺天盖地的沙尘暴。当地村民对我们沿着沙漠考察长城很担心，劝我们不要进沙漠了。现在再来高家堡，想拍一张长城在沙漠中时隐时现的照片都做不到了。长城内外全是植被，已经看不到起伏裸露的沙丘，沙漠治理得很成功。

高家堡位于陕西省神木县城西南50千米的秃尾河东岸，在长城东南方向距明长城约5千米。明正统四年（1439年），陕西巡抚陈镒择秃尾河与永利河交汇处的永兴川，修筑高家堡城并移民实边，因当地以高姓人居多而得名。城周三里零三十八步，原为黄土夯筑，万历三十六年（1608年）包砖，清乾隆年间曾两度重修。城平面呈长方形、东南墙均长311米，南北墙均431米。

城墙上部建有垛口和女墙。城开有东、西、南三门，因北方临敌故未开城门。城内有多处庙宇，较大的有城隍庙，道光版《神木县志》说这种庙“神极灵应，相传前代每有边警，先期钟鼓自鸣”。明朝高家堡驻有榆林镇副将、都指挥同知、都指挥佥事、参将等，驻守兵丁1600余人，马骡驼1100余匹。

高家堡城是明长城榆林镇36营堡之一，为中国第六批历史文化名镇。高家堡城今天依然较为完好地保留着以三街十六巷的街区格局，保留着明清城池建筑的独特风貌。民间传康熙驾幸高家堡时感其灵异，敕封“灵应侯”。因此，“城小神灵大”又成当地美谈。现除魁星楼、女墙、垛口、瞭望洞被破坏外，其余的均保存完好。另，东、南、西墙均筑有瓮城。

城内现存一座分完好的十字街楼，名为中兴楼。以中心楼为轴心，街道分为东、西、南、北四条街道。中兴楼是一座二层重檐十字歇山顶的楼阁，四个方向的门洞上都嵌有石制匾额，东门洞上石匾书中兴楼、南门洞上石匾书镇中央、西门洞上石匾书幽陵瞻、北门洞上石匾书半接天。顶楼北壁砖雕明人书“玉皇阁”三个大字，过去楼上有很多的匾额楹联。

如今的高家堡已经成为影视拍摄基地，路遥的小说《平凡的世界》改编的同名电视连续剧中的原西县城就是在这里。还有一些当时拍摄搭建的外景保留着，游人身临其境会有很强烈的年代感。高家堡已经被定位为陕北影视产业突破性发展和神木经济多元化发展的示范性项目，影视拍摄、设备租赁、临演培训、旅游观光、艺术写生、餐饮住宿等业态将会发展起来。

到了高家堡有一个地方必须要去，这就是石峁遗址。中新网2015年11月2日报道，据陕西榆林市文物部门介绍，考古人员在神木县境内寨山村发现大型史前石城遗址，推测为仰韶晚期到龙山早期石城。石峁遗址是目前中国规模最大的史前城址，修建于距今约4300年。

考学古学界有一种观点认为，石峁遗址可能是夏早期中国北方的中心，有可能是黄帝的都城——昆仑城。石峁遗址是全国重点文保单位，为2012年全国十大考古新发现和“世界十大田野考古发现”。2019年5月，石峁遗址被列入《中国世界文化遗产预备名单》。

已经完成考古发掘工作的东门遗址对游人开放，高大的城墙还建有马面等。东门遗址除了城墙、窑洞等遗址，还发现了两处埋有年轻女性头骨的土坑，各埋有20个头骨，一共有48个头骨。考古人员介绍，这些集中埋置女人头骨的遗迹，应该与城墙修建时的奠基活动有关。考古实验室分析结果显示，这些女性的年龄在20岁左右。部分头骨上有砍斫的痕迹，个别枕骨和下颌部位还有灼烧痕迹。显然，这些年轻女性不会是居住在这种古城里的人，而应该是捕获的其他部族的人。

03 榆林城

榆林镇是明长城九镇之一，榆林城是总兵驻地。城在长城南，距镇北台5千米。榆林城雅称榆阳，古时即有“东扼雁朔、西卫宁夏、南蔽秦陇、北接河套”之说。今天的榆林古城，城内保留着明清时期的街道和楼宇，城外也保存有很多的名胜古迹。

榆林城初建于明洪武时，最初只是绥德卫的一个屯所。成化七年（1471年），设置榆林卫。成化九年（1473年），巡抚都御史余子俊再次修筑榆林城。长城榆林镇，最初称为延绥镇，因为负责这一镇长城的总兵官最初驻在绥德。余子俊重修榆林城后，总兵府移驻到榆林。从此以后，延绥镇亦称榆林镇。不过，官方文件始终保留着延绥镇的叫法。

榆林东依驼山，故又称驼城。春秋时期，此地为晋国的所属，战国时期归属魏国。秦统一了六国以后，榆林地属上郡。唐和五代时期，属关内道管辖。

陕西榆林定边五里墩

–

摄影 / 董旭明

陕西榆林长城红石峡摩崖石刻

榆林地处河套地区的南部，地理位置西接宁夏银川、东连山西大同二镇，又是黄土高原与北方的大漠草原相接壤地区，处在农耕民族与草原游牧民族发生接触的敏感地带。无论是从协调长城的东西军事联防，还是对抗北面依然存在的蒙古势力，榆林无疑都是战略要地。

榆林城自成化九年（1473年）之后，又曾经历了三次较大规模的扩建，地方史书称这三次拓展修筑活动为“三拓榆阳”。

第一次是在明成化二十二年（1486年），向北拓展城郭，扩建到了从南城到今上帝庙一带，人们称其为北城；第二次扩建是弘治五年（1492年），增筑了南城郭至凯歌楼城区，被称为中城；第三次拓城始于正德十年（1515年），增建了南关外城，把城区拓展至榆阳河河沿，称作南城。

“三拓榆阳”后，榆林古城的规模不断扩大，地位也不断提升。后来，从嘉靖十九年（1540年）到万历十年（1582年）的几十年间，历代在榆林主事的官员对榆林城垣又多次加筑，增高加厚了城墙，还陆续把全部城墙用青砖加以包砌。

榆林古城内的街道，先有大街后有二街，大街上为六楼骑街，二街上则平展坦荡。两条南北大街，再以东西分割，然后各有上、中、下三条巷子分出，三三见九，小巷约在九十条以上。

在漫长的历史时期内，有很多来自北京的官员、军人、商贾到榆林任职、谋生。他们长期居住在榆林，因思念家乡或是出于对北京建筑的热爱，就在榆林古城内建了很多北京风格的四合院。

在街面上，青砖灰瓦的店铺鳞次栉比，数百条幽静的小巷内，明清风格的古四合院就有700多座，房屋虽残破但还保存着的，目前还有200多座。

古民居多为砖木结构，在形式上有独院的、两院式的、穿院式的京式四合院。古城内还有很多建于明清时代的衙署、庙宇、府邸等古建筑，都带有正宗的北京风格，所以这里又有“小北京”的雅称。

“南塔北台中古城，六楼骑街天下闻。”榆林古城的奇特景观“六楼骑街”非常有名。塔为凌霄塔，台为四方台，而城内一条贯穿南北的轴心街上，“骑”着一溜楼宇，依次排着的是鼓楼、凯歌楼、新明楼、万佛楼、文昌阁、钟楼。

鼓楼建于明成化九年，台基是带有陕北特色的窑洞式建筑，连台基在内有三层，第二层上悬挂一面大鼓，用于击鼓报时。古时一夜分为五更，每个时辰相当于现在的2个小时。晚上7点为起更，9点为二更，11点为三更。人们常说的“三更半夜”，就是这个时辰。凌晨1点为四更，3点为五更，5点为亮更，也就是天要亮了的意思。

鼓楼和钟楼有专人负责报时，晚上7点的起更最重要。报时是先击鼓后撞钟，提醒老百姓该准备睡觉了。古代黑夜的室内靠油灯照明，晚上早点睡省灯油。我们小时候，老人还常说一个歇后语，“没事点灯——白熬油”。

为了不影响人们休息，二更到五更的报时，就只撞钟不击鼓。到了早上5点的亮更，就又是先击鼓后撞钟，告诉人们天亮了，要准备起床了。

凯歌楼原为古城的南门，形制是门又像是楼，这样建造既为美观又便于戍守的军士瞭望敌情。此楼于弘治五年（1492年）修建，原名怀德门，正德十六年（1521年）改为凯歌楼。

新明楼建于明嘉靖年间，“二拓榆阳”时城区向南扩展，原有鼓楼就明显偏北了，又新修一座偏南的鼓楼，即新明楼。当地的朋友解释此楼之“明”，指的是站在楼上可以欣赏日、月之明。

万佛楼于清康熙二十七年（1688年）建筑，因二层通殿内原供有万尊金佛像，故名为万佛楼。1916年的一次庙会失火，顶楼被烧毁了。后来有僧人周宽四出化缘，集资重建了万佛楼。万佛楼的金佛是乾隆帝为其母庆80寿辰时，大小百官大所奉供。光绪二十六年（1900年），被八国联军洗劫一空。

文昌阁建于乾隆十九年（1754年），其楼基平面为正方形，所以人们又称其为四方台。文昌阁的第二层供奉着主宰功名利禄的文昌帝君，三层则供奉魁星神像，传说他手中执有点斗朱笔，专门点取科举仕子之名，学子一旦被他点中，文运官运即会亨通，这就是魁星点斗，金榜题名。

钟楼建于明成化八年（1472年），后来毁坏了。康熙年间曾在原址上建一座“八政牌楼”，后来也毁于战火。现在保存的钟楼，是1921年所建。钟鼓楼的撞钟和击鼓也有定式，紧18下，慢18下，快慢相间共击6次，总计108次响。

榆林镇长城，主要是明成化十年（1474年），延绥巡抚余子俊在原隋长城的基础上修建的。东起府谷黄甫川的黄河岸边，经过府谷、神木、榆阳、横山、靖边、定边六县区，西至今宁夏盐池县东北，全长约880千米。

04

镇北台

榆林长城的镇北台，位置就在著名的红石峡东侧，距离榆林城有3千米左右。镇北台是万里长城上建筑体量最大的一座城台，故有“万里长城第一台”之称。登上高高的镇北台，环顾长城内外真的有一种傲视四方的感觉。

镇北台建于明万历三十五年（1607年），是明长城榆林镇最大的要塞之一。整个镇北台是以红山山体为基座，形状是正方梯形。上下共有4层，台基北长82米，南长76米，东西各长64米。台高达30多米，占地面积有5056平方米。

镇北台全部由青砖包砌，东墙南侧开设城门，东南角内侧铺设了马道，可通达墙顶。每层台顶外侧用砖砌有约2米高的垛口，垛口上部设有瞭望口，各层的垛口内四周相通。

第二层向南开有一券门，仅此门可上至镇北台顶。门额上嵌有一块石匾，阴刻横书“向明”二个大字，为时任延绥巡抚都御史的涂宗浚所书。门东侧有上、下相错的两个箭窗，既为梯道采光通风，又可以观察外面情况，必要时射杀敌人。镇北台顶层中间，原来建有一座砖木结构的哨房，早已毁无。

镇北台北侧设有款贡城，是一处茶马互市的贸易场所，供长城内与长城外进行贸易交流之用。城为黄土夯筑，形状不太规则。明清两代的镇北台除军队外，也生活着老百姓，建有很多的庙宇。

-

陕西榆林镇北台

2011年3月27日，喜爱收藏的刘福学，在镇北台一位老人手里收了两片铁瓦。一块大一点的保存完整，长33厘米、宽19厘米，内面有“观音山”3字；另一块小一点的缺了个角，长27厘米、宽19厘米，内面有“西安府户县……士人闫武男闫……瓦一片嘉靖二十年造”等字。

刘福学介绍，“老头说，这是他爷爷留下来的。当年，他爷爷给国民党当兵，在镇北台挖战壕时挖到的。”专家分析，这种瓦可能是镇北台旁边观音山庙上的。民间历来就有为庙宇捐献钱财及铁瓦、铁钟等器物的传统，用于祈福保平安，瓦上刻捐赠人的姓名。

在镇北台以西，还有一处文化景观，即红石峡摩崖石刻。红石峡又名雄石峡，这处石刻群是万里长城众多的摩崖石刻中规模最大、开凿时期最早的。它可以追溯到宋代，已经有近千年的历史。东崖为宋、元时期的古刹雄山寺，红石峡两岸有座普渡桥，飞架东西。

现存有自明成化年以来的大小摩崖石刻字幅185块，刻字的大小不同，字幅的长宽规格也不一。字大者可达丈余，小者不及一寸，真、草、隶、篆俱全，既有汉字也有蒙文题刻。

石刻的内容有题诗、记功、纪游、喻景、抒怀等，书法真草隶篆俱全，大多为汉文，兼有蒙文，其笔法各异，镌刻风格有别。有“万里长城”，还有表示国家统一、民族团结的如“还我河山”“中外一统”“蒙汉一家”等。

被誉为“塞上碑林”的红石峡摩崖石刻，为陕西省重点文物保护单位、国家3A级旅游景区、省级风景名胜区、省级爱国主义教育基地。

镇北台以北，是毛乌素沙漠的万顷沙海。20世纪80年代我们徒步考察长城，走到这里时看到的还是沙漠不断南侵的情境。连绵起伏的沙丘和横卧在沙中长城的残垣断壁，构成一幅萧瑟的画面。

今天，长城以南的大部分地方已经是绿树成林了。镇北台西长城内外，正在建设一个面积达五千余亩的沙地植物园。

镇北台外是毛乌素沙漠，中国四大沙地之一，位于陕西省榆林市长城一线以北，内蒙古自治区鄂尔多斯市以南，面积约4.22万平方千米。

毛乌素沙漠的形成，与过度的农业开垦和过度游牧有关。整个鄂尔多斯高原的浅层地表，都是由地质时期形成的沙砾物质组成。农业开垦和过度游牧，使地面草皮逐渐遭受破坏形成了大沙漠。

明朝长城修建在毛乌素沙漠的南缘，明朝中后期沙漠化加剧，长城墙体外面经常被风沙所掩埋，为长城城墙“扒沙”成为一项经常性的工作。扒沙所需人工和费用，成为榆林镇长城防御的主要成本。

05

盐场堡

盐场堡位于陕西定边县西北盐场堡镇，盐场堡镇是因长城的这座城堡而得名。长城沿线很多的城堡地名都成了行政地名，比如河北省的张家口市、秦皇岛市的山海关区、甘肃的嘉峪关市，张家口、山海关、嘉峪关都是长城的关口。

《清一统志·延安府二》记载，盐场堡“明成化十三年余子俊置，城在平川，周二里有奇，门二，为极冲中地。旧有县丞，嘉庆二十一年裁。设有把总分防”。今天的盐场堡城毁坏很严重，堡城除北城墙还算完整之外，东城墙仅剩东北角和断续的几小段墙址，西城墙和南城墙早已彻底毁无。

盐场堡并没有像其他的明代城堡那样成为一个依然有人生活的村庄，住在这里的人早就搬到外面去住了。1960年在盐场堡古城里建了定边盐化厂，这个厂子也早就搬出古城了，但堡子里还有一排排废弃的厂房和办公房。

北城墙之所以能保留下来，可能也是因为当时做了定边盐化厂的北墙，现在紧挨着北墙厂房还在。站在盐场堡北墙，向西北看去黄土夯筑的长城蜿蜒向东北，在对着盐场堡的那一段边墙上，有一排几十座拱形窑洞，这就是八路军王震三五九旅四支队1200多名指战员驻此打盐的住处。

1940年为突破国民党对陕甘宁边区进行的军事围攻和经济封锁，三五九旅指战员开赴定边盐场堡驻防打盐自救。战士们利用高大的长城墙体自挖窑洞为房，通过筑坝打盐发展盐业生产，以解决陕甘宁边区政府的经费，被毛泽东主席誉为“中央第一财政”。

盐场堡的北墙之外，至今依然有晾晒盐硝的盐田。盐场堡一带晒盐是有历史的，这里的老百姓祖祖辈辈都以打盐为生，很少有以种粮为业的。现在，这里的老百姓种地和放牧的都有了，因为部分盐田已经禁止打盐，一些盐田被改成硝田。

中国从春秋时期的齐国开始实行食盐专营，后来的历代王朝都对食用盐的生产、销售进行管理。齐国的海滨地区产盐，百姓都可以开展煮海为盐的生产但不许经营。食盐的运销，分配、进出口都归政府管理。

盐场堡还有一大片盐湖，这是在长城外边的淡水湖。湖区生活着许多的水鸟，有候鸟也有定居下来的鸟，湖中色彩斑斓的成群野鸭非常显眼。定边县近几年打造了盐湖生态旅游区，湖水面积有10平方千米。这个风景区是长城国家文化公园的省级重点项目，自然生态景观很美。

盐湖的地势东南高西北低，湖上滩地较为平坦。“沙、水、草、鸟、盐”五大景观资源，构成了独具特色的风景。湖滩上一片片大大小小的窝巢，也是一道亮丽的风景。特别是每年春天，有数百万只来自南方的禽鸟迁徙到这里。水鸟在湖滩上产蛋孵化小鸟，也是拍鸟和观鸟人很喜欢的旅游项目。

06

统万城

统万城是一座充满悬念的古遗址，位于陕西省靖边县城北58千米红墩界乡白城子村。长城在横山县北横跨无定河，沿山向西南蜿蜒而去进入靖边。无定河两岸地处平川，靠近村舍的长城今多已被拆毁，但在山梁之上，还是可以寻到若干段长城遗迹的。

无定河的上游叫红柳河，红柳河北是毛乌素沙漠的南缘沙地。沙地之中有一座古城遗址，这就是公元5世纪初，匈奴贵族在鄂尔多斯高原上建立的大夏国国都——统万城。因远看其城墙为白色，当地人称这座城址为白城子。

统万城在历史上曾是一国之都。公元5世纪初的魏晋南北朝时期，中国处于群雄并立，封建割据的时期。匈奴右贤王的后裔赫连勃勃部崛起于鄂尔多斯高原，建立了十六国时期的夏国，又称大夏。

夏凤翔元年（413年），赫连勃勃调10万工匠夫役，在旧奢延县城址重建新城，命性情苛暴的叱干阿利负责督工。据史载，叱干阿利在巡行工程时若发现墙面能被铁锥刺进一寸，施工者即遭斩杀，在几千名工匠尸骨的堆砌下，一座高十仞，基厚三十步，顶宽十步，坚硬如铁的新城耸立在鄂尔多斯高原之上。

夏凤翔六年（418年），赫连勃勃就是由统万城出发，入桥门向南攻取了长安，并在长安即皇帝位，改元昌武。但赫连勃勃并未迁都长安，翌年二月又还师统万城。

任何坚固的城池，都没有永远不被攻克的纪录。北魏始光四年（427年），易守难攻的统万城，被北魏兵马攻克，从此统万城结束了它短短十几年的国都历史。

到过统万城的人，面对一望无际的沙漠，都不禁想了解这样一个问题，赫连勃勃为什么要在沙漠中建都城呢？其实，在赫连勃勃建都之际，这里还是水草丰美，风景宜人的地方。

史书记载，赫连勃勃在建城之前，前来视察，他骑在马上登高远望，赞叹道："临广泽而带清流，自马岭以北，大河以南未之有也。"他所说的"马岭以北"指的是六盘山以北，大河以南就是阴山南麓的黄河以南。

史书还记载：北魏兵马于北魏始光三年（426年）进攻统万城，大夏军败入城内固守，魏军在郊外驱走居民万户，牧畜10多万头。北魏始光四年（427年），魏军再攻统万城，大夏3万军卒出城迎战，败走高平，魏军入城俘获万人，牛马数万，当时能供养如此巨大数额的人和牲畜，也足见这里肯定是谷稼殷积、牛羊塞道的大绿洲。

统万城又是如何沦于沙漠之中的呢？其实统万城的繁荣时期，相对来说便已开始了对这一地区自然环境的破坏，特别是到了公元8世纪，唐朝为了加强对突厥的防御，采取了屯垦实边的政策，砍伐森林，滥垦草地，因此到9世纪这里就出现了大面积沙漠。《横山县志》载：长庆二年（822年）十月夏州大风，堆沙高及城墙。

公元8世纪末，诗人李益在《登长城》一诗中写道："汉家今上郡，秦塞古长城，有日云长惨，无风沙自惊……"这首诗也足以说明当时这一带已沙化严重。到宋淳化五年（994年），宋朝因统万城经常成为少数民族聚集反抗的中心，遂下令毁城，强迫生存于此的游牧民迁至银、绥二州，已有近600年历史的统万城由此逐渐荒废。

西夏时李继迁徙迁绥州吏民之半到统万城，想复兴此地昔日的旺盛。元朝时统万城再度被废，此后雄立于鄂尔多斯高原之上的统万城，完全沦为不为世人所问津的荒凉废墟。

统万城遗址，四面虽都不同程度地被流沙所淹没，但高达24米的西南城角敌楼却赫然挺立于沙漠之中。从城墙所存部分可知，城为砂、黏土、石灰用水搅拌后夯筑而成。墙体筑成之后，石灰在水分的作用下，体积继续膨胀挤压沙土，使之紧密结合在一起，这样夯筑起来的墙体便十分坚固了。

今天的统万城遗址，已成为地理学家研究毛乌素沙漠南沿地带沙漠化过程的重要依据。历史和社会学者也常到这里考察民间文学。"想死人的那个情哥哥，害得三妹妹把糜子锄了草留下"的陕北信天游，只有到了这里才能听到原汁原味的唱法。

陕北信天游，主要流行于陕西省北部榆林、延安两市。当地俗称其为"山曲"或"酸曲"。叫"山曲"是因为信天游多是人们在野外自吟自唱，叫"酸曲"是因为信天游的内容多为爱情题材。

陕北黄土高原，山路相连，沟壑纵横。在山上劳作的人们，累了以歌声调整一下心情，活跃一下繁重而单调的生活。过去陕北人唱信天游不需要舞台，也不需要听众。自己想唱，随时都可以唱起来。

今天，信天游已经成为一种独特的艺术表演形式，代表作有《三十里铺》《拦羊的哥哥》《赶牲灵》《送情郎》《泪蛋蛋抛在沙蒿蒿林》《走西口》等。

宁夏盐池头道边长城

-

摄影 / 李鹏

07

长城关

长城关今已不存。2016年，宁夏盐池县利用长城墙体的一个豁口，重修了一座雕梁画栋的长城关。时间长了或许人们会以为这个地方就是古长城关的位置。

长城关的名称来历，《嘉靖宁夏新志》有明确的记载。嘉靖十年（1531年）总制陕西三边军务的兵部尚书兼都御史王琼，主持修建了花马池一带的长城，其中就包括长城关。据《嘉靖宁夏新志》载："花马池营东者，为喉襟总要，则题曰'长城关'。高台层楼，雕革虎视，凭栏远眺，朔方形势，毕呈于下。"

《盐池县志》记载："关门上建有关楼，高耸雄壮。上书'深沟高垒''朔方天堑''北门锁钥''防胡大堑'等字。"长城关下建有暗门，门外设有对蒙古牧民开放的市场，每月汉蒙民众可以在此进行3次贸易。

明代的长城关紧邻花马池城而建，有必要介绍一下花马池城。此城由宁夏总兵官史昭于正统年间，天顺年间（1457—1464年），“因其地处塞外，孤悬寡援”，改建于塞内，即今盐池县城。《万历朔方新志》载花马池营（驻副将）分防安定（设守备）、铁柱泉、高平三个城堡。民国《盐池县志》记载：“花马名池，明天顺中，以盐易马，故名之。”其实，在明朝初期就已经有花马池这个地名。花马池城还设有防秋道衙，明代三边总督驻固原，每年秋季要到长城沿线巡防，称为“防秋”，故在花马池设防秋道衙。

长城关是明代万里长城唯一以长城命名的关隘，另外还有一个问题需要说明一下，明代一般是称长城为边墙。

如《明史·兵志》载：“请修宣、大边墙千余里。”《明熹宗实录》记载，明末的天启六年闰六月，“上传与礼、兵、工三部，昨镇守内臣刘应坤具题，喜峰口诸路边墙坍塌，并请符验关防以便催督。已有旨，著作速修理给发，如何不见回奏?”明朝之所以称为边墙是因为长城修建在农牧交错地带，明朝称长城之外游牧民族生活的地域为边地，在这一带地域修筑的长城自然称为边墙。

有人认为明朝称长城为边墙，为了区别秦始皇建造的长城。实际上明朝从来没有反对过称边墙为长城，明朝人也常有称边墙为长城的，并没有受到任何限制。比如宣德四年（1429年）八月，蓟州守备都督陈景先奏“六月淫雨，山水泛涨，山海、永平、蓟州口外长城、栏马石墙及建昌诸营、山海永平诸卫城垣，皆颓塌。上谕工部臣曰：口外城墙及诸营堡俱边防要切，就令景先即督官军修之。其余城垣当修者，工役繁重，待农事毕，以旁近民夫并力为之。”《嘉靖宁夏新志》中杨守礼等人上奏朝廷：“平虏城北十里许，修筑长城一道。”

08

打武口

打武口，又称打硙口，坐落在石嘴山市区北，打武口自古就是内蒙古河套及阿拉善地区进入宁夏平原的咽喉要道。明代的打武口与今天的打武口早已经发生了翻天覆地的变化，过去一个长城的小关口，今天已经是石嘴山市政府所在的中心区。

打武口建于明初，沿沟谷设关三道，到正德五年（1510年）以后，关口建筑渐至颓圮。特别是嘉靖十年（1531年），在旧北长城之内复筑北长城以后，打武口便完全被废弃了，成为新长城的前沿阵地。

嘉靖十年（1531年）所筑的北长城，据载为齐之鸾任宁夏佥事时，向三边总制王琼建议修筑的，当时他说："宁夏镇北境自黄河东百里、燧台十八，已废不能守，如不尽早采取措施，宁夏不可能有长久的稳定局面，应该修复黄河东西的长城。"王琼对齐之鸾的建议十分重视，他微服简车亲自到长城第一线踏勘，调查之后，上书朝廷，奏请修筑宁夏北长城。

修筑工程于次年正月开工，参加修筑施工的除驻守宁夏的部分部队外，还有临时抽调来的防秋部队，共6500多人，全体将士奋战7个月，才修好了由黄河西岸至贺兰枣儿沟的17.5千米长城。

这段长城修筑得十分讲究，长城城墙高厚各6.6米，城外又掘有城壕，深、宽各5米。城墙上还建有垛口，上可隐蔽士兵，下可射击来敌。

新建的北长城修好之后，宁夏防务有了很大的加强，但因为打武口此时已属长城之外，所以在明军退守新长城不久，打武口就为蒙古族兵所据了，这给长城防线带来了很大的威胁。打武口成了双方拉锯式争夺的地方，仅嘉靖十六年（1537年）至嘉靖十八年（1539年）被明廷称作“打武口大捷”的战斗就有两次。在这种情况下，很多人提出要修复打武口。

嘉靖十八年（1539年）杨守礼以右副都御史巡抚宁夏时，亲自率领宁夏镇总兵官、都指挥等人，出长城到打武口进行了实地踏勘调查。据他们记载：当时由于长年山洪冲刷，无人修理，打武口三道关城的城墙均已颓圮。杨守礼等人经过实地调查之后，向朝廷提出了“复边关以固地方”的奏请。据载当时戍守长城的将士们，都受此议之鼓舞，而“欢跃待命”。但朝廷并未批准杨守礼等人的奏请。从此以后，打武口便成了蒙古族兵任意出入贺兰口东西之捷径。

杨守礼在打武口还作了一首诗名为《入打硙口》。其中“山川设险何年度，文武提兵今日来。收拾边疆归一统，惭无韩范济时才”充分表达了其渴望长城内外成统一，渴望建功立业的情怀。

石嘴山市大武口区贺兰山东麓洪积扇台地上建有一座北武当庙。据《新建北武当庙碑》记载：北武当庙是清康熙四十八年（1709年），在一座原有的一座小庙基础上扩建而成。后经乾隆、嘉庆、光绪年间扩建，才成为今天的规模。光绪年间，慈禧太后为北武当庙钦书“护国寿佛禅寺”白绢条幅。自此，北武当庙又名寿佛寺。

北武当庙寺庙音乐很有特色，由民歌、小调和宫廷音乐融汇而成，兼有南北佛家音乐特色。武当庙寺庙的文乐唱谱，是用古代“工尺谱”的记谱方法记录下来。武乐唱谱，则是用古代对打击乐器的记谱方法记录下来的，又名“渣渣子”。北武当庙寿佛寺原留存佛教音乐工尺谱八百多首，“渣渣子”谱三百余首，现仅存有常用曲谱几十首。

宁夏石嘴山归德沟段

–

摄影 / 何碧会

09 镇远关

镇远关，位于宁夏回族自治区平罗县西北约40千米，是明长城九镇中宁夏镇的重要关隘。由镇远关开始，长城防御线一直沿着贺兰山向南延伸。明代兴盛于一时的镇远关，今天遗址遗存已经所剩无几。

平罗县之名，来自宁夏北路长城平虏城。永乐初，始建置军马哨备。景泰六年（1455年）拨前卫后千户所十百户军余居住。弘治六年（1493年）城里住的人越来越多便展筑新城，依然是以民住为主。

正德五年（1510年）总制、右都御史杨一清请奏于平虏城设守备，为宁夏北路。万历时，平虏城周回四里五分，万历三年（1575年），巡抚罗凤翱将周四里五分的平虏城瓮以砖石。清初沿袭明代卫所制，雍正二年（1724年）改置平虏所为平罗县。

今宁夏回族自治区的北部，明王朝先后修筑了两条长城，这就是旧北长城和北长城。明初特别是英宗正统到孝宗弘治年间，蒙古族鞑靼、瓦剌部先后迭踞黄河后套阿拉善草原。经常遭受蒙古势力南侵扰掠的明朝，修筑了这道长城。为区别后修新北长城，这段长城被称为旧北长城。

旧北长城在今石嘴山市辖境，西起贺兰山扁沟，经下营子乡宝马村至尾闸乡下庄子村，抵黄河西岸，全长约15千米。到嘉靖十年（1531年），三边总制王琼主持在旧北长城南复筑一道长城，史称北长城。这道长城修筑好之后，官军弃旧北长城而退守北长城。

镇远关，设在旧北长城之上。镇远关之名，取镇守边远关隘之意。《嘉靖宁夏新志》在关隘部分，记述镇远关时写道："镇远关在平虏（今宁夏平罗）城北八十里，实宁夏北境极要之地。关南五里，是黑山营，仓场皆备。弘治以前，拨官军更番哨守，为平虏之遮。正德初因各处征调轮拨不敷，遂弃之。致虏出没无忌，甚或旬月驻牧，滋平虏之患日深。镇远关自不能守，柳门等墩自不能瞭，平虏之势遂孤。"由这一段记载，可清楚地看到镇远关在宁夏北部防御中的战略地位。

关于镇远关的具体位置，曾经产生过多种说法。主要原因是宁夏地方志中有关镇远关的记载，相互之间也有矛盾的地方，加之镇远关废弃得较早，关口建筑基本毁无。

有人认为，今石嘴山矿务局化工厂附近的正义关为镇远关，正义关是镇远关的讹音；也有人认为，镇远关在宁夏与内蒙古交界处的落石滩和麻黄沟附近，并不在长城线上。

后经过宁夏博物馆考古队和石嘴山市文物工作者的认真考察，终于确认镇远关在石嘴山郊区石嘴山四中附近。这里现在尚有关城遗址残存，关城在旧北长城里侧，关城的北墙就是利用的长城城墙。

镇远关以东为河套平原，村庄、耕地、渠道纵布，长城遗址基本无存。镇远关以西至贺兰山段的城墙则保存较好，黄土夯筑墙体现存基宽3米多，高有4米左右。靠近贺兰山还有1千多米的石砌城墙，基宽4米余，顶宽2米多，高2～4米不等。

在这段石砌长城之上，有两处长城墙体错断现象，引起地质界高度重视，很多中外地质专家纷纷前往观察。1965年，中国科学院西北地震考察队首先发现这段错断长城，认为这段长城错断是北东走向的断层破坏所致。量得长城西错断点水平位移1.45米，垂直位移0.9米，东错断点垂直断距1.5米。

但在此之后，对造成这两处长城错断之原因，又产生了多种不同的解释，有人认为长城错断是断层错动，亦有人认为是乾隆四年（1739年）平罗大地震造成，还有人认为是山岩蠕滑所致。

1980年，宁夏回族自治区地震局在长城错断点两侧挖开了3个探槽，证实了错断点确有断层通过，地震工作者根据长城的断距，得知了400多年来此处断层的落差量。

以长城作为一把历史的标尺，利用长城修筑的可靠年代来判断历史上地震发生的情况和最新地壳运动情况，从而为研究地震的发生和地壳运动的规律，提供可靠的参考数据。

这方面的研究除宁夏镇远关西的红果子沟长城外，在万里长城之上还有很多地方。如原地质部五六二综合大队曾于1978年在天津蓟县黄崖关就发现了相似的长城错断现象。

镇远关是贺兰山脉长城最北边关隘，贺兰山脉的明长城是长城的主线，是主要以山险的形式构建的防御。贺兰山脉位于宁夏回族自治区与内蒙古自治区交界处，南北长220千米，东西宽20~40千米，为长城防御的重要地段。三关口以北的贺兰山北段山势较高，海拔2000~3000米。主峰亦称贺兰山，海拔3556米，是宁夏与内蒙古的最高峰。

贺兰山是中国一条重要的自然地理分界线，贺兰山以东的河流为外流河，能够流向大海，以西的河流为内流河，贺兰山是内外河流的分水岭。贺兰山也是季风气候和非季风气候的分界线，以西降水量线低于200毫米，以东则高于这个数字。

贺兰山三关口以北的长城，主要是利用山险为主，只是在山间东西方向可以通行的山谷中建有关隘。贺兰口、苏峪口、三关口、拜寺口等都是这样的长城关隘。三关口以南的贺兰山南段山势平缓，逐渐过渡到丘陵地带，开始有连续的城墙。

10 贺兰口与拜寺口

贺兰口和拜寺口同居贺兰口中部，两口相距约25千米，贺兰口在北，拜寺口居南。贺兰口中部是贺兰口最险的地段，这里山峰突兀高耸，关口三面皆被山峦环绕，唯向东可通银川平原。

这一带因贺兰山险不可逾，所以仅在关口处建有城墙，在山的深处建有若干烽火台，与平川地带的守军相呼应。现在关口的防御建筑设施多已被毁，贺兰口、拜寺口以及其北的大水口、汝箕沟口等处，均有修建长城或驻守长城的将士的摩崖石刻。

贺兰口沟谷两侧的山崖，各有摩崖刻记一方。沟谷北侧石刻，刻面约1米见方，为明嘉靖二十七年（1548年）钦差大臣巡视贺兰口边防时所刻。南壁为万历三十七年（1609年）五月，重修贺兰口时所刻。拜寺口的摩崖石刻较为独特，在沟谷内有一块高阔各2米的巨石横于路旁。其石面上刻有一首律诗，但因刻面风化严重，诗的内容已不可辨，仅可看出诗后署有“大明进士侯廷□题”。

宁夏贺兰山长城脚下的西夏文摩崖石刻

明朝进士中有一位名侯廷训，不知道是不是他。若是也不知道，他是在什么情况下来的贺兰山长城。2006年2月24日《温州商报》报道《乐清蒲岐发现明朝“侯门四进士”墓》，农历正月十九的一场雨后，上侯宅村的人发现了这座460多年的古墓，墓主人就是侯廷训和他的子孙。

据《蒲岐镇志》记载，明朝进士侯廷训及儿孙之中，共有四人中进士，号称“侯门四进士”。其坟墓也被当地人称为“进士墓”。侯门是当时温州的名门望族，四进士为：侯廷训，他的儿子侯一元，他的孙子侯傅邦，他的曾孙侯应宾。

侯廷训，生于明成化二十年（1484年），明正德十六年（1521年）进士，卒于嘉靖二十五年（1546年），享年62岁。嘉靖三年（1524年）冬，侯廷训因著数千言的《大礼辩》而激怒世宗，被逮捕下诏狱。其子侯一元伏阙讼冤方得释放，谪降泗州判官，又降为曲州县丞，后稍迁升为漳南兵备佥事。

如果是拜寺口的摩崖石刻的诗是侯廷训所作，在他的文集中可能会有收录。宁夏有关方面应该查一下，找到后重新找块地方刻出来供人参观。

贺兰口和拜寺口，除了这些明朝将士在此戍守长城时留下的遗迹之外，拜寺口外的山坡上耸立着两座约40余米的佛塔，更是保存完好。贺兰口沟谷两岸绵延600多米的山岩石壁上，还有400幅岩画。

在拜寺口南的山坡上，相对耸立着两座空心砖塔。塔的平面为八角形密檐式，两塔间距百余米，塔高13层，塔身华丽，饰以各色琉璃砖瓦及装饰物。每面塔檐下的中间部位各砌进一个浅佛龛，龛内有砖雕佛像一座，佛龛两侧还饰有砖雕兽头等。

从西夏天授礼法延祚元年（1038年）到1921年的近900年中，在宁夏中部发生过5级以上破坏性的地震达7次之多。其中乾隆四年（1739年）的8级地震，震中烈度为10度强。据载，这次地震，银川、平罗及附近城镇的庙宇、衙署、兵民房屋皆倒塌无存，连最坚固的夯土砖砌城墙也倒塌了很多。

在这场特大地震中，发生了一个奇迹，距震中只有40千米的拜寺口的两座古塔，竟奇迹般地耸立于震后的废墟之中，仅东塔塔身被震出一道裂缝。由拜寺口向沟里行进，过了一线天继续向里，还有一座正四边形的密檐式实心砖塔。

贺兰口的古代岩画是1983年春贺兰山自然保护区科学综合考察团野生植物考察组首先发现的，随后宁夏博物馆考古队又做了进一步的深入考察。

贺兰口的岩画和拜寺口的古塔，今天已成为历史工作者研究西夏文化的宝贵资料，这些文物古迹除有很高的历史价值外，还有很高的旅游价值。长城脚下的贺兰口古代岩画，约占半数之上的题材，以类人头像为主。其余的有马、驴、牛、羊、鹿等动物图形，还有狩猎、人手、人脚印等。这些岩画记录了古代游牧民族生活习俗和社会活动的情景，堪称是一处古代少数民族珍贵的艺术宝库。

贺兰口北崖有一处岩画近傍竖刻着5个西夏文字，据古文字专家认定：汉译为“能昌盛正法”之意，似乎是对附近几幅画所题。据鉴定，西夏文字和大部分岩画的凿刻技术相一致，可大致断定为同时期所刻，为大部分岩画的断代提供了根据。南崖有部分岩画，从图案和刻制风格来看，都要早于西夏。

贺兰口岩画的刻制方法大体有两种：一种是通体雕凿；另一种就是先凿刻，然后再将刻槽打磨光滑。宁夏博物馆考古队做过用硬石打磨实验，根本无法在石壁上磨出凹槽，制成岩画，这些精美的岩画皆非金属工具而不能做。游牧民族广泛使用铁器大致在战国末期，可见这些画最早的也不会早于战国时期。

11

银川城

明代长城九边重镇的总兵驻地，最后发展成为省会城市的只有银川城。这里是明代为长城九镇之宁夏镇总兵住地。历史上一般都是将银川城称为宁夏城，银川是一座有着深厚历史与广阔未来的城市。

明长城自陕西定边进入宁夏，向西经灵武、盐池再沿黄河向西北延伸。过黄河之后，长城向西南石嘴山方向而去。经贺兰口到三关口，然后向西而去。银川之名怎么来的不知道，宁夏巡抚王崇古在《北风行别总戎吴西台》的诗中有“三年肩我靖朔银，九秋驱驰丹心竭”的句子，“朔银”指的就是九边重镇的宁夏镇城。

银川城，在宋代为兴庆府。宋宝元元年（1038年）10月，李元昊在兴庆府南筑坛受册，即皇帝位，建立了大夏，史上称其为西夏。当时，银川的前身兴庆府，作为国都与北宋的东京、辽国的上京鼎足而立。

西夏保义二年（1227年），在蒙古大军的攻击下，兴庆府结束了长达189年的国都历史。由于先前成吉思汗军队攻打西夏时，大战非常惨烈，蒙古军队虽围城半年，也是久攻不下，一代天骄成吉思汗也丧命于这场苦战。于是，蒙古战士发誓要给成吉思汗报仇。兴庆府城中弹尽粮绝，党项人开城投降后，蒙古军还是进行了屠城。

元朝在银川先是设置中兴路，至元二十五年（1288年），取西夏故地安宁之意，改为宁夏府路，这也是宁夏这一地名的最初来源和正式使用。

明朝为了加强北部边地的长城防御，设置宁夏镇，银川是宁夏镇的治所，宁夏镇防区包括盐池至靖远之间的长城防御，辖区内的长城分为东、北、西三部分。

明太祖朱元璋曾在此设置宁夏府，并设立宁夏卫，隶属陕西都司，并从内地迁徙5万人口，来充实和发展宁夏，后来又在宁夏增设前、中、左、右共计五屯卫。明朝的宁夏镇，配置有总兵官、副总兵、参将等各级官吏，总兵官挂征西将军印。

雍正七年（1729年）的《惠农渠碑记》，碑文一开头就是“黄河发源于昆仑，历积石，经银川，由石嘴而北……”可见此时，银川已经成为一个地名而存在了。

宁夏府经历了明清数百年后，1911年北洋政府颁令：全国统一废府存道。宁夏府改为宁夏道，很快又改名为朔方道，宁夏城又称为道城。但在社会上，人们还是习惯称宁夏城。“民国”十八年（1929年），宁夏正式建立行省，朔方道城变为省城，人们依旧称省城为宁夏城。

不过，从明清到民国，民间诗词、文稿中多有以银川作为宁夏城的代名词使用的。官方文稿、报告中也时有，以银川代宁夏城之用。直到 1944年4月增设银川市，1947年宁夏省会正式置银川市，银川城才正式取代了宁夏城的称谓。

银川城的历史文化遗存已经所剩不多了，能供人们参观的主要是玉皇阁、鼓楼、南门楼等文物保护单位。玉皇阁通高22米，双层重檐歇山顶楼高达14.1米，为银川市仅存的古代木结构高层楼阁。砖石砌筑的鼓楼，由台基、楼阁、角坊组成，总高 36米，占地576平方米。

银川城原有6座城门，东门称“清和门”，西门称“镇远门”，北门称“德胜门”，南门称“南薰门”，西南方向的门称“光化门”、西北方向的门称“振武门”。现在除南城门“南薰门”存留之外，其他的城门都已经拆毁了。

南薰门全高27.5米，砖包台基高7米，歇山顶重檐二层楼阁高20.5米。城台长88米，宽24.5米，台基正中为南北向券拱门洞。门两侧有对称式的台阶，可以登上城台和城楼。

银川人习惯称南薰门为“南门楼”，这座坐北朝南的门楼前是开阔的广场。银川市常在这个地方举行重大庆典集会，所以南薰门又有“小天安门”之誉。

银川城是宁夏河套地区的中心，河套历代都是长城防御的重点地区。黄河沿着贺兰山向北，由于阴山阻挡向改为东，再沿着吕梁山向南，形成了一个“几”字形的黄河环绕地域，故称“河套”。

河套地区，一般指贺兰山以东、吕梁山以西、阴山以南之地。包括宁夏回族自治区的银川平原、内蒙古自治区的鄂尔多斯高原、陕西省的黄土高原的部分地区。河套是中国古代的军事要地，是秦、汉、明长城行经的主要地区，历史上发生过很多重要的事件。

河套分为“西套”和“东套”，宁夏青铜峡、银川、石嘴山地区称为“西套”，内蒙古巴彦淖尔、包头、呼和浩特地区称为“东套”。东套又分为“前套”和“后套”，包头、呼和浩特和喇嘛湾之间的土默川平原为“前套”，巴彦淖尔平原为“后套”。

宁夏青铜峡井沟长城

–

摄影 / 李鹏

12 三关口

三关口也叫赤木口，作为内蒙古阿拉善高原通往宁夏平原主要通道，历史上曾有很多故事发生在这里。地处宁夏永宁县与内蒙古阿拉善左旗交界、贺兰山中部的三关口，东北方向距银川约有40千米，从银川到巴彦浩特的公路，正好从三关口穿过。

巍巍贺兰山，从阿拉善高原到银川平原，绵延数百里，群峰叠嶂，尤其贺兰山东侧，以断层接临银川平原，更是陡峭难攀。这里的长城并非人们所熟知的那样是一脉相承的墙体，大多是在山峪峡谷内外可通步骑之处斩山削壁，修墙建关。长城不一定是高大连续的墙体，各地修建长城时，不少地段都是借助天然险阻建成，贺兰山一带的某些长城段落就是这样。

三关口与贺兰山诸多隘口相比，连接贺兰山东西的路最为开阔。贺兰山十分陡峭，到三关口处就陡然平缓下来，此关自古即为阿拉善高原进入宁夏平原的通道，明朝特别注意三关口的防御。

宁夏银川三关口长城

–

摄影 / 李鹏

嘉靖《宁夏新志·边防》载，贺兰山“回斜四百余里，岗岑峰翠翠，为镇之壁。其蹊径可驰入者，五十余处，而赤木口尤易入。昔人遍屡山蹊，筑关削崖，以绝其道，立墩台，布戍卒以守之，惟赤木口为弗固，以固之难也。岁久关险渐坏，蹊径俱通，虏乃大肆侵掠，来不及应，去不可袭，非独病弱之故也。”

三关口为嘉靖十九年（1540年）都御史杨守礼、总兵官任杰修筑，“发金四万”，历三月而成。从东向西设立了关防三道，俗称其头关、二关、三关。

据嘉靖《宁夏新志·南路守备》载，“关口石砌，长一十八丈；高二丈三尺，女墙高七尺；下阔三丈，上阔一丈八尺。其北折山长五百九十七丈，其南斩山长七十六丈。又南石基土筑培长四十八丈八尺，高二丈，女墙高五尺；下阔三丈四尺，上阔一丈七尺。又南石基土筑墙长一千三百八十五丈四尺，高二丈，女墙高五尺；下阔二丈五尺，上阔一丈二尺。又南折山长六百七十九丈；高二丈，女墙高四尺。比他关为最固焉。”

三关口建成后，在巩固宁夏防御方面发挥了较大的作用，嘉靖《宁夏新志·关隘》载，“虽悍虏万骑，不过仰视而已。百年难成之业，旦成之，边人倚以为固。然履危蹈险，一岁两至其山，自有巡抚以来，边人未之见也。”

头道关为主关，南北与长城主体城墙相连接，夯土城墙起于北侧山上，过关后向南而去。过头道关顺公路向西约2.5千米，即为二道关，当今仅在关口南侧的山头上，还残存有一座夯土墩台。过了二道关顺路向西，山谷渐趋狭窄，约2.5千米后，便仅为两壁相夹一道，十分险要，此处便是第三道关。修银巴公路时，此关的最后一些遗址也被废掉了。

三关口在明代以前就很重要，当初蒙古军队第三次攻打西夏时，就是把三关口作为突破口。当时三关口称克夷门，是西夏屯兵之地。在这里蒙古军同西夏军展开了大战，最后骁勇善战的蒙古军攻占此关，之后兵锋直指西夏都城。

长城沿线除了银川贺兰山的这个三关口，在其他的地方还有很多个三关口。三关口实际上就是一种防御纵深。三关口外是阿拉善高原，位于内蒙古自治区西部阿拉善盟是内蒙古高原的一部分，在明代也是长城防御的重点地区。“阿拉善”一词，是古代突厥语的“贺兰”之意。此高原地势由南向北缓倾，大部分海拔1300米左右，少数山地超过2000米，最低处是居延海地区海拔仅820米。

阿拉善高原面积约25万平方千米，其中巴丹吉林、腾格里和乌兰布和三个大沙漠，约占高原面积的1/3。沙漠中间分布着500多个咸水湖和淡水湖，还有产盐的盐池。阿拉善高原西部的额济纳旗，有祁连山雪水流入，成为沙漠中的绿洲。居延海号称天鹅湖，为内蒙古自治区天鹅夏季繁衍地之一。

宁夏银川三关口长城

—

摄影 / 吕福进

13

胜金关和中卫城

胜金关，坐落于宁夏中卫县东30千米，是明长城宁夏镇中的重要关隘之一。横亘于宁夏西北部逶迤200余千米的贺兰山，过了青铜峡之后，山体渐渐平缓下来，到胜金关一带则仅剩余脉了。

胜金关一带，山虽不甚险陡，然山脉却意外地向南突出一角，直抵黄河北岸，在山河之间仅留下一线之路，可通往来，这种地理形势，使胜金关的军事地位一下子提高起来。

今天银川至中卫的国家主要干线公路及包兰铁路，皆由胜金关穿行而过。胜金关受地理环境的影响，设防守御却十分困难。

古人对此即有认识，《中卫县志》的编撰者慨叹道："胜金关为县北雄关，然其地三面受敌，一面临河，无险可峙，似属绝地。"这种认识是有一定道理的，翻阅一下文献资料，很难找到胜金关凭借地利，坚守城防，取得胜利的记录。

嘉靖《宁夏新志》记载，"在城东六十里。弘治六年（1493年）参将韩玉筑，谓其过于金徙潼关。"这里所说的城，即为中卫城。明朝所建关城，毁于清同治五年（1866年）。

同治四年（1865年），回民军分兵进军胜金关、石空堡等军事要隘，将清军守将梁生岳所部全军歼灭。同治五年（1866年）六月，回民军在进攻定远营（今内蒙古巴音浩特镇）失利后，乘清军不备，回师胜金关，全歼了清军，守将提督梁飞猛仅以一骑逃奔广武城。同年九月，回民军再次进兵胜金关，以优势兵力全歼了守军，并纵火焚毁了胜金关城。

胜金关是中卫城的咽喉，如果攻下胜金关，便可长驱中卫再无险可守了。中卫城始建于明朝初年。洪武年间宁夏左屯卫军余屯种在这里，永乐初置宁夏中卫指挥使司。

中卫城最初仅周四里三分，到正统二年（1437年），增为五里八分，天顺四年（1460年）又增至七里三分。现在中卫城，遗址遗迹已经所存无几。坐落于中卫古城正北的中卫高庙，完好地保存了下来。

中卫高庙始建年代不详，现存建筑的主体部分为明朝建筑。清康熙四十八年（1709年）这一地区发生了一场大地震，高庙毁坏严重，一度废弃，后经道光二年（1822年）、咸丰三年（1853年）、光绪八年（1882年）陆续修复、重建，直到民国初年才最后恢复了这座造型完整、艺术独特的建筑群。

中卫高庙，前院是保安寺，为佛教主持寺院。院子正中，有1座小巧玲珑的木牌坊，正面是大雄宝殿。大殿正中塑有佛祖释迦牟尼像，左右是文殊、普贤二位菩萨，东西两壁是嬉笑坐卧神姿各异的十八罗汉。大雄宝殿的东侧为地藏宫，西侧为三宵宫。

宁夏青铜峡北岔口长城

-

摄影 / 李鹏

高庙主庙分上、中、下3层，下殿正面是五狱庙，东为三宫殿，西为祖师殿。从两侧可上二层楼庙，楼庙正中塑玉皇像，后楼为大成殿。三楼正面为瑶池宫，东西两侧为三教宫。在3层主庙的正面还建有1座六角三顶的中楼。中楼造型小巧秀丽，亦分3层，上层塑太白金星，中层塑观音神像，下层绘有二十八宿。

遗憾的是，这些精美的塑像已毁于20世纪60年代中期。现在中卫庙经过各级政府投资修复，早已开放接待游人了。保安寺经过扩建，也已经改成了中卫县图书馆。

中卫县除高庙外，还有钟鼓楼等其他古建筑。中卫钟鼓楼建于明朝，在楼的北门上，嵌有一块石匾，上面刻有“神镇沙龙”四个大字。中卫县北部为腾格里沙漠南缘地带，长期以来，这里的人民为风沙所苦，“神镇沙龙”四个字生动地表达了古人祈求神灵驯服风沙的良好愿望。

数百年过去了，神不但没有镇住沙龙，沙漠又吞噬了中卫北部大面积良田，真正能镇锁住沙龙的还是当代中国人。

到了中卫，沙坡头是一个必须要去的地方。沙坡头位于宁夏回族自治区中卫市西部的黄河岸边，腾格里沙漠的东南缘。经过半个多世纪的不懈努力，沙坡头治沙取得了令世界瞩目的成绩，今天已经成为长城脚下的一处名胜。

中国第一条沙漠铁路包兰铁路，于1958年在宁夏沙坡头地区穿越腾格里沙漠胜利通车。铁路虽通车，流沙侵袭对铁路构成巨大的威胁。为了解决沙漠问题，科技工作者和当地群众采用麦草方格固沙法，成功地控制住了沙漠。

今天的沙坡头，已经成为集大漠、黄河、高山、绿洲为一处的5A级旅游景区。建有中国最大的天然滑沙场，横跨黄河的“天下黄河第一索”，黄河文化代表古老的水车。来这里的游人，很喜欢乘坐羊皮筏子漂流，这是黄河上最古老的运输工具。

宁夏青铜峡北岔口长城

–

摄影 / 李鹏

14 固原城

固原是古丝绸之路东段北道上的重镇，古人称其“左控五原，右带金兰，黄河绕北，崆峒阻南，据八郡之肩背，绾三镇之要膂”，可见地理位置何等重要。这片土地是关中通往塞外的咽喉要道，历史上也长期进行着纷争和冲撞。

宁夏南部的固原城，远在战国时期就是军事要地了。固原境内最早的长城，是战国时期修建的秦长城，这条长城是秦昭王三十五年（前272年），秦国为防匈奴所筑的。秦始皇统一全国后，修筑万里长城时，又重新修筑了这段长城。

在历史记忆的深处，固原古城建于何时似乎鲜为人知了。史书有这样的记载，汉元鼎三年（前114年），汉武帝为加强西北边地的军事防御，在此设置安定郡，郡治就设在高平城（今固原）。北周天和四年（569年）正月，新筑原州城（今固原），在高平古城又扩大增筑了一座新城，高平城就成了内城。固原城从此就形成了构造为“回”字形、内外双城的格局。

汉代时设萧关，成为关中北面的门户；唐朝曾设陇山关。古代商旅踏上著名的丝绸之路，是由长安出发，经过固原、海源而入河西走廊，去往西域各国。

北周天和四年（569年）有“修筑原州城”的记载。原州城毁于唐朝中期的战乱，唐德宗贞元三年（787年）十月，“吐蕃修故原州城以屯居之”。此后，宋太宗至道二年（996年），修建镇戎军城，真宗成平四年（1001年），为防西夏重新修了镇戎城。

1981年，在城内东门墙基址下，曾出土了一块康定年间的铭文砖，文字为：“……康定元年（1040年）三月二十五日，客司副行首李德琮监修筑城东城壕，奉高太保指挥差到在镇戎军直所……”可知，北宋为防御西夏，曾再次修复和使用了固原城。

明代景泰年间就修筑过固原城。1979年6月9日，在倒塌的固原城南门西侧的墙壁上，发现了一块明景泰年间刻有铭文的方砖，记载了这次修建工程。这块方形城砖，边长38厘米，厚6厘米，重11千克。砖的正面刻有17行文字，每行21至25个字不等，共计324个字。

这块刻于明景泰二年（1451年）九月初一的铭文方砖，内容记载的就是明景泰二年修筑固原城之事，并转记了金代砖刻中关于修筑镇戎城的刻文：“……督集各所属官员人匠军民夫五千余人，于景泰二年七月二十二日兴工重行修补，掘出方砖一块，上刻：大金兴定三年六月十八日巳时地动，将镇戎城屋宇推塌，兴定四年四月二十一日差军民夫二万余人兴工修筑，五月十五日工毕……”。

明成化五年（1469年），兵备佥事杨勉增筑固原城，“高三丈五尺，底宽三丈八尺，顶宽二丈二尺，周长九里三分，并设楼撸。”弘治十五年（1502年），三边总制秦纮又增筑外关城，“高三丈六尺，底宽四丈，顶宽二丈三尺，周长十三里七分，外修堑壕深宽各二丈。”

万历二年（1575年），三边总制高荐文、石茂华砖包了固原外城，并增修了角楼、炮台、车道及城墙顶部外沿的垛墙。固原城一共有大小城门11座，有名称的7座城门分别为：东城的安边门、保宁门，南城的镇秦门、兴德门，西城的威远门、保万门，北城的靖朔门。

明朝是固原建城历史上最为辉煌的一个阶段，成化十年（1474年）在固原城设了三边总制府，统领甘肃、延绥、宁夏，诸镇总兵，包括这几个地方的巡抚亦听三边总制的节制。那时高大的内城墙“周围九里三分”，设有炮台28座；外城墙“周围十三里七分”，设有炮台31座。

现在国内外游人都知道“不到长城非好汉”这句名言，但很少有人知道这句话说的是哪里的长城。“不到长城非好汉”是毛泽东著名诗篇《清平乐·六盘山》中的诗句。1935年10月7日，红军取得了青石嘴战斗胜利，然后翻越六盘山，这是万里长征路上的最后一座大山。

过了六盘山就算进入陕甘宁了，红军连续几天沿着战国秦长城行进，一天晚上红军住在彭阳县河阳洼村，毛泽东在村民张有仁家的窑洞，趴在小炕桌上写下了《长征谣》：

“天高云淡，望断南归雁，不到长城非好汉！同志们，屈指行程已两万！六盘山呀山高峰，赤旗漫卷西风。今日没着长缨，同志们，何时缚住苍龙?”

这首歌谣后经毛泽东先后8次修改，于1942年8月1日在《淮海报》上刊出。1949年8月1日，上海《解放日报》再次发表了修改后的诗词，名《清平乐·六盘山》：“天高云淡，望断南飞雁。不到长城非好汉，屈指行程二万。六盘山上高峰，红旗漫卷西风。今日长缨在手，何时缚住苍龙。”

宁夏固原原州战国秦长城

–

摄影 / 祁学斌

肆

西北烽堠 10处名胜故城

一说到大西北，就会想到遥远的大漠戈壁。那里有驼铃声声，有高大的烽燧烟墩。在河西走廊上，长城与丝路相伴，从古时走到今天，一路多风少雨。

汉代长城和明代长城从这片土地上穿过，天空之下是绿洲、山地、沙漠，牛羊在草场上自在地行走，如今这样一派和谐的景象，说不清曾是多少古人梦中的向往。

在介绍甘肃的长城之前，有一个地方不能不先讲一下，这个地方就是乌鞘岭。明代长城和汉代长城都贯穿了河西走廊，而乌鞘岭是河西走廊开始的地方。乌鞘岭位于甘肃省武威市天祝藏族自治县，属祁连山脉北支冷龙岭的东南端。陇中高原和河西走廊由此分界，向西翻过乌鞘岭即进入了河西走廊。

乌鞘岭东西长约17千米，南北宽约10千米，主峰海拔3562米，为古丝绸之路的重要段落。此地年均气温-2.2℃，盛夏飞雪是乌鞘岭常见的景观。

乌鞘岭前后既有汉长城，也有明长城。汉长城在天祝、古浪境内尚存多处遗址遗迹。夯土版筑的明长城，遗址保存的还要多一些。这里的长城，应该是万里长城中海拔最高的一段。

甘肃金塔西大湾城护城墩

–

摄影 / 董旭明

甘肃金塔汉东西大湾城

—

摄影 / 董旭明

01 大靖营

大靖营又名大靖城，明初是军屯重地，今为甘肃古浪县大靖镇。大靖营位于古浪县城东50千米，东临景泰，西接土门，南近大干沟水库，北靠长城。大靖河沿途有天祝的东大滩和西大滩乡，古浪的民权、大靖、海子滩乡，大靖河经过大靖营城向东北流去。明初，朝廷为消除边患，保护屯田在此建筑此关城。在明代大靖营护佑着这片土地上生活的人们，大靖河濡养着这片土地。

明朝初年的大靖营，叫扒沙营。之所以叫“扒沙”，据说是蒙古语“繁荣的街市”之意。正德年间阿赤兔据松山，而扒沙就经常受到少数民族的骚扰。万历二十六年（1598年）荡平大松山，遂筑新边，就在扒沙营建大靖关城。

新边在大靖城北1千米，旧边在大靖城南55千米处。据《秦边记略》载：大靖营，“昔之屯田处也。自松山属内地，而大靖始城，所以扼旧边、新边之要，固松山、双井之疆，制其善也”。

据《古浪县志》记载：“大靖城，明万历二十七年旧存东北两面墙址，展筑，计周围四百八丈，高三丈九尺，厚二丈二尺，开西、南、北三门，上起门楼三座。外城一座，高三丈五尺，周围计三百七丈，开东、西门各一。”

明朝屯田分为军屯、民屯、商屯三种，大靖营作为明时的军事要塞，当以军屯为主。大靖营在明时驻守参将，领兵1700名，马230匹。清代驻马兵200名，守兵400名，马200匹。

大靖营屯田对明王朝控制河西发挥了重大的作用。河西“孤悬河外”，边疆防务尤为重要。河西地形复杂、险峻，要驻兵把守，实非易事。“安边御掳，足食为先”是明朝发展军屯的任务。大量的军粮军饷因“山冈阻险，车辆不通”，从中原运输难以为继；就地筹措也因当地人口少，很难达到目的。“兵食自出”的屯田之法，势在必行。

抚都御使杨博在《查处屯田计安地方疏》中说：“河西事体重且大者，莫过于屯田一事。”朱元璋为巩固自己的统治，审时度势，大力在河西推行军屯。

军屯是军事化的生产组织，由卫、所来实施，既管理屯田生产，又负责屯军的训练与调遣。由于“军士分耕塞上，一伍之中，有远至二百里者，军不成伍，将吏不能朝夕督视，以致军士怠惰，所获不足自食”。为加强屯田管理，提高屯田效果，推行以“屯田百户所”为基础的屯堡制度。即每一百户为一屯，四、五屯或五、七屯择近建堡。

屯堡成了军屯的最基层组织。每屯设屯长一人，或正副屯长各一人；大堡有守备、操守、防守等官，小堡只设防御操堡官或总旗。他们的职责据《凉州全志》记：“平时守护城池，有警则收敛人畜。”“农务已毕，或有警收敛，则皆归墩堡之内。”屯军的十分之三从事平时的戍守，十分之七从事屯耕，戍守与屯耕轮流互调。

据《重修肃州新志》载，屯军“无事则耕，有事则战。贼寡则本堡之兵，贼多则近堡合力，各大城兵马相机应援，大则可以斩获成功，次则亦可夺获抢掠，不致损失”。足见当时军屯组织是相当完善和严密的。为发展军屯，明廷颁布了屯田法，制定了许多优惠政策。

如河西屯田缺少耕畜、农具、种子等，明成祖朱棣下诏：“准北京例，官市市牛给之，耕具于陕西布政使司和按察使司铸造。”天顺三年（1459年）陕西布政使司和按察使司出官营从内地买牛补充凉州等卫所缺耕牛。

嘉靖七年（1528年），户部“动支官银一万两，委官收买牛只、种粮，制造犁铧，审勘（河西）贫丁无力者给牛牝牡各一头，犁铧各一张，种粮五谷”。同时，实行低税或酌情减免等税收政策。屯田三年内，屯田军士不仅不向朝廷缴纳粮税，相反每月朝廷还给守城军士米一石，屯田者米五斗。三年满后，按土地肥瘠纳税，也还规定了酌情减免和“永不起科”等政策。

由于朝廷重视，屯政实行得力，河西的军屯大有成效。通过屯田，军粮军饷自给有余，减轻了朝廷的压力，边疆得以巩固，生产得以发展，人民的负担减轻。

从明初期屯田的全貌，也可以看出大靖营屯田的一般情况。现在大靖城夯土城墙遗址尚可看到，城内鼓楼翻修一新，北面额上写有“翠滴灵昌”四字。如今的大靖城内街道整齐，已经成为古浪以东的繁华城镇。

古浪县境内由裴家营继续向西至大景（即大靖营）段长城，用黄土夯筑城墙保存状况较好。其间，裴家营至王家庄墙体十分壮观，由青山寺至大景夯土墙，已坍塌成高台隆起的脊状。从残存遗址看，原墙十分高大。

在大靖营北侧12.5千米处，还有一个叫“石峡关”的要隘。此关是大靖城所辖要隘，也是明朝古浪所东北的一处，把守着东西走向的长城和山口。这个峡口地势险要，是河西走廊通往内蒙古腾格里沙漠的必经之路。所以，古代利用这里的有利地势，建筑屯兵的城堡并派兵驻守。

02 武威城

武威，一个很强悍的名字。这座古城是西汉河西四郡中最东端的一个，也是河西走廊的东大门。汉代长城和明朝长城皆由武威东面和北面穿过，相差一千多年的两道长城有时重叠，有时遥遥相望。

武威在中国历史上，不论是文化还是军事方面都有着特殊地位。武威城位于甘肃河西走廊东段的武威绿洲之上，其西南为祁连山地，东北部长城以外是腾格里沙漠的一部分。

河西走廊是地理概念，同时也是人文概念。河西走廊东起乌鞘岭，西到新疆，南依祁连山，北枕龙首、合黎诸山，东西长度有1000千米，南北最宽处只有100多千米。这样一个狭长的地带，却是丝绸之路的必经之地，是历代征战的古战场。

在汉代初期，武威城名为姑臧城。关于姑臧故城的具体位置，史书上有三种不同记载：

一种说法是在武威城西北。以唐李贤在《后汉书·光武帝记》注释中的记载为代表，"武威郡，故城在今凉州姑臧县西北，故凉城是也"。另一种说法是在武威城东北二里。以《明一统志》的记载为代表，"姑臧废县在（凉州）卫东北二里"。第三种说法是在今武威城。以《大清一统志》的记载为代表，"姑臧故城，今武威县治"。

汉武帝元狩二年（前121年），汉武帝派骠骑将军霍去病率汉军远征河西，击败了强大的匈奴，为了彰显武功军威，就给此地起了"武威"这个名字。武威很富庶，历史上很早就有"金张掖，银武威"之说。

武威是丝绸之路进入河西走廊的第一个重镇，汉武帝派军队征服西域匈奴，开疆扩土，开辟了河西四郡，武威是其中一郡。在汉元封五年（前106年），天下分设13州，各州由刺史治理，史称"十三部刺史"，武威郡属于凉州刺史部。到了东汉三国时期，凉州的治所就设在武威。

在群雄割据的东晋十六国时期，先后有前凉、后凉、南凉、北凉等政权，将国都设在今天的武威。通过不断的经营，隋朝和唐朝时，武威已经是河西走廊的一个大城市。

在宋朝时，凉州是党项族西夏国的重要城镇。元朝时蒙古政权在这里设立了永昌府，元太子阔端和西藏佛教领袖萨班，还在这里举行过具有重大历史意义的凉州会谈。中原与西部的经济、文化、宗教交流从未间断，古凉州在千年的历史长河中，默默地承担着自己的使命。

作为古代军事重镇，武威也是明长城防御体系的组成。《五凉全志》载："洪武五年，宋国公冯胜定河西，元凉公搭搭乃北遁，胜视凉境空，以兰州等卫官军守御之。"冯胜调兰州等卫的官军驻守武威，是明代驻守武威的开始。

明洪武九年（1376年）设凉州卫，配置军力5600人。《甘肃通志稿》载：“凉州卫，洪武九年置，设指挥三，千户十，百户二十五，凉州卫隶陕西行都司。”《明史·地理志》记载：“凉州卫，元西凉州，属永昌路。洪武九年十月置卫，属陕西都司，后来属陕西行都司。”

洪武二十四年（1391年），凉州总兵宋晟再次对武威城进行了大规模的增修。宋晟先后镇守凉州长达二十多年，官至平羌将军、西宁侯。武威城原来只有东、南、北三座门，宋晟增辟了西城门，并修建了东、南、北三座城门楼，同时在城墙四周修建了36座箭楼。

武威城最后一次大规模的建设是万历二年（1574年），总兵石茂华用砖包砌了武威城墙。据万历八年立的《修凉州城记》碑文载：“凉州卫城原系土筑，于万历二年九月内，该巡抚廖逢节，总督石茂华，议题用砖包砌，尚未兴工，本年十一月内，巡抚侯东莱至，督率分守道先任参议赵焞，接管参议张九一，副总兵盛愈谦，并各碑阴文武大小官员匠役，方投烧运砖石，万历四年四月内落成。”

古城雄伟的城墙已经所剩无几，武威城外高大坚固的明朝长城，傲然矗立在田野里。城内的武威文庙，也已经成为游人必到的地方。文庙始建于明正统二至四年（1437—1439年），明成化和清顺治、康熙、乾隆、道光及民国年间，都曾不同程度地对文庙进行过重修和扩建。

武威雷台汉墓是长城沿线众多考古成果中的一个，1969年农民在武威雷台下挖战备防空地道时，发现了这座东汉晚期（186—219年）的大型砖石墓。据出土马俑胸前铭文记载，雷台汉墓是“守张掖长张君”之墓。

出土有金、银、铜、铁、玉、骨、石、陶器等各类文物231件，其中铸造精致的99件铜车马仪仗俑，其中就包括青铜艺术极品铜奔马“马踏飞燕”，又称马超龙雀。马踏飞燕，马高34.5厘米，长45厘米，重17.5千克，三足腾空飞奔的骏马，右后足踏在一只飞翔中的鸟背上。这件有着极高艺术、科学和历史价值的铜奔马，于1983年被中国国家旅游局定为“中国旅游标志”。

03

峡口城

峡口城位于甘肃省张掖市山丹县城东南方向，距县城约30千米。古城位于山丹县老军乡，现在是一个名为峡口的行政村。这里是一个以畜牧业为主的半农半牧村，村民依然以养羊为主业。

峡口城建在焉支山余脉和北部山峰夹持的峡谷，又名石峡口，更早的时候这一代也称过泽索谷，泽索谷可能是匈奴语。《汉书 · 地理志》在张掖郡日勒城注中记载，泽索谷在山丹卫东南，“自姑臧西北出张掖，其间有大岭。度岭而西，西郡当其要岭，谓删丹岭也。”姑臧就是今天的武威，大岭即指的是今天的焉支山。

这里也是古丝绸之路上的一处关隘，在明代为山丹卫长城防线上的一处重要关隘。在古代一直是去往西域的车马的必经之地，地理位置至关重要。从峡口向东通凉州，向西通甘州，向南经扼守甘青要道的扁都口通青海西宁，向北通草原地区。这座古城有“甘凉咽喉”之称，古代大名鼎鼎的关城今天已经很破败了。

石峡口南抵大黄山，北近合黎山，两山之间仅限于一峡口。《山丹县志 · 山川》称，“硖口之路皆乱石高低，而曲折转侧，人马皆艰”。石峡口是“入甘正道，甘、凉扼要之区也”，为通途西疆的重要门户。同时，又“夹堡尽山”，地势险要，扼东西交通，自古为军事重地。据《山丹县志 · 隘口》条载：“由凉郡西入，山丹石峡口，群峰环抱，门通一线，所谓一夫当关，万夫不能越者也”。明代在此建关筑堡，置重兵防守。据《甘州府志 · 关隘》条载：“峡口营，即石峡口堡，大黄山立于南，合黎山尽于北，岭难设险，墙不胜防，但恃墩军为左右望耳。且源泉无本，幕井常乾，前明于边墙起止斩断山崖，筑堵设沟，仅为北面之防”。

峡口城是军事重镇，《重刊甘镇志 · 兵防志》记载：明代山丹卫“原额兵六千七百七十名，实际一千五百五十一名”。山丹卫管辖着16座城堡，而仅“石峡口堡”就有“轮戍兵常额二千二百二十八名，实在兵七百二名。其中骑兵六百三十七名”。由此可知，驻守峡口的军队占了山丹卫总数的近一半，而且在“七百二名”军人之中有“骑兵六百三十七名”。

峡口城设有驿站，负责邮传递运。魏焕的《皇明九边考》中明确记载：“峡口驿向东六十里至永昌卫，再五十里至水磨川驿，一百四十里至凉州卫；向西，五十里至新河驿，再五十里至山丹卫，一百三十五里至甘州城。”峡口驿有甲军40名，骡马21匹，车牛23辆，专司邮递。

峡口城面积约19万平方米，开有南、北两座城门并且都建有瓮城。北门外还有外城，四周有护城河。城中有过街楼一座，上面挂有“威震乾坤”匾额。城的东北城墙与明长城连为一体，形成一体的防御。峡口城东10千米处建有一座定羌庙，庙里有关公等人的画像，据说还有王进宝将军的画像。1956年改名为绣花庙，但是当地人还是习惯地称其为定羌庙。

现在的峡口城里已经没有多少住户了，村民搬到了新建的房屋。老城已经成为影视外景基地。这里拍摄过《牧马人》《海市蜃楼》《艾黎的故乡》《守山》等多部影视片。峡口所在的老军乡汉、明长城遗址，保存得很不错。这里地势开阔，站在高一点的地方看着一望无际的长城巨龙蜿蜒而去，能很深切地感受到长城的气势磅礴。

04

张掖城

张掖是一个风调雨顺的地方，“金张掖，银武威”说的就是这里的富庶。张掖在明朝是长城防线上的甘州卫，也是长城九镇之一的甘肃镇最高指挥机构所在地。张掖处在甘肃河西走廊的中部，既有南国风韵，又颇具塞上风情，草原、湿地、沙漠和冰峰相映成趣。

明朝在张掖这里配备有总兵官、协守副总兵、分守副总兵、分守参将、游击将军，据明穆宗隆庆三年（1569年）的统计资料记载，这一区域实有兵员47500人、马22300多匹。

明朝一直鼓励在张掖屯田，并派驻军及其家属，与当地民众共同开发经营，使张掖繁盛起来。清朝继承明制，大量征召民众，迁住张掖，其政策也比以往更加优厚，大大推进了这个地区生产力的发展。

地处河西走廊咽喉地带的张掖，曾经是丝绸之路上的一处商业枢纽，来自西域地区的商队一度云集这个国际贸易城市，而东罗马和波斯的钱币，也出现在张掖的交易市场上。到了隋代，张掖更成了中原政权经营河西地区的大本营。

张掖城始建于隋唐时期，明朝对张掖城进行过多次重修扩建。明武宗正德二年（1507年）时，还在城中建了一座可以俯瞰四方的镇远楼，后来改为钟鼓楼。

钟鼓楼是张掖市的标志性建筑，基座中还有个十字洞，通向东西南北，与四条大街相衔接交会。内地的很多古城都有钟鼓楼，凡是能够闯过战火等各种灾祸留存至今，其身上都承载了当地千百年的文化积累。

一座城市的古建筑，是这座城市的历史记忆，积淀着城市的历史与文化。要了解各地的文化，就要去寻找一下那座古城里的古建筑。张掖的钟鼓楼和大佛寺，就是可以帮助人们打开张掖历史之门的钥匙。

钟鼓楼高达21米，由楼台和三层楼阁组成。楼上四面都悬有匾额，东面是“金城春雨”，西面是“玉关晓月”，南面是“祁连晴雪”，北面是“居延古牧”。匾额文字不多，却传达出了这个丝路古城深厚的文化意境。

甘肃张掖肃南裕古族草沟井古城

–

摄影 / 董旭明

张掖最有名的古建筑，当属大佛寺了。这座寺庙，始建于西夏永安元年（1098年），原名迦叶如来寺。明永乐九年（1411年）敕名宝觉寺，清康熙十七年（1678年）敕改宏仁寺，因寺内有巨大的卧佛像故名大佛寺，又名卧佛寺。卧佛身长34.5米，肩宽7.5米，脚长5.2米。卧佛的一根中指，就可以平躺一个成人。1996年，张掖大佛寺被列为第四批全国重点文物保护单位。

历史上张掖城的东西两边，还有两座古城，分别是东古城和西古城。这两座古城，都离张掖城25千米。东古城位于张掖市甘州区碱滩镇古城村，始建于汉代。所以，当地民间流传着“先有东古城，后有张掖城”的说法。

东古城属古张掖郡所辖十县之一的屋兰县。屋兰当为匈奴乌犁部旧居之地，部落王降汉之后，汉将其安置在屋兰县。《甘州府志》载：“城东五十里，今仁寿驿，俗称‘古城’是也，汉张掖郡屋阑县，东汉及晋作‘屋兰’者即此”。

明代曾重筑此城，清时于此设仁寿驿。东古城周长约2千米，城墙为黄土夯筑，开有东西两座城门。城内东西大街，建有寺庙、牌坊等。现城墙及庙宇皆已毁无，仅西城门及城门楼尚存。城楼门面东楼檐下悬挂一块匾额，上书：张掖锁钥。

西古城在张掖城西的沙井镇西古城村。西古城始建于北周时期，后陆续扩建，兴盛于唐代，宋、元时期逐渐没落下来。清代曾在西古城设沙井驿。清代诗人张联元到西古城，有诗“山光草色翠相连，万里云飞万里天。黎岭氛消兵气散，戍楼尘满月华妍。”

到了张掖，河西走廊已经过了差不多一半了。河西走廊地处甘肃西部，东起于甘肃天祝藏族自治县中部的乌鞘岭，这里属祁连山脉北支冷龙岭的东南端。西至甘肃和新疆交界处，东西长约1120千米。

河西走廊是一条东西方向的狭长地带，南北宽20千米至100千米，介于南山和北山之间。南山为祁连山和阿尔金山，而北山则为马鬃山、合黎山、龙首山。北靠巴丹吉林沙漠、腾格里沙漠，因位于黄河以西，又形似走廊，地理学上称之为河西走廊。

河西走廊自古以来就是内地连接西域的大通道，也是古代中国同西方政治、经济、文化交流的陆路国际通道。河西走廊东西两端，具有标志意义的两座城市是武威和敦煌，张掖、酒泉为武威和敦煌之间的战略节点。

05 酒泉城

酒泉，古肃州，一座矗立在茫茫戈壁上的千年古城。酒泉最早曾叫过“金泉”，据传古时有人口渴到泉边喝水，俯下身突见水底有金色闪动，照水捞取竟得真金，故曰金泉。汉朝时因霍去病的一个行为，才开始和酒发生了关系。今天游人在酒泉城内的泉湖公园，首先想到的一定是酒。我几十年前第一次到酒泉，甚至有一种酒的熏陶感。

肃州是经历了2100多年的古城，初建于元狩二年（前121），汉武帝创建武威、酒泉、张掖、敦煌河西四郡之时。据《汉书·西域传》，“汉兴至于孝武，事征四夷，广威德，而张骞始开西域之迹。其后，骠骑将军击破匈奴右地，降浑邪、休屠王，遂空其地，始筑令居（今永登）以西，初值张掖、酒泉郡，后稍发徒民充实之，分置武威、敦煌、列四郡，据两关焉”。

甘肃酒泉长城

甘肃酒泉金塔茨湾营城

-

摄影 / 董旭明

酒泉的故事与西汉时骠骑将军霍去病有关。霍去病接受汉武帝的命令征讨河西匈奴，凯旋酒泉时，汉武帝赐御酒为他庆功。霍将军认为打了胜仗，功在全军将士，由于人多酒少，他就下令把酒倒入一池泉水里，这样所有人都能喝到皇帝赐的御酒。为此，汉武帝赐名这池泉水为酒泉。

酒泉城中有一处名为西汉酒泉胜迹的园林，在园中古柳树下有一座亭子，亭里的石碑上有清代肃州官员陆廷栋“西汉酒泉胜迹”题字，石碑的背面记载了汉代霍去病将军把酒倾入泉中，与众将士共饮的故事。

明初，冯胜率兵夺取河西之后，洪武五年筑嘉峪关城，肃州城也因此成了西北边陲第一重镇。洪武二十八年（1395年），为了加强对西北的防御，肃州指挥佥事裴成在旧城的基础上，向东扩展修筑了肃州东城。修成后的东城面积约比旧城大一倍，文献记载肃州城“周长八里三分，城高三丈五尺，厚三丈余，顶宽一丈”。

新肃州城建有东、南、北三座城门，每座城门城台上都建有一座重檐城楼，城门外筑有瓮城。肃州城面积扩大一倍，旧城的东门就成为城的中心，故将原来的东门改为城中心的鼓楼。

明成化二年（1466年），巡抚张廷璋又在东城外增筑了东关厢城。此城“东西二里，南北一里零五步。周长五里四分，高二丈八尺，厚一丈，顶宽六尺”。正德十三年（1518年），吐鲁番频繁袭扰嘉峪关、酒泉，兵备陈九畴为了提高防御力量，在肃州城的四个城角各修筑了一座敌楼，在城墙四周也增筑50座马面。万历二年（1547年），肃州兵备砖包了城墙。

酒泉古城地处大漠边缘，气候类型是干旱少雨，可“西汉酒泉胜迹”这里却是绿荫一片，碑亭不远处的古柳是非常有名的左公柳。有130多年树龄的垂杨柳，需要三四个人才能合抱。

同治五年（1866年），清朝名臣左宗棠受命出任陕甘总督，率军平叛，为了军事运输和地方繁荣的需要，他下令拓修甘新大道。然后，又命令参与筑路的军队在甘新大道的两边植树造林，只要是宜林地域和近城之地的路边都要栽上树，名为道柳，是为了保护路基，遏制风沙。

左宗棠深感当地民众饱受风沙侵害之苦，所到之处总是动员植树造林，到了肃州城后，古城中的各条大街也是遍植翠柳。光绪四年（1878年），左宗棠的好友杨昌濬应约西行帮办军务。

他看到这西北大路两边杨柳行行，绿树成荫，仿若江南，就即景生情，写下了诗句“大将筹边尚未还，湘湖子弟遍天山。新栽杨柳三千里，引得春风度玉关。”

到酒泉来看千年不死的胡杨树，已经是一项很热的旅游项目。胡杨树是一种落叶中型天然乔木，是一种耐寒、耐旱、耐盐碱、抗风沙的生命力很强的植物。在酒泉、嘉峪关长城内外，自然生长的树多为胡杨，有些地方胡杨树连成片很壮观。

人们喜欢胡杨，称赞“胡杨千年不死，死后千年不倒，倒后千年不朽”。戈壁滩环境太恶劣，只有胡杨与红柳、梭梭等荒漠植物，才能在这样的环境之下自然生长。

酒泉、嘉峪关胡杨树的树干和树冠，都是从西北向东南倾斜，这是被强劲的西北风吹的。倾斜的胡杨，彰显着其顽强的生命力。秋天冷风吹来，胡杨树一夜之间变得金黄，是那么壮阔辉煌。

06

嘉峪关

在今天现存的长城关隘之中，嘉峪关毫无疑问属于豪华排场的一座了。嘉峪关地处河西走廊之咽喉，南枕祁连山脉的文殊山，北依连绵起伏的黑山，关城雄踞在两山之间形成的一片15千米宽的开阔地上。嘉峪关以明朝万里长城西端起点而著称于世，其地势十分险要。在万里长城千百座雄关险隘中，嘉峪关是现存最完整的雄关之一。

嘉峪关地区早已被开发，西汉时是酒泉防务的一部分，汉长城即行经此地，但作为一座独立的关城，历史并不很长。

在洪武五年（1372年），冯胜作为征西大将军，率领明军向陕西、甘肃方向进攻，击溃了那里的蒙元部队。在征战期间，冯胜率兵来到了嘉峪关地区。他觉得作为河西走廊咽喉，这里是一处战略要地，就奏请朝廷放弃敦煌，修建了嘉峪关城。

经过160多年的维护修建，到明嘉靖年间，嘉峪关已经成为一座巍峨的雄关，不过仍然还只是文殊山和黑山之间的一座孤城，在关城的两边也没有修建其他防御工程。明嘉靖十八年（1539年），大学士翟銮巡察长城沿线守备督署的时候，认为嘉峪关作为河西走廊的一道重要关隘，应该加固关城，并且还要在关城的两边增筑城墙，强化整体防御功能。

甘肃嘉峪关城

–

摄影 / 宋举浦

主管官员肃州兵备李涵，从南面文殊山脚下的讨赖河北岸绝壁上，经过嘉峪关关城，再向北到黑山峭壁处，修建起高大的长城墙体。这样一来，嘉峪关的关城就有了两翼，不再是一座孤城。

嘉峪关城平面为西头大、东头小的梯形，好像一个口向东放着的大斗。嘉峪关关城以内城为主，关城总面积33500余平方米，城高10.7米，以黄土夯筑而成。

城周长640米，东城墙长约154米，西城墙长约166米，南北城墙各长约160米。西城墙的外侧还加筑有一道城墙，使关城西部迎敌的一面防御能力更强。关城的西外墙的两端，建有与关城南北墙平行的土墙，形成了一个城外城。这样一来，嘉峪关城就有了双重城墙的环护。

嘉峪关城东有闸门进入罗城，即为东闸门。闸门上建有单檐歇山顶式闸楼。靠近关城的东门，有戏台、关帝庙和文昌阁等建筑物。古代的嘉峪关不仅是一座军事聚落，也是很丰富的边疆社会。

关城有东西二座门，东门曰光化门，西门曰柔远门。柔远门外面的罗城之门，即为嘉峪关城门。光化门与柔远门外均有瓮城，门上城台亦建有一座城楼，即为光化楼和柔远楼。关城内东西两门的北侧，均有可以登上城墙的马道，便于守卫的将士上下城墙。

关城的四个城角，还建有凸出墙体的角台，并于台上建有两层高的角楼。在南北两侧城墙的正中，还建有敌台及敌楼，以加强城墙的防御。罗城西墙的南北两端，也建有角台和角楼。

嘉峪关城的城墙主体建筑为黄土夯筑而成，夯层厚0.14米左右。只有罗城的西墙因其为迎敌的一面全部砖砌。城门、门楼、角楼、敌楼等建筑，也是青砖砌筑。城墙高10.6米，墙体下基厚3米，顶宽2米。城墙顶外的侧建有砖砌垛口墙，内侧建有宇墙。

嘉峪关城内设有军事指挥机关，明设守备公署，清改设游击将军府。建有嘉峪关公馆，清乾隆时期始设主管治安的巡检司。城内还建有官署、营房、仓库等。不过这些建筑早已毁无，城内的游击将军府，为1987年为发展旅游所建。

游击将军府建在内城中部的北城墙之下，为坐北朝南的两院二厅建筑。前厅东西各有5间房屋，中厅为三开间的过厅，后院有11房屋。现在前厅和钟楼、鼓楼等古建筑没有复建，只复建了过厅和后院。后院为四合院，占地面积约1000平方米。

在嘉峪关的西门外，立有一块高达3米多的石碑，这座石碑的上面刻有“天下雄关”四个大字。字体工整，笔力雄浑，此碑是清代嘉庆十四年（1809年）总兵李廷臣所书，从此“天下雄关”之称，便以嘉峪关的代名词而名扬四海。

嘉峪关市区外，就是荒凉的戈壁滩。向北的长城一直修到山上，现在建了悬臂长城景区。向南的长城一直修到讨赖河边的悬崖之上，建有一座讨赖河墩。这座墩台，现在称为“长城第一墩”，并建了旅游风景区。

讨赖河墩是肃州兵备李涵于明嘉靖十八年（1539年）监筑。墩台筑于长城内侧，距墙约2米。原来有多高文献无记载，现在残存高约7.2米。底部呈不规则方形，东西长13.2米，南北长13.1米。顶东西长8.4米，南北长7.9米。墩台为黄土夹沙夯筑，夯层为0.17~0.21米。据当地文物工作者介绍，此墩台的顶部4角有4个小隧。

甘肃嘉峪关游击将军府

讨赖河是一条内陆河，嘉峪关和酒泉都称其为大北河。这个“北”是从今天的酒泉，古代的肃州方向而言。汉代时，这条河名“呼蚕水”。《汉书 · 地理志》记载：“呼蚕水出南羌中，东北至会水，入羌谷。”《太平寰宇记》说：“呼蚕水一名潜水，俗谓之禄福河，西南自吐谷浑界流入。”唐代时，讨赖河名为金河。

长城一路沿着河西走廊西行，到了嘉峪关祁连山最雄伟的段落也就要过去了。祁连山位于河西走廊南侧，山脉东西长1000千米，南北最宽处可达400千米。祁连山是一座高傲的山，“祁连”两个字来源于匈奴语，为“天”的意思。祁连山因此又称“天山”，因位于河西走廊以南，故历史上也称南山，嘉峪关市地处于祁连山北。

在剧烈的海西宁造山运动时期，及经过中新生代的构造运动，祁连山逐渐成为高山区，而河西走廊则成为南北山地之间的断陷沉降带。在2000万年前至600万年前的第三纪，形成境内文殊山倾斜台地和酒泉盆地西南部边缘高台地。

祁连山剧烈上升，成为近代高大山体势态。南为祁连山，北为黑山。嘉峪关盆地也在这一地质时期形成，也就是说今天我们看到的嘉峪关市地形的大轮廓，基本形成于这个时期。其中包括，从黑山至文殊山间，嘉峪关断层把酒泉盆地分成了东西两个盆地，西盆地亦称为嘉峪关盆地。

07

敦煌城

敦煌是一座有文化积淀厚度的城市，位于河西走廊的最西端，地处甘肃、青海、新疆三省（区）的交会地带。敦煌是一座文化古城，也是著名的旅游胜地，以敦煌莫高窟和石窟壁画而闻名天下。汉长城的玉门关、阳关都在敦煌境内。

“敦煌”一词，始见于《史记·大宛列传》的“始月氏居敦煌、祁连间”。秦汉时期，雄踞漠北的匈奴崛起，打败并赶走了月氏，占据了敦煌。至汉武帝时，汉军大举反击匈奴，迫使匈奴远遁漠北，河西地区至此归入汉朝的版图。汉朝修建长城，对这片地区加以控制。

西汉武帝元鼎六年（前111年），设置了敦煌郡。西汉末年，王莽篡汉后，改敦煌郡为敦德郡，东汉时再改称敦煌郡。汉朝时，主管西域事务的西域都护府副校尉长和后来的敦煌太守，都是驻在敦煌。

魏晋南北朝时期，前凉张骏时期，曾改敦煌为沙州。东晋隆安四年（400年），李暠据敦煌称王，建立西凉国，定敦煌为国都。十六国时期，敦煌成为佛教东传的通道。前秦建元二年（366年），乐尊和尚在三危山下首开石窟供佛。北魏统一了北方之后，随着佛教的盛行，在莫高窟开凿洞窟13个。

隋唐时期，先是隋文帝崇信佛教，几次下诏各州建造舍利塔。隋朝短短的37年，在莫高窟开凿77个窟室。接着是唐朝佛教兴盛，在莫高窟开凿了1000余窟，保存至今的就有232窟。唐朝的壁画和塑像，都达到了极高的艺术水平。

“安史之乱”后，唐朝转衰，吐蕃占领了河西。11世纪初，党项崛起建立了西夏王朝，这个时期开凿了100多个洞窟，著名的“敦煌遗书”就是西夏景宗广运三年（1036年），封藏于莫高窟第17窟内。蒙古灭西夏后，升敦煌为沙州路，后又升为沙州总管府。元朝远征西方，敦煌是必经之路，莫高窟现存元代开凿的洞窟约10个。

明朝洪武年间，平定河西之后，修筑嘉峪关城、肃州城，修建长城。在嘉峪关外又设关西七卫。永乐三年（1405年），在敦煌设沙州卫，后又在沙州城设罕东左卫。嘉靖三年（1524年），明朝关闭嘉峪关，将关西平民迁徙关内，废弃了瓜、沙二州。

清康熙后期，收复了嘉峪关外的广大地区。雍正三年（1725年），在敦煌恢复沙州卫，从甘肃的56州移民2400户到敦煌垦荒定居。

敦煌城，为汉敦煌郡治。唐沙州、元沙州路、明沙州卫，都是此城。古城遗址，在党河中下游绿洲腹地，处于沙漠的包围之中。城修建于汉代，西凉、唐代做了两次规模较大的重修。古城遗址现仅存南、北、西三面残垣断壁，西墙正中开有一座城门。东面的城墙被河水冲毁，在党河西岸干涸的河床上，还可以找到一些遗址。

城南北长1132米，东西宽718米。就地取土夯筑成，夯层厚0.12米，城墙基宽6~8米，残高4米许。四角都筑有下部夯筑、上部土坯垒砌的墩台，比城墙约高一倍。

在敦煌，不管是去阳关还是去玉门关，一路都可以感受戈壁滩的浩瀚。从嘉峪关到敦煌，开车在茫茫戈壁行进，每隔一段不长的距离，就有一个黄土夯筑的墩台，高高地静静地矗立在大地上。有的地方还会有一段段连绵的黄土墙体，这就是长城和长城的墩台。

戈壁滩是一种特殊的地貌，其形成的主要原因是洪水冲积，大块的岩石堆积在离山体最近的地方，而小块的岩石被冲到更远的地方。这些小块岩石，经过长年累月的风吹雨打，棱角逐渐被磨圆了，就变成了各式各样的砾石，形成了戈壁滩地貌。

08 玉门关

玉门关是汉朝扼守河西走廊这块最西端绿洲的关隘，位于甘肃省敦煌市。唐诗中吟诵玉门关的诗作很多，我们从这些诗作中可以领略到玉门关曾经的风貌，使其名扬中华。如李白的“长风几万里，吹度玉门关”，王之涣的“羌笛何须怨杨柳，春风不度玉门关”，王昌龄的“青海长云暗雪山，孤城遥望玉门关”。

玉门关是西汉时通往西域的交通门户之一，也是汉代长城上的最重要支点，丝绸之路的南路和北路皆必经此关。相传西域和田等地进贡的美玉，皆由塔里木盆地取道此关，玉门关因此得名。

这些古往今来始终为人们喜爱称道的诗句，更使玉门关名声远扬。可诗人所吟诵的玉门关，不是汉代玉门关，而是唐代的玉门关，在今甘肃安西县双塔堡一带。那时候，汉代的玉门关，早已因沙漠化而废弃。

甘肃敦煌玉门关

-

摄影 / 宋举浦

玉门关至阳关70多千米，其间原有城墙相连接，今天在一些地方还有长城城墙遗址。长城遗址大部分虽已很低矮，但烽燧遗址尚存几十座。玉门关处的汉代长城，历经2000多年依然保存得很好。这一带属于戈壁，没有黏性很好的黄土，长城是由一层戈壁沙土加一层红柳或芦苇修建而成。这一带的汉代长城及烽燧，一直沿用至魏晋时期。

玉门关遗址，又名小方盘城，为西汉玉门都尉治所。关城为方形，夯土墙体保存尚好。关城南北长26.4米，东西宽24米，高9.7米。

河仓城，又名大方盘城，汉至魏晋时期军队储备粮食和马料等给养的仓库。城为长方形，亦为夯土修筑。城东西长132米，南北宽17米，墙高6.7米。城南100米处筑有一座名为“河仓燧”的烽燧，由红柳或芦苇与砂砾石，一层层间隔叠压筑成。

2015年年底，时任嘉峪关市委常委、宣传部长梁洪涛送了我一本书叫《嘉峪关与丝绸之路历史文化研究》，书中收了李并成教授的文章《玉门关历史变迁考》。看到并成兄的文章，我很兴奋。1987年2月，我到北京大学随侯仁之先生学习时，并成兄正跟侯先生读硕士，我们俩在一个宿舍住了一个学期。

李并成认为，汉代最先设置的玉门关，就是嘉峪关市的石关峡。他说嘉峪关市区西北约10千米的石关峡，既是历史上设置最早的玉门关，也是最晚的玉门关。他认为隋唐之后，以致五代宋初的玉门关，又退回了嘉峪关的石关峡。

古时的敦煌，曾是中西文化交流中心，来来往往的使节、商人和僧侣等，把中华、印度和希腊等文化类型沟通起来，东西方文明交融互动，敦煌成就了中华文化的盛大辉煌。

明代的关西七卫在历史上很重要，关西七卫是明朝在嘉峪关以西设立的7个羁縻卫所，因七卫首领皆为蒙古各部首领，又称“蒙古七卫”。七卫分别是：安定、阿端、曲先、罕东、沙州、赤斤蒙古、哈密。后沙州卫内迁，其故地又设罕东左卫。

关西七卫设置之后，这些蒙古部族本身不会给明朝制造大麻烦，而且还能积极帮助朝廷作战。总体上说，关西七卫起到了稳定西部形势的作用，以使明朝集中军事力量应对蒙古瓦剌和鞑靼。

甘肃玉门骟马城

摄影 / 董旭明

09

阳关

阳关也同玉门关一样是汉长城的著名关隘，因坐落在玉门关之南而取名阳关。关于阳关的具体位置，不同的历史文献记载的也不一样。敦煌石室写本《沙州地志》对阳关的位置做过具体的记载：阳关，东西二十步，南北二十七步。右在（寿昌）县西十里，今见毁坏，基址见存。西通石城、于阗等南路。以在玉门关南，号曰："阳关"。

今天已经普遍认定，阳关位于甘肃省敦煌市西南的古董滩。这个地方之所以叫古董滩，是过去一场风后，地面会有很多的铜箭头、铜钱、玉器等古董露出来。最早认定古董滩为阳关的是考古学家向达，他作为西北科学考察团历史考古组组长，1943年7月至1944年赴河西走廊考察后写了多篇有关敦煌和西域考古方面的论文，其中包括《两关杂考》等。

他在《两关杂考》中写道："今南湖西北隅有地名古董滩，流沙壅塞，而版筑遗迹以及陶片遍地皆是，且时得古器物如玉器、陶片、古钱之属，其时代自汉以迄唐宋皆具，古董滩遗迹迤逦而北以迄于南湖北面龙首山俗名红山口下，南北可三四里，东西流沙湮没，广阔不甚可考。"

向达认为："自此而西或西北更无其他古城遗址，颇疑唐人书中之西寿昌城即在今古董滩一带也。"向达提出："唐人记阳关故址距寿昌城道里有6里与10里二说。顾寿昌城西除今名古董滩之西寿昌城外，更无其他遗址，则所谓阳关故城，当即是西寿昌城。作书者或称之为阳关故城，或称之为西寿昌城，其实一也。"

–

甘肃敦煌阳关汉代烽燧

阳关始建于汉武帝元鼎年间，在河西“列四郡、据两关”，阳关即是两关之一。阳关作为通往西域的门户，又是丝绸之路南道的重要关隘，是古代兵家必争的战略要地。阳关建于汉元封四年（前107年）左右，曾设都尉管理军务，自汉至唐，一直是丝路南道上的必经关隘。

据史料记载，西汉时为阳关都尉治所，魏晋时，在此设置阳关县，唐代设寿昌县。宋元以后随着丝绸之路的衰落，阳关也因此被逐渐废弃。旧《敦煌县志》把玉门关与阳关合称“两关遗迹”列敦煌八景之一。阳关也是丝绸之路南路和北路的必经之地，在当时的政治、经济、文化等方面都具有重要的地位。

今天到阳关，除了一座烽燧，已经很难看到任何遗址遗迹了。1972年，酒泉地区文物普查队于古董道西14道沙渠后，发现版筑墙基遗址，经试掘、测量，房屋排列整齐清晰，面积上万平方米，附近有连续宽厚的城堡垣基。文物部门认定，其为阳关故址。

阳关也是古代诗人经常吟诵的对象，特别是唐诗中写阳关的佳句很多，不过大都是“绝域阳关道，胡烟与塞尘，三春时有雁，万里少行人”之类荒凉凄寂之作。唐朝时的诗人王维送友人元二出行安西的“劝君更尽一杯酒，西出阳关无故人”，更使后人提及阳关，便会联想到一个幽灵往返、野兽出没、荒凉而无边无际的景观。

敦煌的古董滩，为什么会有如此之多的古董？关于这一点，在当地有一个传说，唐朝的皇上为了和西域于阗国建立和睦友好关系，将公主嫁给了于阗国王和亲。送下嫁公主的队伍带了好多的金银珠宝，送亲队伍来到了阳关住了下来。谁也没想到，当天夜里狂风大作，黄沙把阳关城给掩埋了。阳关城的人和送亲的队伍嫁妆，全都被埋在沙丘之下。

10

克孜尔尕哈烽燧

新疆境内保存最好的是克孜尔尕哈烽燧，位于新疆维吾尔自治区库车县依西哈拉乡境内，坐落在却勒塔格山南麓盐水沟沟口的冲击台地上。这座又高又大，名为克孜尔尕哈的烽燧，其名字的来源有不同的说法。

比较通行的解释，“克孜尔尕哈”是古突厥语“红色的哨卡”的意思，也有的解释为维吾尔语的“姑娘居所”。当地传说，龟兹国王的女儿居住过此台上，故名。

克孜尔尕哈烽燧为汉代初建，唐代再建。位于唐丝绸之路中道，也就是汉代丝绸之路的北道，为唐丝绸之路的主路。

汉代的丝绸之路中道，因自然环境的恶化，罗布泊、楼兰地区的交通路线到唐代已经废弃。唐朝丝绸之路转向有人烟、水草的伊吾、吐鲁番盆地，西去龟兹、疏勒。

丝绸之路中道，是唐击败东、西突厥和麴氏高昌后，基本控制了南、北疆地区，并开通了经过伊州（治今新疆哈密）、西州（治今新疆吐鲁番东南），前往南北疆各地的交通路线。

新疆库车克孜尔尕哈汉代烽燧

研究唐代丝绸之路，常常会引用《西州图经》。这是敦煌藏经洞文书，被伯希和带到法国，现藏于法国国立图书馆。《西州图经》记载，在吐鲁番境内有“花谷道、移摩道、萨捍道、突波道、大海道、乌骨道、他地道、白水涧道、银山道”等道。“道十一达”条还比较完整地保存下来每条道路的名字及路况介绍。

如“大海道。右道出柳中县界，东南向沙州一千三百六十里，常流沙，人行迷误。有泉咸苦，无草，行旅负水担粮，履践沙石，往来困弊。”“银山道。右道出天山县界，西南向焉耆国七百里，多沙碛滷，唯近峰足水草，通车马行。”

根据文物部门对吐鲁番境内烽火台的调查得知，其分布线路基本与这些交通路线重合。道路沿途还设有密集的馆驿、烽铺，负责相关管理和接待。

考古调查还发现，在唐安西都护府周边或其向西延伸的丝路上也有几条烽火台线路。如，在龟兹古国境内，安西都护府和龟兹镇治所和下辖机构之间也修建有烽火台，但具体线路及信息传递的运行等尚不清楚，有待进一步研究。古龟兹建国于公元前176年，被回鹘灭于公元1001年。存在了一千多年，到现在也已经消失了一千年。

新疆境内汉唐烽燧有很多，特别是唐代丝绸之路的南道和北道，都是在汉代丝绸之路的基础上的继续使用。南道的大方向为从南疆去今印度和巴基斯坦等南亚国家，现在南道遗留下的米兰戍堡、麻札塔格戍堡、烽火台等唐代军事设施，都曾被吐蕃占领使用。

根据《新唐书·地理志七下》记载："又一路自沙州寿昌县西十里至阳关故城，又西至蒲昌海南岸千里。自蒲昌海南岸，西经七屯城，汉伊修城也。又西八十里至石城镇，汉楼兰国也，亦名鄯善，在蒲昌海南三百里，康艳典为镇使以通西域者。又西二百里至新城，亦谓之弩支城，艳典所筑。又西经特勒井，渡且末河，五百里至播仙镇，故且末城也，高宗上元中更名。又西经悉利支井、祆井、勿遮水，五百里至于阗东兰城守捉。又西经移杜堡、彭怀堡、坎城守捉，三百里至于阗。"

唐在南道沿途有镇、城、堡、守捉等军事设置来管辖其辖境事宜。在唐代中后期，西藏高原的吐蕃势力开始强盛，不断与唐在西域地区发生冲突，争夺对西域丝绸之路的控制，这样靠近吐蕃的丝绸之路南道首当其冲被吐蕃占领，唐朝在这里的势力范围逐渐不存。

北道是由于这条干线位于天山北麓山前地带，故名北道。北线大方向为，从北疆经乌兹别克斯坦、哈萨克斯坦西南部到巴格达。这条北道，在隋代就已经叫北道了。据《隋书·裴矩传》记载："北道从伊吾，经蒲类海铁勒部，突厥可汗庭，度北流河水，至拂菻国，达于西海。"

《新唐书·地理志四》对这条路及守捉设置，都有很清楚的记载：

> 自庭州西延城西六十里有沙钵城守捉，又有冯洛守捉，又八十里有耶勒城守捉，又八十里有俱六城守捉，又百里至轮台县，又百五十里有张堡城守捉，又渡里移得建河，七十里有乌宰守捉，又渡白杨河，七十里有清镇军城，又渡叶叶河，七十里有叶河守捉，又渡黑水，七十里有黑水守捉，又七十里有东林守捉，又七十里有西林守捉。又经黄草泊、大漠、小碛，渡石漆河，逾车岭，至弓月城。

从这条文献记载来看，该线经过哈密、巴里坤、木垒、奇台、吉木萨尔、阜康、呼图壁、玛纳斯而至伊犁河流域。守捉是唐朝边地的驻军机构，只分布在陇右道和西域。每一守捉，驻兵300多人或更多一些，将领为守捉使。守捉根据人数设相应的屯田，由驻军兵卒耕种。

第七章

长城国家文化公园建设解读

习近平总书记在嘉峪关关城考察时说：

『我们一定要重视历史文化保护传承，保护好中华民族精神生生不息的根脉。』

深刻揭示了长城保护传承的重大现实意义和深远历史意义。

我这一辈子，几十年做长城保护和研究工作。2019年可谓是迎来了一个喜讯，这就是7月24日中央全面深化改革委员会第九次会议审议通过了《长城、大运河、长征国家文化公园建设方案》，随后中央办公厅和国务院办公厅下发文件，对此项工作做出了部署。长城国家文化公园建设，将以国务院《长城保护条例》以及国务院同意的《长城保护总体规划》的相关规定为依托进行。

最早提出国家文化公园建设概念是在2016年上半年，当时中央明确将其列入国民经济和社会发展“十三五”规划。2017年5月，中共中央办公厅、国务院办公厅印发《国家“十三五”时期文化发展改革规划纲要》，在序言中开宗明义：“文化是民族的血脉，是人民的精神家园，是国家强盛的重要支撑。坚持‘两手抓、两手都要硬’，推动物质文明和精神文明协调发展，繁荣发展社会主义先进文化，是党和国家的战略方针。”明确提出，将依托长城、大运河、黄帝陵、孔府、卢沟桥等重大历史文化遗产，规划建设一批国家文化公园，形成中华文化的重要标识。

纲要还提出：“坚持把社会效益放在首位、社会效益和经济效益相统一，全面推进文化发展改革，全面完成文化小康建设各项任务，建设社会主义文化强国，更好地构筑中国精神、中国价值、中国力量、中国贡献，为实现‘两个一百年’奋斗目标、实现中华民族伟大复兴的中国梦奠定更加坚实的思想文化基础。”毫无疑问，中央已经将此意见作为国家文化公园建设的指导思想。

2019年7月24日，习近平主持召开中央全面深化改革委员会第九次会议，审议通过了《长城、大运河、长征国家文化公园建设方案》。同年9月5日，中共中央办公厅、国务院办公厅印发方案，并发出通知，要求各地区、各部门结合实际认真贯彻落实。中央提出，建设长城、大运河、长征国家文化公园，对坚定文化自信，彰显中华优秀传统文化的持久影响力、革命文化的强大感召力具有重要意义。要结合国土空间规划，坚持保护第一、传承优先，对各类文物本体及环境实施严格保护和管控，合理保存传统文化生态，适度发展文化旅游、特色生态产业。

总体上来说，目前长城保护管理和展示利用的整体水平并不是很高。长城及沿线文物、文化资源，长城周边自然景观及生态环境资源的保护利用工作，也都需要进一步加强。《长城保护总体规划》以“三个精神”“四个价值”对传承的精神价值进行了高度概括，长城承载的深厚文化价值、景观价值和精神内涵，这些方面都还有待进行深入挖掘。

壹

为什么要建长城国家文化公园

我们说“不忘初心，牢记使命”，那么长城国家文化公园建设的初心是什么？使命又是什么？长城保护和利用工作，长期以来始终坚持“保护为主、抢救第一、合理利用、加强管理”的指导方针。建设长城国家文化公园依然是执行这个方针的继续，只是更加强调了文化的传承。长城国家文化公园建设，是坚定文化自信的支撑，也是坚持文化引领的举措。对长城这样的文化遗产要“保护好、传承好、利用好”，传承什么？弘扬什么？怎么传承？如何弘扬？这是长城国家文化公园建设要做出的思考和安排。

对于一个国家、一个民族来说，文化是灵魂，国家和民族经济发展得有快有慢，人口规模有增也可能有减，但是长期形成和保持下来的文化传统之延续和发展，才是其生命力的标志。建设国家文化公园，目的就是要更好地传承和发展中华优秀文化。

在几千年的历史长河中，我们的国家曾经很辉煌强大，也曾经遭受了深重的灾难，甚至濒临于亡国灭种的边缘。是什么力量让我们浴火重生？是伟大的民族精神焕发出强大的救国救亡的力量。在“把我们的血肉筑成我们新的长城”的民族精神的感召下，中华儿女经过长期的英勇斗争和众多英烈的流血牺牲，实现了国家和民族的解放。

现在，已经初步形成了长城、大运河、长征、黄河四大系列国家文化公园建设的布局，将黄河国家文化公园建设并入前面三个国家文化公园是党的十九届五中全会审议通过的《中共中央关于制定国民经济和社会发展第十四个五年规划和二〇三五年远景目标的建议》中提出的。这个文件中指出：“传承弘扬中华优秀传统文化，加强文物古籍保护、研究、利用，强化重要文化和自然遗产、非物质文化遗产系统性保护，加强各民族优秀传统手工艺保护和传承，建设长城、大运河、长征、黄河等国家文化公园。”

长城国家文化公园建设由文化和旅游部牵头，目前已经组织编制了《长城国家文化公园建设保护规划》《长城文化和旅游融合发展专项规划》《长城沿线交通与文旅融合发展专项规划》。北京、河北等15个长城分布省份，也制定了各省的长城国家文化公园建设规划。河北省作为长城国家文化公园试点省和重点建设区，规划了22个文旅融合区和642个传统利用区。

2020年11月，文化和旅游部还制定了《长城国家文化公园重大工程建设方案》，初步确定45个国家重点项目。这些重大工程是按照《长城、大运河、长征国家文化公园建设方案》四个主体功能区和五大工程的任务要求，根据各省申报和专家评审意见确定的。项目围绕“址、馆、园（区）、遗、道、品”六方面形成国家层面的重点工程。这些项目将通过长城沿线各省发改委提出具体建设方案，报国家发改委并入国家“十四五”计划。

2020年12月11日，文化和旅游部组织的长城国家文化公园建设推进会，在河北省秦皇岛市召开。这个会议早就计划召开了，因为新冠疫情的原因会期一推再推。这个会议的成功举办，标志着长城国家文化公园建设已经驶入快车道。文化和旅游部结合《长城保护条例》《长城保护总体规划》，牵头制定了《长城国家文化公园建设实施方案》，明确了建设范围、建设内容、建设目标和主要任务，提出36项具体工作，并制定重点工作部内分工方案，确保重点工作有分解、主要任务有时限。此后，于2021年1月6日至7日召开的2021年全国文化和旅游厅局长会议，再次明确将扎实推进长城、大运河、长征、黄河国家文化公园建设。

2020年12月30日，国家发展和改革委员会社会司组织召开大运河、长城、长征国家文化公园建设推进视频会，明确提出各地发展改革部门要结合职能积极配合其他部门开展长城、长征国家文化公园建设，高质量做好规划编制和实施、标志性项目谋划和建设、文物保护和文旅融合、建立健全协调机制等重点工作。

按照国家要求，这些重大工程项目要坚持规划先行、突出顶层设计的原则。选项要统筹考虑资源禀赋、人文历史、区位特点、公众需求，注重跨地区跨部门协调等因素。国家级重大工程之外，有长城的15个省还有省级层面的重点工程。比如，作为长城国家文化公园建设的全国试点河北省，也安排了45项省级重点建设项目。

长城国家文化公园建设就是要推动长城精神与时代要求相结合，让古老的长城焕发出新的生机活力，满足人民群众对文化的需求，助力中华优秀传统文化传承发展。

按照中央《长城、大运河、长征国家文化公园建设方案》总体安排，长城国家文化公园的建设范围：历史方面来划分，以秦汉长城、明长城主线为重点，以我国各时代各类长城相关文物、文化资源为主体，涵盖长城文化景观的主要构成要素以及其他与长城文物、文化资源直接关联的自然景观及生态环境。

地域方面来划分，长城涉及北京、天津、河北、山西、内蒙古、辽宁、吉林、黑龙江、山东、河南、陕西、甘肃、青海、宁夏、新疆15个省区市自治区，遍布404个县区。统计数据显示，包括长城的墙体、壕堑、单体建筑、关堡及相关设施，共计有长城遗产43721处。其中，明长城东起辽宁虎山，西至甘肃嘉峪关。从东向西行经辽宁、河北、天津、北京、山西、内蒙古、陕西、宁夏、甘肃、青海共10个省、市、自治区的156个县区，包括利用山险等总长为8851.8千米。

北京怀柔箭扣长城

—

摄影 / 董旭明

贰

建设
指导思想与
基本原则

长城国家文化公园建设对历史、现在与未来，都是一项非常伟大的事情。做好这项工作的指导思想是什么？关于这一点，《长城、大运河、长征国家文化公园建设方案》（以下简称《方案》）里非常明确的阐述，就是要以习近平新时代中国特色社会主义思想为指导，全面贯彻党的十九大精神，以长城、大运河、长征沿线一系列的主题明确、内涵清晰、影响突出的文物和文化资源作为主干，生动呈现中华文化的独特创造价值理念和鲜明特色，促进科学保护、世代传承、合理利用，积极拓展思路，创新方法，完善机制，做大做强中华文化的这个重要标志。

中央文件中所提及的“呈现中华文化的独特创造价值理念”是建设社会主义文化强国的需要，也是提高中国文化软实力的需要。通过长城这项承载着国家命运和民族记忆的世界文化遗产，讲好中国故事，弘扬中国精神。

为进一步加强国家文化公园建设的领导，中央专门成立了长城、运河、长征三大文化公园建设领导小组，全面负责相关工作，领导小组下设办公室负责具体工作。其中，长征文化公园建设由中宣部、文化和旅游部牵头，大运河国家文化公园建设由国家发展和改革委员会、文化和旅游部牵头，长城文化公园由国家发展和改革委员会、文化和旅游部两部委联合牵头。其实，也就是大运河国家文化公园以国家发展和改革委员会为主，长城国家文化公园以文化和旅游部为主负责。目前，长城国家文化公园各省的规划编制工作都已完成，总的来看，规划编制工作的开展都还比较顺利。

长城国家文化公园建设最大、最重要的方面，是要处理好长城传承保护与合理利用之间的关系。保护和利用这两个方面既要兼顾，又要有所侧重。长城国家文化公园的四大类主体功能区，第一项就是管控保护区，实施的五大工程，第一项也是保护工程。保护工程肯定是动作最快的，现在国家已经开始安排重大修缮保护项目。

长城国家文化公园既要严防不恰当开发和过度商业化，又要鼓励各级政府和企业对长城文化和旅游资源进行开发，培育一批有竞争力的长城相关文化和旅游企业。真正让文物说话，让历史活化，让文化能走入人们的生活。要走出一条创造性转化，创新型发展的路子，才能把传承和发展先进文化等一系列中央精神落到实处。

我们认识了长城国家文化公园建设的指导思想，再来看一下中央确定的国家文化公园建设的基本原则。这些基本原则是中央对长城国家文化公园建设工作进行的整体战略部署，是对这项工作提出的总体精神和总的要求。认真学习和领会这些基本原则，是推动长城国家文化公园建设工作，走一条高质量发展之路的基础。

中央对长城等国家文化公园建设，一共提出了五条基本原则，分别为：

第一条原则是保护优先，强化传承。长城国家文化公园建设要严格落实保护为主，抢救第一，合理利用，加强管理的文物工作方针，这也是《中华人民共和国文物保护法》所规定的基本原则。长城国家文化公园建设要真实、完整保护传承文物和非物质文化遗产，突出活化传承和合理利用。利用是什么？是与人民群众精神文化生活要深度融合，要做到开放共享。这就是在保护的基础上，强化对中华民族优秀文化的传承。

第二条原则是文化引领，彰显特色。《方案》明确提出，坚持社会主义先进文化发展方向，深入地挖掘文物和文化资源精神内涵，充分体现出中华民族伟大的创造精神、伟大的奋斗精神、伟大团结精神、伟大的梦想精神，焕发新时代风采。长城国家文化公园建设要能够充分体现中华民族的创造精神，要体现出这种精神与当代中国精神的血脉联系。其实，修建万里长城以构建长城内外的和平，就是中华民族创造精神的体现。长城国家文化公园建设要在这方面进行深入的挖掘和展示。

第三条原则是总体设计，统筹规划。中央要求国家文化公园建设要坚持规划先行，突出顶层设计，统筹考虑资源禀赋、人文历史区位特点、公众需求，注重跨地区、跨部门协调，以法律法规制度规范要有效地衔接，发挥文物和文化资源综合效应。文化和旅游部正在制定全国的建设保护规划，各相关省份也在做省级建设保护规划，这些工作都是在落实《长城、大运河、长征国家文化公园建设方案》中有关规划先行、做好顶层设计的要求。目前，长城国家文化公园建设在做的“1+2+15”的规划体系，就是在构建这样的顶层设计。

第四条原则是积极稳妥，改革创新。中央要求突出问题意识，强化全球视野、中国高度、时代眼光，破除制约性和深层次矛盾，既着眼长远又立足当前，既尽力而为，又量力而行，务求符合基层实际，得到群众认可，经得起时间检验，打造民族性、世界性兼容的文化名片。我们要深入思考和认识，如何强化全球视野？什么是中国高度？什么是时代眼光？怎么做才能经得起时间检验？长城国家文化公园建设是一项历史使命，落到我们这一代人的头上是我们的光荣，我们不能辜负这个使命。

第五条原则是因地制宜，分类指导。中央要求充分考虑地域广泛性和文化多样性，资源差异性，实行差别化的政策措施，有主有次，分级管理地方为主，最大限度调动各方积极性，实现共建共赢。除了春秋战国一些诸侯国相互防御的长城之外，中国历代都是修建在北方农牧交错地带，从东北、华北到西北，长城沿线各省份的自然和人文差异较大，强调因地制宜，分类指导就要采取差别化对待，不能一刀切，更不能一哄而上。

叁

这项建设是国家推进实施的重大文化工程

长城国家文化公园建设，使长城沿线的老百姓增加了对美好未来的无限希望与信心。《长城、大运河、长征国家文化公园建设方案》第一部分是指导思想和建设原则。这一部分开篇第一句话是“国家文化公园是国家推进实施的重大文化工程”。

如何理解“重大文化工程”中的“重大”两个字？2019年8月20日，习近平总书记在嘉峪关听取长城保护情况介绍时强调，长城凝聚了中华民族自强不息的奋斗精神和众志成城、坚忍不拔的爱国情怀，已经成为中华民族的代表性符号和中华文明的重要象征。要做好长城文化价值发掘和文物遗产传承保护工作，弘扬民族精神，为实现中华民族伟大复兴的中国梦凝聚起磅礴力量。

我们经常讲长城是中华民族的灵魂，是中华民族的脊梁，特别是在国家和民族危亡的时候，“把我们的血肉筑成我们新的长城”成为就国家救民族的精神支撑。保护、传承、利用好宝贵的长城历史文化遗产，是我们这一代人的重要责任，也是我们的历史使命。各级领导都要进一步提高对长城国家文化公园建设重要意义的认识，落实中央对国家文化公园是国家推进实施的重大文化工程的要求。

将长城国家文化公园建设作为“国家推进实施的重大文化工程”建设来抓，需要集中力量，扎实有效地推进这项工作。长城国家文化公园建设工作，在明确了建设范围和时限之后，从现在开始就要只争朝夕地干起来。力争在规划期内实现长城国家文化公园建设的任务目标。国家和各省的《长城国家文化公园建设保护规划》的编制工作都已经基本完成了，建设工作要遵循规划，处理好线、面、点的关系，处理好四大主题功能区和五大工程的关系，处理好历史文化遗产保护和推动文旅融合、农旅融合发展的关系。

落实长城国家文化公园是国家推进实施的重大文化工程，要实事求是确定阶段性目标，特别是要抓好《长城国家文化公园重大工程建设方案》确定的45个国家重点项目，形成一批好的成果。要把握住重要时间节点，扎实推进项目建设进度。要把长城保护工作与发展文化旅游产业结合起来，让长城沿线的老百姓有更多获得感。只有这样，才能最大限度地争取长城沿线广大人民群众的理解和支持，他们才会积极地参与进来。

长城国家文化公园建设既然是重大文化工程，就要深入挖掘长城的历史文化内涵。这个文化内涵不仅是历史的文化，更应该有时代的文化内涵。要将长城所蕴含着中华优秀传统文化的思想和今天的社会发展需要结合起来，让人们置身于长城国家文化公园，感受文化的同时，也是生活在一个美好的家园。长城国家文化公园建设这项重大文化工程建设做得好不好、是否落实好了，以人民为中心的发展思想是一项重要标准。

中央将国家文化公园定位为“国家推进实施的重大文化工程”之后，提出“通过整合具有突出意义、重要影响、重大主题的文物和文化资源，实施公园化管理运营”。在这里，我们首先要理解对文物和文化资源进行限制的三个概念“突出意义”“重要影响”“重大主题”。也就是说，不是所有的长城和文物资源都要建成长城国家文化公园。

毫无疑问，长城世界文化遗产作为一个整体，就是全人类公认的具有突出意义和普遍价值的文物古迹和景观。但是，这里强调的“突出意义”应该特指在全国长城资源之中具有“突出意义”。接下来的“重要影响”“重大主题”也是如此，要放在全国长城资源中加以衡量和判断。

“突出意义”是指重要的意义。“意义”讲的就是一个事物存在的原因、作用及其价值，长城的意义就是长城存在的原因、作用及其价值。我们研究长城，就是要研究长城存在的原因、作用及其价值。“突出意义”就是那些原因更明确，作用更清晰，价值与一般的地方不同。

“重要影响”指的是长城自产生之时起，在其发生作用的两千多年间，对中国古代社会乃至对今天社会所产生的重要影响。选择具有突出意义的长城段落，就是选择重要的长城防御段落，选择对军事、经济、文化等诸多方面中的某一方面有重大影响。

“重大主题”是特指在与长城相关的历史时期，对边疆社会社会生活有着重大影响的事件中挖掘出的重要主题。“重大主题”是反映长城历史与文化的深度、广度诸方面都比一般主题更具有代表性。

整合具有突出意义、重要影响、重大主题的文物和文化资源，讲的是将意义重大，影响重大、主题重大的地方选择出来，打造成长城国家文化公园。这样做的目的是通过深入挖掘并展示与长城相关的历史文化，弘扬中华民族坚韧自强的民族精神和爱国主义精神，展现新时期中华民族实现伟大复兴的精神风貌。长城国家文化公园要建设一批爱国主义教育基地、教育培训基地、社会实践基地、研学旅行基地，组织长城爱国主义教育活动，提升长城文化的教育价值，爱国主义精神的传承价值，弘扬中华民族团结奋斗、众志成城的爱国主义精神，坚韧不屈、吃苦耐劳的民族精神，打造长城文化标志。

国家推进实施建设国家文化公园这个重大文化工程，通过将长城历史作用及其价值向社会传播，以交流和传承中华文化的精神内容。长城国家文化公园既然是国家推进实施的重大文化工程，负责这项工作的有关机构就要本着对历史负责，对国家负责，对人民负责的态度办好这件事。长城国家文化公园建设是一件需要持之以恒，需要以久久为功精神做下去的一件事。

肆

建设内容和建设目标的确定

长城国家文化公园建设是主旋律，长城文化遗产受到瞩目的“高光时刻”，将以一种新的姿态拥抱时代。根据历代长城所形成并留存的各类长城文物、文化资源，进行统一规划和整体布局，中央要求国家文化公园建设要视长城沿线各地，长城周边自然环境、人居环境、配套设施等情况，结合国土空间规划，重点建设管控保护、主题展示、文旅融合、传统利用4类主体功能区。

第一个主体功能区是管控保护区。管控保护区是对长城及相关文物本体保护而设置，应该是和长城保护规划确定的文物保护单位的保护范围相一致，或是说只能比文物保护单位的保护范围更大而不能小。管控保护区的范围不仅对长城文物的本体进行保护，还要对长城所在地的周边环境实施严格保护和管控。

第二个主体功能区是主题展示区，包括核心展示园、集中展示带、特色展示点等展示空间。核心展示园是人们参观游览的地方，所以核心展示园既要位于国家级文物和文化资源的重点地段，还要交通便利。

在主题展示区里核心展示园是核心。长城作为线性文化遗产，集中展示带也非常的重要。要把长城文化带上相应的省市县级文物资源，汇集成文化载体密集的文化展示带，将这条线上与长城相关的文物资源来串联起来，形成一条长城历史文化的集中展示带。主题展示区里还要有特色展示点，主要是一些有特殊文化意义或者是体验价值，但布局又较为分散的长城相关文物点。

第三个主体功能区是文旅融合区。文旅融合区主要是利用长城文物和文化资源的外溢辐射效应，推动长城区域的经济发展。这是长城国家文化公园建设文旅深度融合发展的主体功能区。文旅融合要不是面子工程，要做出业态。

第四个主体功能区是传统利用区。城乡居民传统的生活、生产区域，通过合理保存传统的文化生态，适度发展文化旅游，发展特色生态产业。在这个区域，要适当控制大规模的生产经营活动，要逐步疏导那些不符合国家文化公园建设规划要求的设施和项目撤出这个地区。传统利用区应该不是我们今天建设内容，而是一代代的人在这个地区从事生产、生活形成的特色传统的一个区域。对传统利用区也是首先要保护这里的特色，同时要适度地发展文化旅游和特色生态产业。

关于建设目标，中央要求近期目标2021年底完成河北省长城国家文化公园建设试点任务，实现长城文化公园核心区范围内长城文物、文化资源梳理甄别全部完成，保护基础工作全面夯实，实现长城保护管理全覆盖。长城文化遗产保护传承和国家文化公园建设管理机制初步建立。2023年年底全国第一批长城国家文化公园建设任务基本完成。形成一批可复制推广的成果经验，沿线文物、文化资源保护传承利用协调推进局面和权责明确、运营高效、监督规范的管理模式初具雏形，长城精神专题研究成果初步形成。后来出现了新冠疫情的发生，具体完成时间后延到2025年。

远期目标是到2035年，要全面完成长城国家文化公园建设的各项重点任务、重大工程、重要项目，全面建成长城国家文化公园体系，彻底改善长城沿线旅游基础设施条件和公共服务保障能力，实现文化和旅游与相关产业深度融合，形成长城统一品牌和一批符合先进理念、国内知名的长城文化旅游精品线路。

伍

长城国家文化公园建设的五大工程

《长城、大运河、长征国家文化公园建设方案》明确规定了重点建设管控保护、主题展示、文旅融合、传统利用四大类的主体功能区之外，还明确规定了要建设五大工程。对这五大工程进行设计安排，建设这些标志性的工程是重要的任务。其中包括：保护传承工程、文化研究挖掘工程、环境配套工程、文旅融合工程、数字在线工程，这五大工程都是长城国家文化公园建设的基础工程。

五大工程第一项，还是保护传承工程。首先要针对长城保护实施重大修缮保护项目。长城保护传承工程要坚持最小干预的原则，要对有损毁可能的长城文物遗址遗存进行抢救性保护，这也是这个保护优先的基本原则。长城保护要做预防性的主动性的保护，通过保护措施排除文物本体的病害，使其延年益寿。要把长城倒塌的风险控制住，这就是预防性的主动性保护措施。长城的保护除了一些点的保护，今后还要考虑集中连片保护的问题。保护除了加大抢险加固，还要防范不恰当的开发和过度的商业化，这方面也要加大政府的管控力度。

五大工程第二项，文化研究挖掘工程。这项工程也非常重要，长城国家文化公园都是爱国主义教育基地，建了不少的博物馆、纪念馆、陈列馆、展览馆等展示场馆，我们为这些场馆和基地提供什么文化的供给？教育培训基地和社会实践基地，都属于推进长城保护传承工程的建设，都需要有具体内容的支撑，这就要求我们要加强对长城历史文化的研究和对地域文化的挖掘。具体的任务，研究机构要做出规划和安排。长城国家文化公园要地制宜开展宣传教育活动，需要让长城文化融入群众的生活之中。

五大工程第三项，环境配套工程。这项工程是要修复不同程度遭到破坏的国土空间，空间环境要利用大自然生态系统的自然修复能力，也要有主动的干预。比如水土流失的治理，就应该属于污染防治项目。保护传承工程还包括环境保护配套工程，这一点要格外的注意。要加强环境保护，还要维护好人文的风貌。环境配套工程还包括改善交通，国家的顶层规划就包括长城旅游公路规划。要打通断头路，要较大幅度地改善旅游公路的条件。

五大工程第四项，文旅融合工程。严禁过度开发和过度商业化，不是不做开发利用。文旅融合工程就是要强调利用，文旅融合工程是对长城及相关的优质文化旅游资源，推进一体化的开发利用，要打造一批国内长城文旅融合发展示范区。培育一批有竞争力的长城文旅企业，培育一批有竞争的文旅企业很重要，没有好的企业文化旅游产品，规划得再好也没有用。好的产品是好的企业做出来的，长城周边以塞上风光为特色发展生态文化产品，要靠有竞争力的长城文旅企业来投资运营。长城国家文化公园建设的文旅融合产品设计也很需要，鼓励发展深度文化体验游和中小学研学旅行也是一种文化旅游产品。开发长城文化旅游，培育长城文化旅游商品，目的是扩大文化消费的供给。在长城沿线推出连线成片的参观游览经典线路，满足旅游市场的消费需要。

五大工程第五项，也是最后一个，就是数字在线工程。突出在线工程就是要加强数字基础设施。首先数字的基础设施建设，也是实现主题展示的重要手段。四大功能区，要实现无线网络的全部覆盖，实现第5代移动通信网络的全覆盖。当然，利用现有的技术条件，现有的设施和数字资源做好数字在线工程也很重要。什么事都不能等，靠等肯定是没有前途的。建设长城国家文化公园的官方网站和数字云平台，河北省已经初步完成。

长城国家文化公园的官方网站建设也已经完成并向社会开放，内容正在不断地丰富和完善。长城文物和文化资源进行数字化展示工作，还只是初创阶段。中央要求数字在线工程是要打造永不落幕的网上空间，要依托国家数据共享交换平台体系，建设完善长城文物和文化资源数字化管理平台，这方面的工作现在基本上还没有动起来。

长城国家文化公园建设现在已经基本完成了顶层设计，制定规划阶段已经初步完成。在国家层级的顶层设计和省一级的规划完成之后，下一步是项目实施和推进的阶段。要进行研究论证的将是一些长城国家文化公园建设的项目，国家文旅部负责长城国家文化公园建设的领导工作，长城国家文化公园建设的国家重点工程肯定是由文旅部确定名单，然后由各省统一报给国家发改委，列入“十四五”国家重点建设项目。毫无疑问，长城国家文化公园建设首先要集中力量，实施一批标志性的工程。没有重点工程作为支撑，也就谈不上建设任务完成或完不成。

国家形成长城文化公园建设的国家级项目库，各省也要形成长城文化公园建设的省级项目库。比如山东省的长城国家文化公园（山东段）建设重大项目库，按照长城本体、长城村落、长城记忆、长城烽火和长城风景，梳理出来了150余个入库项目，其中优选出近20个重点推进项目，包括锦阳关齐鲁古道、红叶柿岩网红打卡地、梦泉涌泉长城山乡、长城文旅小镇等。这些项目的建设，将会得到包括国家发改委、国家开发银行的支持。《方案》提出，在国家文化公园建设过程中，国家将在政策、资金等方面为地方创造条件。这些政策和资金等方面的支持，将主要体现在长城国家文化公园的建设项目。

山西大同阳高长城乡长城

–

摄影 / 董旭明

陆

长城保护修缮工程要保护长城的历史信息

在保护传承工程部分，中央明确要求“实施重大修缮保护项目，对濒危损毁文物进行抢救性保护，对重点文物进行预防性主动性保护”。长城国家文化公园建设开展以来，一些地方政府有很强的复建长城、开发旅游的冲动。这是一个很令人担忧的问题，如果处理不好会造成对长城文化遗产的破坏。国家要加大长城保护修缮是出于保护的目的，在长城修缮过程中应当坚持最大限度保护长城的本体存量、最大限度地保留长城承载的历史信息、最大限度提高工程施工质量这三个基本原则，这一点目前已经达成了共识。

长城到底应该怎么修？这方面是有过很沉重教训的。2016年，辽宁省绥中县永安堡乡小河口长城修缮工程，曾经一石激起千层浪，引起了全社会对长城修缮工程的关注。当地文物部门反复强调，长城修缮工程的申报由省和国家相关部门审批，工程合乎相关规定。既然如此，为什么还会出现如此严重的问题？国家文物局批准各地实施了一批长城重点段落的抢救性保护维修工程，消除了一批重大安全隐患。这期间，国家文物局在《文物保护工程管理办法》基础上，编制了具有较强针对性和可操作性的《长城保护维修工作指导意见》，规范了长城保护维修、展示工程的工作程序和要求。

《嘉峪关漫记》拓片

北京延庆帮水峪门匾

长城印模文字砖

长城保护维修工程竣工后，要经相关省（自治区、直辖市）文物行政部门负责组织初验合格，并报国家文物局备案。国家文物局也视工程项目实际情况，成立验收小组或者委托有关单位，组织竣工验收。这些程序都走了，社会上对一些长城保护维修工程项目的评价和认知，依然存在较大的争议。为此，中国文物保护基金会、中国长城学会、北京市文物局、河北省文物局、天津市文物局于2017年举办“长城保护修缮工程理念与实践研讨会”。组织北京、河北长城所在地文物部门及长城保护修缮工程勘察设计单位、施工单位、监理单位，通过对“十一五”和“十二五”期间已经完工的长城保护维修工程项目进行总结，以期达到加强对长城保护工程实施效果的监测和评估，梳理、总结工作经验和教训的目的，为提升长城保护维修工程质量提供科学依据。

长城本体修缮的“度”的把握，是一个社会普遍关注的问题。“度”的把握，第一是安全性的问题。安全是相对于功能和对象而言，既包括长城建筑本体，也包括开放旅游景区的游人安全。即便暂时不开放的地段，维修之后也依然会有游人前往，依然要考虑游人的安全问题。第二是真实性的问题，坚持最小干预原则。如何定性最小干预，如何进行定量掌控，如何保持长城沧桑古朴的历史感，都不是简单有一个概念就能解决问题的。是否可以根据国民的情感认同度确立修复度？具有重大意义的长城关隘是否一概不能复原重建？对于非常重要的、符号性、地标性的长城遗址是否应该作为文化形象加以复原再现？这些问题，都需要研究。第三是完整性的问题。历史上的长城是一套军事系统，除了敌楼、边墙，还包括周边的城、堡等，仅修缮边墙是否能体现世界遗产的完整性？对于不同现状的城堡的保护维修与利用应采取什么原则？特别是这些长城沿线的关隘、城堡都演变成为聚落，也就是今天所说的古镇、古村，其保护和活化工作如何与长城保护修缮工程相衔接？

长城修缮工程的管理，也是社会普遍关注的问题。长城保护维修和展示工程，做得好无疑将进一步扩大长城作为世界文化遗产的影响力，使其成为遗产地文化建设最宝贵的资源和地方经济社会发展的新动力。但是，只有抓好现有制度的执行，进一步完善相关制度的制定，才能切实有效地加强长城修缮工程质量控制，并实现长城修缮工程设计、施工、监理和文物管理部门的有效互动，以确保减少长城修缮工程实施过程中产生误差。

《中国长城保护报告》关于长城保护维修管理方面，在重点是长城维修理念共识这一部分，提出了通过多年的长城保护维修实践，逐渐形成了长城保护维修理念的社会共识。2019年1月22日，文化和旅游部、国家文物局联合印发的《长城保护总体规划》也重申了这些要求。

主要包括四个方面：一、对于地面仍存有建筑的长城段落，严格遵循不改变文物原状和最小干预的原则进行维修加固，严格保持其原形制、原结构，保证长城结构安全，最大限度保存历史信息，妥善保护长城沧桑古朴的历史环境风貌。二、对于历史上地面部分已坍塌或消失的长城遗址，实施遗址原状保护，通过局部整理归安和日常养护避免残损加剧，不在原址重建或进行大规模修复。三、对于面临自然灾害威胁的长城段落，加强预警监测，控制安全隐患，必要时可设置有针对性的保护性设施，缓解灾害风险压力，避免自然灾害的直接破坏。四、对于价值突出，或与重大历史事件有密切联系，具有展示潜力的长城点段，在严格保护其原形制、原结构的基础上，结合展示服务的需求，可适度进行局部修复展示。

很多地方的长城建筑都处于濒危状态亟待修缮

–

如果不加以保护，过不了多久这些黄土墙遗址就会消亡了

柒

主题展示区要做好长城历史文化信息传播研究

毫无疑问，主题展示区的功能是教育。长城国家文化公园的主题展示区，并不是想板起面孔去教育谁，而是要让游人在公园里玩的过程中感受和体验文化。人们通过长城，能认识到中华民族艰难的发展历程，能被我们的祖先为了维护和平所付出的努力所震撼。

长城国家文化公园的主题展示区是主要的主体功能区之一，新建博物馆也好，建展示馆也好，地上长房子很容易，可是房子里面长什么呢？长城文化的主题展示是对长城历史和文化价值的传播，历史文化价值展示和传播需要有内容支撑。有了长城历史文化内容，是不是就可以很容易地传达给大众了呢？答案显然是否定的，这就是我们为什么要重视长城历史文化信息传播研究的原因。长城文化只有被传播才能发挥社会作用，文化的传播又必须是受众能够接受，传播不是单向的文化灌输，是要接受者能够入心才有意义。

长城国家文化公园的长城文化主题展示，一定要注意长城历史文化内容的表达方式。应该是使体验者通过长城场景的体验，激发其对长城历史文化的情感。体验者通过长城场景的体验，形成体验性的交流和沟通并形成共鸣的认知。这种表达必须要强调感性，即使是理性的内容，也要想办法使其感性化。

长城国家文化公园社会价值的实现，就是要在时间和空间的维度，阐释长城为什么能在中国产生、发展这个历史现象。长城发展的过程对社会发展的推动作用是什么？认识长城的作用，一定要认识其对社会发展的促进作用。长城文化与人类文明的进步有关系，长城使用功能与不同时期人们生活的进步有关系，这就是今天长城能作为我们国家和民族的象征的原因。长城的这个历史作用，需要通过长城国家文化公园的主题展示，使公众能够理解并接受。这就是保护长城和展示长城文化的目的，这就是建设长城国家文化公园的目的，这就是长城国家文化公园的公共属性和社会效益。

在人人都是传播者的社会化网络时代，任何文化传播行为都要充分地考虑传播过程中产生的群体认同感、集体意识感。我们的研究工作要为大众的文化传播提供基础支撑，这一点是我们的责任。联合国教科文组织对世界文化遗产的判定是有相应标准的，可是普通大众有多少人了解长城这项文化遗产和那些标准的关系？换句话说，人们为什么要去了解这些？

做好长城文化的传播，就是要将大家不了解的告诉大家，但是前提是大家要有想了解的需求，这个需求也需要培育。长城文化传播需要进行更多样的形式，更多的互动，更轻松的方式，更有情感的交流。使更多的人能在长城国家文化公园，共享家国情怀和群体情感的文化能量，给我们做好长城历史文化传播提出了更高的要求。中央要求，国家文化公园建设要做到文化引领，要彰显文化特色。“文化引领”“彰显文化特色”一定要充分体现中华民族伟大的创造精神、伟大的奋斗精神、伟大的团结精神、伟大的梦想精神，要焕发出新时代的风采。这是中国长城学会，是我们这些长城人的使命。

长城的历史是由重要的历史事件、历史人物等构成，长城的历史还包括重要的历史原因的形成。长城上发生过重要历史事件，有过重要的历史人物的相关活动，是不是只要真实地显示这些事件和人物活动就可以了？不是的，我们还需要了解发生这些历史事件，产生这些历史人物的历史环境。长城不仅是军事防御建筑，长城体现了某一时历史时期，长城内外人们的生产生活方式、思想观念、风俗习惯和社会风尚。

长城国家文化公园要展现长城及其所属文物古迹自身的发展变化历程，保护和展示长城的历史价值，我认为就是要保护和展示能够充分体现时间属性的内容。有的地方长城残破了，残破是风风雨雨在长城身上留下来的历史痕迹，是岁月对长城建筑的洗礼。我们把长城修得崭新，经过维修后的长城没有了那种历史的痕迹，长城历史的沧桑感和岁月的这些痕迹已经没有了，便已经不是原来的文物了，也就失去了文物的历史价值。

长城文化遗产艺术价值的保护与展示，要做到让人们能从中感受到建筑长城那个时代的美学的情感特征，感受到古人创意与创造性的智慧。长城这类文化遗产时间的属性被破坏了，就是历史的信息的传承被阻断了，历史艺术价值也就被破坏了。传承的艺术价值，体现在什么地方？体现在今天

–

长城上有很多精美的砖雕和石雕

–

长城敌楼石券雕花门

的人，对过去的审美情趣的感受之上。“天若有情天亦老，人间正道是沧桑。”沧海桑田是大自然的神力所为，沧桑感是对岁月的记载，我们从长城这些遗迹遗存之中可以感受到历史的美感。

长城的艺术价值首先是建筑艺术的体现，包括长城建筑的空间构成和造型装饰，也包括长城与大自然和谐一体的形式美。其次是景观艺术，包括长城作为风景名胜的人文景观及特殊的遗址风貌景观等。长城所在的自然景观环境要素是长城景观的重要组成部分，这一点以往重视得不够。再次是长城文化遗产的造型艺术品，包括长城上及城堡内的砖石雕刻，庙宇内的壁画、塑像等形式工艺独特的造型艺术品。我们在编纂《中国长城志》的时候特意关注到了这一点，专门在艺术门类之下设置了这部分内容。

长城作为文化遗产其科学价值是什么？科学价值是社会进步的证明，技术发展的见证。古人建设长城规划和设计是怎样的？今天基本上没有留下史料，但是我们可以从长城的选址布局、生态保护、防灾理念及建筑本体造型结构的设计等，认识和了解古人的设计和规划理念。长城建筑结构材料和工艺，代表了当时的建筑科学技术水平，记录和保存着重要的科学技术的信息。

捌

提升和建设一批文旅融合区

打造一批景区型文旅融合区是长城国家文化公园建设的重要任务，文旅融合是以长城主题展示区为核心，联动长城周边可看可览的历史文化、自然生态、现代文旅优质资源建设一批文旅融合区。在严格保护的基础上，适度开放一批长城新景区，发展长城旅游新业态，重点推动山西、内蒙古、陕西、宁夏、甘肃等中西部地区明长城、河南楚长城和山东齐长城，甘肃、宁夏、新疆、内蒙古秦汉长城，内蒙古和黑龙江金长城等长城新景区的建设，改善长城景区发展不均衡现状。

建设长城文旅融合区，要挖掘本地的长城文化内涵，做好长城修筑的历史背景、建筑遗产特色和价值、重大历史事件和著名历史人物、修筑意义等揭示研究。要在长城观光游览产品基础上，开发长城研学旅行、红色旅游、非物质文化体验、旅游演艺、节事活动等产品，并将文化内容融入产品体系中，打造具有深刻历史文化内涵的长城文化旅游融合发展区。我们在编制《长城文化和旅游融合发展专项规划》的时候，对长城文旅融合区建设做过研讨。我们认为建设长城文旅融合区，要做好长城景区体系的提档升级，要建设一批古城古镇型文旅融合区，要发展一批特色乡村型文旅融合区，要培育一批养生度假型文旅融合区，要推出一批联动型文旅融合区。

第一是对已经开放的长城景区体系做提档升级。进一步做好长城景区产品开发与设施配套建设，为游客提供更好的长城观光与文化体验。游客调侃观光旅游“上车睡觉，下车撒尿，到了景区就拍照，回家啥也不知道”，就是对观光旅游模式简单并且单一的高度概括。目前，传统的长城观光型景区包括八达岭长城、山海关长城、嘉峪关长城等景区，都存在已无法满足旅游产业系统升级及游客消费需求的问题。

一些小规模的长城观光景区仍处于低水平建设的阶段，滞后的发展无法适应时代发展的需要。长城观光型旅游景区旅游产品的深度开发和文化挖掘和展示，已经到了必须要解决的程度。知名的长城景区也要增加旅游感召力，强化标志性的旅游品牌。要推动相对成熟的AAAA级长城景区提升产品品质、完善设施配套和优化服务管理，创建国家AAAAA级旅游景区。推动一批A级旅游景区进一步完善产品开发与设施配套，提升现有景区质量等级。

第二是建设一批古城古镇型文旅融合区。全方位推动长城与周边古城古镇文化和旅游的深度融合，尤其是与长城建筑历史密切相关的古城古镇，如在长城防卫体系中具有重要地位的九边重镇，以及在重要关城、重要驿道上的古城古镇。重点开发古城古镇文化观光、文化休闲、文化主题度假、非物质文化遗产体验等产品，形成文化特色鲜明、要素集聚发展、产业链组织高效的具有长城历史文化特色的古城古镇型旅游目的地。在严格保护古城古镇的基础上，将古城古镇作为长城旅游的产品配套基地和接待服务基地，为长城旅游提供各项配套服务。将长城文化作为古城古镇文化的重要组成进行展示和推介。将长城文化元素融入餐饮、住宿、购物、娱乐等接待服务要素中，增强长城文化体验；提炼长城文化和地域文化要素，融入城镇景观风貌的塑造，形成具有鲜明文化特色的城镇风貌。加强非物质文化遗产的挖掘和利用，并融入古城古镇文化产业和旅游产业发展中。

第三是发展一批特色乡村型文旅融合区。深度挖掘长城沿线的旱作文化、游牧文化、渔猎文化等农耕文化特色，长城军事防御体系与长城沿线乡村聚落形成与发展的关系，以及长城沿线各地历史事件、代表人物、故事传说、非物质文化遗产等，推动长城乡村旅游与长城农耕文化、军事文化、民族文化、边塞文化、非物质文化遗产融合，发展一批具有塞外文化特色的特色乡村型文旅融合区，打造一批长城人家、长城社区、长城村落。制定长城人家、长城社区、长城村落的评定标准，推动长城人家、长城社区、长城村落的申报与评定。丰富乡村旅游业态，建设一批田园综合体、农业公园、农村产业融合发展示范园、休闲农业精品园区（农庄）、现代农业示范区、教育农园等农业观光、科普、休闲产品，开发乡村博物馆、乡村节庆、乡村非物质文化遗产体验、乡村演艺、乡村文创等长城乡村文化休闲体验产品，鼓励有条件的地方发展乡村康养、乡村度假、乡村养老产品。制定长城乡村民宿、乡村旅游服务等标准，开展乡村旅游服务人员培训，引导长城乡村旅游规范发展。支持长城沿线乡村景观美化、绿化。完善乡村旅游厕所、咨询服务、供水供电、垃圾污水处理以及停车、环卫、通信等配套设施建设。

第四是培育一批养生度假型文旅融合区。以长城周边的森林、湖泊、温泉、冰雪、中医药资源等养生度假资源为依托，在长城沿线打造一批旅游度假区、森林康养基地、中医药健康养生旅游基地、旅游度假小镇等，打造一批养生度假型文化和旅游融合发展区。挖掘长城的文化内涵，提炼长城的文化元素，通过演艺、文化艺术创作、非物质文化遗产体验等方式，融入养生度假产品开发中。推进长城文化主题酒店、主题餐饮、主题商品、主题娱乐等度假服务要素的主题化，打造具有长城文化内涵和特色景观风貌的文旅融合区。

第五是推出一批联动型文旅融合区。由长城主题展示区及其周边其他类型的历史文化、自然生态和现代文旅优质资源组成，如风景名胜区、地质公园、森林公园、湿地公园等自然生态资源，文物保护单位、工业旅游区、城市旅游区等人文资源。加强长城与周边自然生态资源的整合与联动发展，加强对自然生态科学内涵的挖掘和展示，通过解说系统和演艺等方式，融入长城文化内涵，推出低空飞行、登山步道等观光产品，加强交通连接和线路串联，打造共同品牌。加强长城与周边文化资源、产业资源和城市旅游资源的联动发展，包括交通连接、线路串联、客源互送、联合营销，共同推出区域精品线路，打造长城旅游目的地。

玖

利用丰厚的长城文化资源实现乡村文化振兴

《长城、大运河、长征国家文化公园建设方案》四大主体功能区的最后一项是传统利用区，建设传统利用区就是整合利用丰厚的长城文化资源实现乡村文化振兴。中央对传统利用区的定位很清楚，文件说“传统利用区是城乡居民和企事业单位、社团组织的传统生活生产区域，合理保存传统文化生态，适度发展文化旅游、特色生态产业，适当控制生产经营活动，逐步疏导不符合建设规划要求的设施、项目等。”

长城沿线主要是农村，发展农业是长城国家文化公园建设的重要内容，包括新农村建设和农旅融合，也包括传统文化生态的保护和利用。长城位于农牧交错地区，从农村经济内、外部联系的角度，研究制约长城区域农村经济发展的根源，认识长城区域农村经济发展所遇到问题，是做好长城国家文化公园传统利用区的关键。长城区域农村经济所面临的问题，既是挑战也是发展机遇。

在近二十年来，农民的人均纯收入增长的较为缓慢增长。主要原因是农业这个国民经济的第一产业的收入增速，处于较大幅度下降的阶段。改革开放初期的1978—1994年农民收入大幅度增加，此后的增速不断下降。特别是农民的非农产业的收入增速下降得更为明显。长城国家公园建设推动长城区域发展，应该主要体现在增加农民的非农产业收入方面。

目前，主要农副产品需求制约，依然是农业比较收益持续下降的主要原因。农业剩余劳动力转移虽然不断地在加大，但是进城的农民工真正在城市里扎下根的毕竟是少数。今天农村里60~70岁的男人，很多人都是第一代农民工，他们在城里没有根，老了还要回到农村来养老，还要依靠种地生存。可是将来第二代、第三代农民工中的很多人连地都不会种，他们老了怎么办？这是一个很大的问题，解决这个问题就要提高农村非农业就业的问题。

长城国家文化公园建设文旅融合区和传统利用区，都是要助力于这个问题的解决。在基本农产品平稳增长的情况下，从事农业生产的农民人数还将持续减少，这是大趋势。在这样的背景之下，要实现上述农民收入的增长需要加快城市化的进程，促进农村第三产业发展的增速，提高农村非农产业吸收就业的能力。整合利用丰厚的长城文化资源实现乡村文化振兴，是加快农业劳动力转移的一个途径。只有长城区域的农村发展了，农民的人均纯收入才能有较好的增长速度。

中央要求国家文化公园建设要强调合理保存传统文化生态，说明建设国家文化公园是以长远的眼光进行文化生态的保护。要理解什么是传统文化生态，首先要认识清楚什么是文化生态。自然生态和文化生态是一个事物的两个方面，“望得见山，看得见水，记得住乡愁”既是自然生态，也是文化生态。自然生态遭受污染和破坏是人类的灾难，文化生态的污染和破坏也会给社会带来灾难性的后果。国家文化公园制度是在重要文化生态保护区，实施自然环境、文化生态系统的整体性和系统性的保护。

文化生态是一个综合体，所以保护工作也是一项复合性很强的工作。很多人理解长城保护和文化生态保护是地方经济和社会发展的包袱，这是因为我们没有做好工作。建设国家文化公园为什么要与发展相结合，就是要通过推动文化提升文化生态保护水平，促进文化产业发展。长城文化遗产和长城文化生态的保护，对各级政府来说既是责任也是机遇。

文化生态保护与实现乡村文化振兴相辅相成，长城文化生态保护和发展的重心在长城沿线的乡镇。长城脚下的乡村实现有品质发展，一定要走文旅融合的发展之路，离不开独特的地域文化。我在很多的场合都提出，长城保护不仅要保护长城建筑本体，更要保护历史文化。要立足整体和各自区域，对长城文化资源进行深入的研究，特别是对长城文化资源可持续发展与旅游运营模式的构建方面加强研究。

长城研究要加强对长城文化遗产资源资产的定量研究，要能准确掌握长城区域各地的文化遗产资源状况，包括种类、数量、分布、保护及存在的问题。长城沿线的成千上万的关隘、城堡都演变成了村镇，重要的城市已经是历史文化名城，比如宣化古城就是明长城九镇宣府镇的总兵驻地，榆林古城是榆林镇的总兵驻地，银川古城是宁夏镇总兵的驻地，张掖古城是甘肃镇总兵的驻地。

这些长城沿线的古城、古镇、古村和相关的文化遗址、遗迹都是长城的重要组成。长城沿线保存下来的各级非物质文化遗产，也都是需要保护的文化生态。因为保护不力，导致长城区域非遗项目濒危，传统文化生态逐渐走向消亡，实际上也是对长城的一种破坏。长城文化资源不能光盯着建筑，要关注生活在长城空间和时间中的一代代的人。情感交流是长城旅游者的最大需求，要让游人带着情感满足的快乐离开长城。长城是中国最有代表性的文化遗产，围绕长城形成的文化生态是有价值、有情感、有知识、有趣味的文化生态系统。

在农业和农村政策转向以全面协调和整合城乡经济利益关系为战略的今天，长城国家文化公园建设传统利用区的任务，就是要促进农业和农村经济进一步健康发展，通过不断深化农村改革，保持农村的社会稳定。长城区域的历史文化是中国人的共同文化记忆，文化生态的继承和发展，将成为美丽乡村建设一道亮丽的风景线。

宁夏青铜峡北岔口

–

摄影 / 李鹏

后记

———

长城追问的继续

我今年65岁了，按理说到了这个年纪也该歇着了。可是用我夫人的话说，我似乎越来越忙了。依旧马不停蹄地在长城沿线跑动，依旧写作到夜深人静的后半夜。说是身不由己吧，好像也不是。说是我自找的吧，好像还不是。

为什么欲歇不能呢？对我自己而言可以说是情怀，对于国家来说则是一种责任。特别是长城国家文化公园建设开始后，作为国家咨询委员会的咨询专家，我看到了长城保护和利用工作的春天，我愿意投身其中并尽最大努力地发挥些作用。

从2007年到2017年是我50岁到60岁，作为总主编，我每天沉浸在《中国长城志》的编纂工作中。这十年我与社会有很大的脱节，不要说和社会，就是和自己都处于脱节的状态。国家“十二五”项目、国家出版基金项目《中国长城志》出版了，我才意识到我已经60岁了。

60岁对于一个人来说是一个重要的节点，我把这60年分成两个30年。第一个30年是30岁以前，这是自我成长、自我奋斗的30年。第二个30年是30岁至60岁，这是为长城事业奋斗的30年。那么，过了60岁就已经进入了第三个30年，不管这个阶段能走多远，都要规划一下怎么个活法。我给自己确定了目标，第三个30年要陪年轻人一起成长，陪年轻人一起奋斗。

我给自己确定的任务是传播长城文化，60岁那年在河北地质大学成立了全国第一家依托高等院校建立的长城研究院，后来又在燕山大学成立了中国长城文化研究与传播中心。说实话，我确实对年轻人不够了解，社会发展太快了。年轻人除了学校之外，还有网络时代的特殊诱惑，我对这些基本上是完全不熟悉。

从1982年我们开始准备徒步考察长城，已经过去了将近40年。可以说，这期间，我生活中看到的、听到的、想到的都是长城的事，长城早已经进入我的心灵。我看到过的长城比一般的人多，我对长城的理解也肯定比一般人深刻。我愿意以我的经历和认识，拉近读者与长城的距离。

但是我也很困惑，当下社会很多的人似乎不需要思考。各类消息、各类话题一个接着一个，此起彼伏。大家捧着手机用手指选择快乐，今天关注的事还没到明天就迅速掀篇了。随着时间的流逝，这种不需要有深度思考的生活方式也还会继续。滥俗的事能让人感到快乐就好，每天生活其中只是消磨。或许没人会认为这样不好，或许人们还会为自己的生活竟然如此丰富而满心地欢喜。

怎么才能做好长城文化的传播，开始我心里没底。一般来说，人们只对身边的那些有趣的事感兴趣。年迈的长城早已经远离了人们的生活。毫无疑问，长城国家文化公园建设依然是宏大的社会话题。如何让长城能够走到普通人的身边，是我近几年努力去做的事。

面对这样的现象，我们不能责备什么。以至于我都曾问过自己：你有没有讲“好”长城的故事？你有没有以一种或许是截然不同的声音，讲好长城的故事？显然我没有做到，没有做到将长城的故事与人的情感、人性的诉求、审美的情趣结合起来。今天长城的价值何在？我们有没有能力讲好长城的故事？

何为好故事呢？好故事不是用来满足人们的物质需求，而是娱悦人们的精神生活，可以安顿人们的心灵。我的一生既然与长城不期而遇，我自觉有一份传播长城历史和文化的责任与使命。能做多少做多少，只争朝夕。

为了讲解长城故事，我甚至不惜耗费自己大量的时间与精力，下到最基层甚至深入到中小学去一场场地讲长城。有时很累了就又会想，这样做能解决多少问题呢？其实，中国人讲莫以善小而不为，不要因为好事小而不做。文化是润物细无声的事，大家都尽量做一些就好。

我在长城研究与文化传播方面取得的一些成就，如果对年轻人能够有些启发意义的话，那就是我们要有传承民族精神的家国情怀，要有弘扬中国优秀传统文化的历史责任感。中国古代文化人追求“为天地立心，为生民立命，为往圣继绝学，为万世开太平”，今天也应该是我们继承的文化精神。

长城是中国文化的一个符号，这一点一般来说没有歧义。但是将长城文化提升到和平守望的高度，特别是提升到文明守护的新高度，还是有些不同意见的。有不同意见没有关系，大家可以讨论。任何事情都可以从不同的视角加以审视，长城的历史地位与作用这个问题，更需要聚焦于探讨其内涵意义。燕山大学出版社在2019年出版了我的一本书，名为《长城：追问与共鸣》，我在书的开头说：

让我们一起走进长城的历史，去认识长城的伟岸和荣耀。让我们一起去仰望长城的星空，去感受长城历史天空曾经的艳阳高照和冷月冰霜。我力争在心平气和的语境之下，进行我的追问，达成与有缘读到这本书的人的共鸣。

《长城》是这种追问的继续，这部书稿的大部分内容写作于我的家乡，山海关古城北街西登云胡同我的工作室，最后完稿于在金山岭长城。写完这部稿子的时候，正是一年一度的端午节到来的前一天。端午节是文化内涵最丰富的中国传统节日之一，中国人讲“每逢佳节倍思亲”。那天早晨很早，我站在空无一人的金山岭长城上想，古代戍守长城的人们在端午节时，这些漂泊的游子会是怎样的思乡情绪呢？就把这部书稿，权作对修建和戍守过伟大长城的先人们的追念与缅怀吧。

图书在版编目（CIP）数据

传奇中国：长城 / 董耀会著. —北京：中国轻工业出版社，2023.2

ISBN 978-7-5184-3738-2

Ⅰ. ①传…　Ⅱ. ①董…　Ⅲ. ①长城—通俗读物　Ⅳ. ①K928.77-49

中国版本图书馆CIP数据核字（2021）第230749号

责任编辑：刘忠波　　责任终审：劳国强　　整体设计：王超男
排版制作：锋尚设计　　责任校对：宋绿叶　　责任监印：张京华

出版发行：中国轻工业出版社（北京东长安街6号，邮编：100740）
印　　刷：天津图文方嘉印刷有限公司
经　　销：各地新华书店
版　　次：2023 年 2 月第 1 版第 2 次印刷
开　　本：889 × 1194　1/16　印张：24.5
字　　数：300千字
书　　号：ISBN 978-7-5184-3738-2　定价：198.00元
邮购电话：010-65241695
发行电话：010-85119835　传真：85113293
网　　址：http://www.chlip.com.cn
Email：club@chlip.com.cn
如发现图书残缺请与我社邮购联系调换
221808Z1C102ZBQ